YINGKE® 盈科

盈科全国业务指导委员会系列丛书

数据合规

实务、技术与法律解码

盈科律师事务所／编
刘 磊 燕 丽／著

法律出版社 LAW PRESS · CHINA
北京

图书在版编目(CIP)数据

数据合规：实务、技术与法律解码／盈科律师事务所编；刘磊，燕丽著. -- 北京：法律出版社，2022
ISBN 978－7－5197－7095－2

Ⅰ．①数… Ⅱ．①盈… ②刘… ③燕… Ⅲ．①数据管理－科学技术管理法规－研究－中国 Ⅳ．①D922.174

中国版本图书馆CIP数据核字（2022）第169889号

数据合规:实务、技术与法律解码
SHUJU HEGUI：SHIWU、JISHU YU FALÜ JIEMA

盈科律师事务所 编
刘 磊 燕 丽 著

策划编辑 朱海波
责任编辑 朱海波
装帧设计 汪奇峰 臧晓飞

出版发行 法律出版社
编辑统筹 法律应用出版分社
责任校对 蒋 橙
责任印制 刘晓伟
经　　销 新华书店

开本 710毫米×1000毫米 1/16
印张 19 **字数** 320千
版本 2022年11月第1版
印次 2022年11月第1次印刷
印刷 固安华明印业有限公司

地址:北京市丰台区莲花池西里7号(100073)
网址:www.lawpress.com.cn
投稿邮箱:info@lawpress.com.cn
举报盗版邮箱:jbwq@lawpress.com.cn

销售电话:010－83938349
客服电话:010－83938350
咨询电话:010－63939796

书号:ISBN 978－7－5197－7095－2　　**定价**:65.00元

本书编著者

刘 磊 燕 丽

数据合规，我国数字经济健康稳定发展的基石
（代序）

21世纪第四次科技革命带动经济和产业快速变革，新技术、新产业和新经济层出不穷，成为推动中国数字经济发展的关键驱动。数字经济是继农业经济、工业经济之后出现的新经济形态，通过产业数字化极大提高了人类的生产效率。在新经济形态下，可以毫不夸张地说，数据已经成为重要的生产资料。2020年4月，中共中央、国务院发布《关于构建更加完善的要素市场化配置体制机制的意见》，作为第一份关于要素市场化配置的文件，数据成为继土地、劳动力、资本及技术之外的新型第五大生产要素，首次正式出现在官方文件中。

在数字经济已成为关乎国计民生的国家战略，与实体经济实现深度融合的大背景之下，数据的价值毋庸置疑。然而，数据要素与其他生产要素相比，存在天然的特殊属性，如它获得的非竞争性、使用的非排他性、价值的非耗竭性等。数字经济在促进经济增长、提升人民生活质量的同时，也面临着挑战，数据的资产地位尚难确定，数据共享机制障碍重重，数据安全和个人隐私保护体系构建尚未健全。在实务中，大量不合规数据收集和使用的现象，正在逐渐侵蚀用户的合法权益，甚至催生电信网络诈骗等刑事犯罪。

如何推进数据合规，构建清晰完善的数据合规体系，成为数字经济发展“硬币”的重要一面。纵观现行的数据保护法律法规，对数据合规的体系结构进行剖析，本人认为可分基础层、中间层和应用层三个维度来全面讨论数据合规的可行性构建：

在数据合规的基础层，规范数据基础，统一数据语言是数据合规的内在要求。一方面，推进数据要素市场化配置，合理分配数据要素收益，已成为数字时代规范数据基础的突出议题。2021年12月，国务院《关于印发“十四五”数字经

济发展规划的通知》明确提出要开展数据确权及定价服务试验，培育发展数据交易平台。数据要素市场化配置上升为国家战略，对发展数字经济、完善现代化治理体系将产生深远影响。当前社会关于数据的法律属性的讨论反应了数据在产生和流通全周期中的不同维度和面向。区别于个人信息保护和政务数据开放，以企业数据为代表的商业数据需要在隐私、个人信息保护和数据安全的基础上加以界权。政府还需要通过界定和分配数据权属、合理评估数据价值、打通数据交易流通等方式，来提高数据要素市场化水平。另一方面，监管部门和市场机构的数据治理渗透入企业等商业数据中，对商业数据进行分级分类的标准化，针对金融、医疗、电商、交通、通讯等不同品类数据明晰其数据基础和统一数据处理和流转的"语言"，在此基础上保护数据原始权利人和数据处理者、控制者等不同市场主体的合法权利。

在数据合规的中间层，制度和技术为数据合规打造坚固护城河。制度层面，我国已围绕数据合规制定《数据安全法》《网络安全法》《个人信息保护法》的三法联动和相关数据流通传输的规范框架，鼓励探索构建安全合规的可信数据流通模式，完善跨境数据流动管理体系，强化我国的数据主权。而当前刑法层面"控制模式"的数据赋权观念，事实上忽视了数据的公共产品属性，无法全面、有效保护数据法益，导致既无法有效维护数据安全，亦难以实现数据共享。未来在数据安全和治理层面，可在刑法层面将"控制模式"转变为"利用模式"，具体而言，可在刑法总则中设置专门条款，指导分则数据法益的解释；适当限制控制模式立法，发挥数据的独立价值；增加滥用算法罪、非法提供算法服务罪，弥补现行刑法规范供给不足的缺憾；积极探索涉数据犯罪的违法阻却事由，避免因刑法介入过度而抑制数据共享目标的实现。在数据技术层面，运用隐私计算技术"以子之矛攻子之盾"，通过多方安全计算、可信联邦学习和可信执行环境等技术手段前置性地嵌入到市场中并搭建好监测框架，实现"数据可用不可见，用途可控可计量"的技术回应，实现嵌入式的数据合规，同时推动隐私计算产、学、研的三方协同，推动数据合规技术平台在金融、政务和运营商等领域的积极探索和建设。

在数据合规的应用层，2021 年 12 月《"十四五"数字经济发展规划》中提出，到 2025 年数字经济治理体系更加完善，形成政府主导、多元参与、法治保障的数字经济治理格局。具体而言，在市场层面，明确政府主导下的数据资源化、资产化和资本化要求，坚持标准先行，引入交易中介服务机构等多元主体参与搭建数据信任体系，通过市场化监督降低数据合规的边际成本，提升数据使用及跨境流通的商业效用和公共效用。在行业自律层面，商业企业应将数据合规纳入企业的业务流程和组织管理的"软法"体系中，成为公司的合规治理战略。业务流程上，按照企业内数据流转的不同环节实施分级分类梳理和合规审查，建立合规风险识别机制、数据合规管理制度、企业数据合规文化，在数据收集、处理和跨境等环节中恪守合理、正当与最小必要的原则；组织管理上，企业内部可设置数据合规岗位，定期开展风险检测，制定数据安全应急机制，密切关注本行业的最新要求，以积极姿态拥抱数据安全合规。由此可构建一套由内而外、具有行业引领性的数据合规体系。

风雪残留犹未尽，万派新潮海天碧。放眼望去，在数字经济迅猛发展的时代，大数据、算法、区块链、物联网、5G等技术的飞速发展使得技术溢出效应愈发明显。未来，随着虚拟空间的发展壮大，非同质化代币、元宇宙经济等虚拟世界的数据合规将是一片更广阔的蓝海。应对大数据的规模和集合性对企业经营带来的巨大挑战，数据合规已成为跨越实体和虚拟、线下和线上的数字经济发展过程中需要构筑的一道坚实的防火墙。《企业数据合规》一书的作者燕丽，作为国内领先的智能数据研究平台"算力智库"创始人，对数据治理的隐私计算技术见解颇深。该书的另一作者刘磊律师，长期致力于数字经济与金融科技领域的新型法律问题研究，对国内数据合规制度建设和企业数据合规体系搭建具有深刻认识。本书对近年来我国数据合规领域的相关规范、市场、技术进行了实践经验的总结，同时站在实务的角度对如何做好企业数据合规进行深入地观察和思考。此书的出版，希望在更高的水平和更大范围上促进企业数据的使用和保护的平衡，推动生产要素与市场主体的高效协同，推动数字产业化和产业数字化协同发展，助力我国数字经济走上增量扩面、提质降本的快车道。

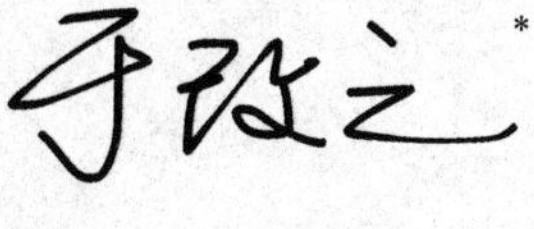

*

* 于改之，上海交通大学凯原法学院教授、博士生导师，中国刑法学研究会副会长。

目　录
CONTENTS

第一篇 Part 1 理论篇

第二篇 Part 2 法治篇

第五篇 Part 5 合规篇

第一篇

理论篇

第一章　数据合规现状与痛点分析

《"十四五"数字经济发展规划》(国发〔2021〕29号)指出,发展数字经济是把握新一轮科技革命和产业变革新机遇的战略选择,数据要素是数字经济深化发展的核心引擎。不断做强做优做大我国数字经济,构建以数据为关键要素的数字经济,推动实体经济和数字经济融合发展。中国高度重视创新驱动发展,坚定贯彻新发展理念,加快推进数字产业化、产业数字化,努力推动高质量发展、创造高品质生活。发展数字经济已成为我国经济社会发展的关键动能。在大数据、云计算、AI、物联网、5G等技术板块不断发展轮动溢出的过程中,数据逐渐成为连接底层技术、中台和前台的血液,数据的价值也在收集、加工、使用等环节中逐步体现出来。然而,由于数据过度采集、爬虫的无序爬取、数据隐私泄露、大量数据垄断和数据孤岛的存在,数字经济的发展难免为国家、社会和个人带来不少困境,数据安全和数据处理中不符合规范的现象比比皆是。数据作为重要生产要素与重要资产,其安全性越来越重要,数据合规越发成为贯穿数字经济发展的重要时代课题。

一、重新认识新时代"石油"——什么是数据

(一)数据的界定

1. 数据与信息的区别

托夫勒在《第三次浪潮》(*The Third Wave*)指出,发端于20世纪中叶的数字文明先后经历了计算机、互联网等重大的工具性革命之后,迎来了云计算、移动互联网、物联网、大数据、人工智能等新一代信息技术群落的形成和扩散,数字文明的一个重要子波以数据为关键生产要素驱动经济社会创新发展的时

代已然来临。[①] 数据的概念最早源自于信息，根据20世纪克劳德·艾尔伍德·香农(Claude Elwood Shannon)的定义："信息是用来消除不确定性的事物。"[②]可知，信息具有一定程度的确定性，是对特定事物现状和特征的描述，构成事物的一种普遍属性。[③] 而数据顾名思义，即各种以数字化形式表示信息的载体，一般是数字化、代码化的表现形态。随着现代信息通讯技术(ICT技术)、计算机、PC机和移动互联网的发展，通过数字化编码和数据库存储样态的数据在计算机、硬件和网络空间中获取、加工和传递的数据规模越来越大。数字、文本、图片、音频、视频、动态图片都是数据的表现形式，数据的形态更加丰富，包含任何以电子或者非电子形式对信息的记录。数据从"计算加工的数据"变成"日常生成的数据"，从"有根据的数据"变成更多"衍生的数据"和"非结构化的数据"。[④] 根据《数据安全法》对数据的界定：数据是任何以电子或者其他方式对信息的记录。数据采集、生产、开发、保存能力的提升标志着数据生产要素的形成和数字经济的兴起，使个人、企业、政府等多元化主体参与其中，改变着个体行为、企业组织和政府的决策。

2. 数据的内涵与外延

根据上述分析，数据包含信息，也包含信息中的个人信息。那数据与隐私有哪些区别？隐私与个人信息存在何种区分？笔者认为可以从三个层面切入分析：一是从涉及的法益上看，数据兼具多重法律属性和非法律属性，牵涉的法益是多维度的，是各种利益构成的集合。隐私是法律上的概念，侧重人格权的保护，即个人私密信息、私密空间不受他人和社会公众侵犯的权利。二是从结构属性上看，数据是对信息的记录，信息是对数据的提炼，[⑤]数据包含信息，还包含其他非信息的数据如算法数据、预测数据等衍生数据和非结构化数据。三是从数据的隐私性或开放性来看，数据具有公开性和私密性之分，其中大部分是可公开

---

① [美]阿尔文·托夫勒：《第三次浪潮》，黄明坚译，中信出版社2018年版。

② Shannon C. E., "A Mathematical Theory of Communication", *The Bell System Technical Journal*, 27, 1990, pp. 379–423.

③ 国家标准化管理委员会：《情报与文献工作词汇基本术语》(GB/T 4894—1985)。

④ 安永(中国)企业咨询有限公司、上海赛博网络安全产业创新研究院：《2021全球数据合规与隐私发展报告》，2021年。

⑤ 安永(中国)企业咨询有限公司、上海赛博网络安全产业创新研究院：《2021全球数据合规与隐私发展报告》，2021年。

的数据或者称其为“公共数据”,公共数据是数据商用和挖掘其商业价值的主要部分,应充分收集、分析和使用。具有部分隐私性或私密性较强的数据应视情况予以保护,例如,个人信息中的个人隐私信息、敏感信息,企业数据中敏感的核心数据和重要数据,由此可对数据、信息、个人信息、隐私信息的相互关系做一个初步的界定。四是从数据、信息和知识的关系来看,数据被定义为未被解释的符号;信息是具有附加意义的数据;而知识是为获得新信息而赋予数据意义的能力。① 这种数据—信息—知识的层次结构,表明数据是信息的前身,而信息是知识的前身。可以看出,数据在内涵和外延上较信息的范围大,具有比信息更稳定的状态,更好的扩展性、延伸性和兼容性。从经济学产权界定的角度来看,2020年4月9日,中共中央、国务院公布的《关于构建更加完善的要素市场化配置体制机制的意见》,将数据要素明确列为继土地、资本、劳动力、技术之后并列的第五大生产要素。数据资源需要在宽视野和纵深维度实现流动与增值,才能为实体经济带来强大驱动力。

(二)数据的特征

数据要素的特征可以从不同角度观察。第一,在技术层面,包括数据的来源、容量、质量、时效性、格式、互操作性等,不同的数据具有不同技术特征。其中,就大数据而言,行业公认其技术特征是“4V”,即大量(Volume)、多样(Varity)、高速(Velocity)和价值(Value),其中数据量的存储单位从过去的GB发展到TB、PB和EB;数据类型范围广泛,包括结构化数据、非结构化数据、元数据、处理数据等;数据的采集、处理、计算和传递速度高,能满足实时的数据使用需求;原始数据经过采集、清洗、脱敏、数据挖掘、算法分析等处理后,其商业价值快速上升。随着大数据、数据云、数据中心等技术和基础设施的完善,数据的价值成几何倍数地被释放出来。数据在采集、处理、传输和使用的各个阶段都能产生价值,对不同的主体均能产生价值。这种凝结了无差别劳动的数据价值和使用价值具有经济学上的商品属性,从而成为重要的生产要素。如何在市场中分配数据要素,成为各国制度探索方面的侧重点。

第二,在经济层面,数据可以产生价值,具有资产属性,兼有商品和服务的特

① Ivan Stepanov, “Introducing a property right over data in the EU: the data producer's right-an evaluation”, *International Review of Law*, 34, 2020, pp. 65 – 86.

性。一方面，数据可存储、可转移，类似商品；数据可积累，在物理上不会削减或腐化。另一方面，很多数据是无形的，其本身或者数据的传输流通可以表征一定的信息，类似服务。经济层面数据的特征表现在：首先数据具有非竞争性，在数据之间的交易、流通和传输中一定程度上具有非竞争性，使用者的增多不影响相同数据资产本身的价值。[①] 只有少数情况下，数据产品的分享会给数据拥有者带来不利竞争。基于内容的信息商品通常可以由多人同时使用，如新闻报道、媒体资讯等产品，额外一份报纸的边际成本很低，但并非为零。但通过数字技术，数据流转的边际成本就变成了零，交易摩擦成本小，数据近乎可被无限分享和复制。其次数据有部分排他性，即数据更多表现为一种公共产品，不是所有的数据都具有所有权的特性，但某些数据为平台企业所收集、拥有并控制，形成数据垄断，从而把其他竞争对手排斥在外。出现排他性的原因在于，一是由于数据交易的边际成本趋于零，导致数据的交易价格较低，商业主体更愿意收集和储存数据，而非放在市场上流通转让；二是对于数据安全的考量，数据一旦无节制的自由流通，可能会被具有不法目的的人泄露出去，免费数据的泛滥对数据相关权利人构成巨大威胁。对于一些商业价值不高、敏感性较低的公共数据，可以倡导开放共享，让数据在网络空间中自由流通。再次数据的价值具有较大的不确定性。表现为事前不确定性，数据价值与其体量、质量、时效性、整合程度与应用场景之间的不确定性以及由数据使用者的异质性带来的不确定性。最后数据在使用过程中具有外部性。不适当的使用数据，如数据的过度采集、处理和使用会给数据主体带来负外部性，如泄露自己和他人的隐私、侵犯他人的数据隐私，以及越来越多消费者被企业所谓的“千人千面”“客户画像”精准锁定而失去自由选择的权利。[②]

二、国内外数据合规现状

数据合规是推动数据安全实践的驱动力。以企业数据合规为例，其是指企业经营管理行为要符合国家法律、行政法规、国际法律条约、行业准则、商业道德

① Moody D., P. Walsh, *Measuring the Value of Information: An Asset Valuation Approach*, ECIS'99: Seventh European Conference on Information Systems, 1999.

② 丁安华：《数据治理的经济分析》，载新浪财经网：http://finance.sina.com.cn/zl/china/2021-03-03/zl-ikftpnnz1274452.shtml，2022 年 3 月 30 日最后访问。

以及企业内部的管理制度。① 当前我国正处于数字化经济发展的早期,数据在收集、处理、使用的过程之中乱象丛生。在这个人人都近似"裸奔"的世界,小到隐私数据,大到企业商业数据,都有可能被曝光在大数据、互联网的"无影灯"之下。

(一)国内数据合规现状

数字经济时代数据不合规,存在大数据杀熟、数据泄露、数据非法买卖等情况。尤其随着共享经济和平台企业的兴起和快速发展,互联网企业等以用户服务为中心的平台企业掌握海量数据,成为数据"巨头",大量社交网络不保护用户的数据安全反而通过销售用户数据牟利,用户的数据权益无法得到充分保障。在此背景下,数据各环节的不合规导致的隐私风险以及对个人安全、社会安全和国家安全等方面产生的隐患,严重影响微观层面个人数据的保护、数据要素的充分利用,中观层面行业的安全和竞争,宏观层面的数字经济健康发展。数据不合规现象主要表现在以下几个方面:

一是个人隐私空间受到数据不当使用的侵害。生活和生产中,各主体对数据的范围和权利边界认知不清晰,对数据的敏感程度、数据和隐私的交叉地带认识十分模糊,尤其高频的数据再利用过程中不可避免地出现数据使用不当现象,这主要体现在数据过度收集时出现的数据滥用,如数据收集者未经数据所有者许可或者以所有者不同意的方式收集和使用数据。当前,许多手机 App 违反数据收集的必要性和最小够用原则,在超出产品功能目的范围之外大量收集用户个人信息,有的甚至在未明确告知用户的情况下偷偷收集。2020 年中国消费者协会发布的《100 款 App 个人信息收集与隐私政策测评报告》显示,超九成 App 涉嫌越界过度收集个人信息,位置信息、通讯录信息和手机号码是收集的重点内容;部分 App 还涉嫌过度收集个人财产、生物识别、工作记录、交易账号等敏感信息,给用户带来较大的网络信息安全隐患。此外,某些终端应用和 App 的隐私条款避重就轻,部分内容涉及"霸王条款"倾向。根据中国消费者协会对随机抽取的 100 款 App 的隐私检测结果,近半数 App 的隐私条款不达标。表现为:(1)对用户数据的用途含糊其词;(2)设置冗长文本将关键条款层层遮掩;(3)将

① 安永(中国)企业咨询有限公司、上海赛博网络安全产业创新研究院:《2021 全球数据合规与隐私发展报告》,2021 年。

隐私政策设为默认勾选同意；(4)存在让用户自行承担风险等免责条款；(5)不同意就无法使用的霸王条款。部分格式条款严重侵害了用户的知情权和选择权，混淆数据收集使用规则，是对用户合法数据权益的侵犯。

二是数据泄露现象严重。数据收集过程中的泄露一般指恶意内部人员或外部攻击者未经授权访问机密数据或敏感信息。2019 年 Ponemon 和 IBM 的报告称，当前数据泄露的平均总成本已超过 390 万美元(每条数据记录约 150 美元)，而如果将额外的费用(如增加的威胁检测和响应、客户通知、声誉受损和预期的商机损失)考虑在内，则损失可能会更高。目前影响较大的数据泄露事件如 Facebook 数据泄露事件、微博数据泄露事件等，均给用户、企业和社会造成较大的负面影响。根据 IBM 发布的《2021 年数据泄露成本报告》，过去的一年中，数据泄露成本从 386 万美元上升到 424 万美元，2020 年到 2021 年的数据泄露的平均总成本增长 10%。2021 年成为近年来数据泄露成本最高的年度。在金融、交通、房地产、医疗等各行业中，医疗保健行业的数据泄露成本最高，连续 11 年高居首位，2021 年的泄露成本为 923 万美元，较 2020 年增长了 29.5%，[①]其次是财务、科技、能源、服务和工业领域。

数据泄露事件往往伴随着更多延伸风险，不仅包括监管机构的大额行政处罚风险，还包括直接和间接的经济损失风险、企业声誉损失风险，以及不可逆的市场和用户信任减损的风险。例如，Meta(原脸书公司)2019 年因大规模的数据泄露事件引起美国、欧盟成员国等国家政府的密切关注，也引发全球范围内用户的广泛质疑。据该公司公开年报分析，其用户量和注册新用户的减少与数据泄露事件有一定的关联性。

三是数据窃取现象层出不穷。数据窃取是指自然人或法人未经数据权利主体的许可非法获取个人数据和隐私，组织形式包括个人和机构，常采用团伙作案的方式，利用 App、账户接口等非法获取用户的信息。2019 年警方破获的“国内最大规模数据窃取案”，不法分子通过各类爬虫程序窃取用户 cookie、手机号码劫持用户流量，恶意窃取用户账号等 30 亿条数据信息。同时，一些黑客或内部人员通过技术手段在公共网络数据库中对大量公民的隐私信息进行肆意窃取，并通过一定的交易方式实现低成本的交易，大量用户数据和隐私信息被非法获

① IBM:《2021 数据泄露成本报告》,2021 年。

取,给企业和个人带来经济和名誉上的损失。

四是边缘数据隐私风险溢出。在5G、大数据、云计算、物联网、智慧城市等新基建的蓬勃开展下,智能家居、可穿戴设备以及元宇宙等产业的出现需要大量的数据积累。这些遍布在世界各地的移动终端硬件设施、应用层软件和终端数据缺乏明确的管理机构,导致数据的合规性常游离在边缘地带。例如,智能音箱、智能管家以及元宇宙平台在用户体验过程中都会有意收集用户数据以改进体验,这些物联网和虚拟现实的设备目前在风险控制和数据隐私安全合规方面的保护还较为薄弱,部分设备和软件直接连通广域互联网,可能面临用户数据非法访问、用户位置隐私泄露、通信传输脆弱性导致的信号劫持与通信窃听等安全挑战①,数据边缘的薄弱性和脆弱性导致产生大量潜在的数据合规风险,有待引起相关市场主体和政府机构的重视。

五是数据跨境流通的合规问题。在经济全球化和产业全球化的大背景下,数据跨境流通成为价值流通的大趋势。数据跨境传输相关主体众多,涉及企业、个人、行业协会、政府组织等,而目前往往由于缺乏明确的数据跨境合规框架,导致数据跨境中容易引发安全风险,可能涉及大量用户个人数据、企业商业数据甚至国家安全数据。随着数据跨境种类的多样和频率的增加,数据安全的风险随之增大。我国在境外上市的中概股企业面临较大的数据跨境合规风险。例如,2021年7月中国国家互联网信息办公室正式启动对"滴滴出行"的数据安全审查,其主要考虑是滴滴赴美国IPO导致的外资控制可能引发数据安全即政府强权下的数据非法跨境传输的安全隐患,将对我国广大用户、共享平台市场和国家产生意想不到的危害。与此类似的还有TikTok与ByteDance于2020年8月向美国加利福尼亚州巡回法院提起诉《国际紧急经济权力法》(IEEPA)法令的案件,背后同样反映出主权国家对数据跨境流通的深切担忧。

六是数据安全问题突出。在数据交易过程中,系统对接、数据传输、数据存储等环节都涉及数据安全,如数据在交易过程中出现泄露,即在大数据技术的背景下,由于大量数据的高度集中,数据难免面临内部失德倒卖、勒索软件攻击、黑客窃取等风险。随着数据量不断增大,会吸引更多潜在的内外部具有不法目的

① 中兴、德勤:《数据跨境合规治理实践白皮书》,载https://www2.deloitte.com/content/dam/Deloitte/cn/Documents/risk/deloitte-cn-risk-data-cross-border-white-paper-211202.pdf,2022年3月20日最后访问。

的主体,企业数据和公共数据面临较大的安全隐患。

(二)全球数据合规现状

1. 多行业数据泄露现象高发

域外数据环节的痛点在于数据收集行为不合法、不规范,体现在技术创新与数据安全的范围和边界不清晰,哪些数据可以收集,哪些数据不应收集,缺乏明确的范围规范。近年来,技术创新和市场应用层出不穷,为鼓励创新和追求实际效用,许多新兴技术公司并未严格遵守数据收集的基本原则,数据收集范围和边界不清晰是主要问题。例如,通过互联网爬虫程序收集数据存在较大风险。引发数据泄露的因素多样,其中包括 Web 应用程序攻击、网络爬虫、网络钓鱼、勒索软件攻击、人为泄露等,例如,Web 应用程序运用特殊代码撞库攻击试图登录个人或企业账户获取数据;又如,部分企业过度利用算法决策攫取个人隐私、过分关注行为特征,形成“黑箱运作”。泄露的对象有数据表、员工信息、用户信息、数据索引、密码等。部分金融科技公司和第三方数据公司超过授权范围爬取数据,或者在与其他金融机构合作过程中,留存部分数据转手倒卖,或被黑客攻击遭到非法数据爬取,严重侵犯用户数据安全和用户隐私。具有较大影响力的 2016 年剑桥分析公司获得原 Facebook 公司泄露的 8700 万用户的数据作为操纵美国大选的手段。群体性数据的泄露产生“多米诺骨牌效应”,将对公司声誉乃至经济社会产生预估的损失。2021 年全球范围内的企业发生的大规模数据泄露事件数十起,受害者包括企业、公共组织、政府,泄露的数据内容包括政务数据、医疗卫生数据、网络安全数据、用户信息等。例如,2021 年 3 月,黑客爬取到 LinkedIn 的大量用户数据,包含多达 5 亿 LinkedIn 用户的个人资料,这些数据包括全名、邮箱、电话号码以及工作场所等信息。2021 年 10 月 30 日,加拿大纽芬兰和拉布拉多省的卫生网络遭到网络攻击瘫痪,黑客窃取了近 14 年以来众多东部卫生系统患者的个人信息,包括姓名、地址、医保编号、就诊原因、主治医师与出生日期等。据悉,全球 95% 的组织全年面临 637 到 33 亿次的恶意登录尝试,对数据安全的风控系统构成了较大的挑战。数据泄露技术手段如勒索软件的手段也不断迭代,从初期将数据加密索要赎金的“粗糙勒索方式”到建立数据泄露站点,全球数据大规模泄露事件呈现上升趋势。

2. 数据合规成本高昂

数据合规成本巨大和可操作性较低的难题。数据合规范围十分广泛,主要包括个人隐私数据管理、跨境数据传输、数据安全和合规风险管理四个方面。数据合规成本高昂，据德勤的研究报告统计，企业数据合规成本高昂，每年需要付出的平均合规成本为 350 万美元，若出现数据泄露等现象，客户损失、公司损失、公司声誉以及行政处罚等成本将更高，没有上限。换言之，企业数据合规面临技术、法律、管理、政策乃至经济政治的多重风险。同时数据合规的可操作性难度高体现在：一是主体多元化，数据合规涉及的主体包括个人、企业、社团、政府部门、行业协会等多层次主体，不同主体对数据合规的主观认知和客观实践标准不同，比如个人和企业难免对数据权益进行争夺，具有较大的潜在协商成本。二是场景多元化。每个细分的合规领域都有不同的合规痛点、难点，以及合规需求，如医疗领域、金融领域、互联网领域的数据合规标准、合规技术与合规流程，需要结合具体场景具体分析，制定相应的数据合规框架。三是法规范和标准多元化，数据合规在不同企业、不同社团、不同行业、不同领域乃至不同国家的制度和法律供给都存在差异性。以国际上不同国家和地区为例，欧盟制定了严格的个人数据保护与数据合规立法和执法框架，而美国对数据合规的立法态度则是保护与发展并重，另外还有大多数国家尚未建立或正在筹划数据合规立法框架。同时，规则的多元化在数据跨境传统方面显得尤为突出，不同国家主观机构的差异、数据主体角色、数据责任的分配不同，以及跨境传输流程和程序的区别，都为企业跨境数据传输带来较大的合规成本，构成了巨大的挑战。从成本收益来看，当前数据合规成本较高，与合规所带来的收益并不成正比。

3. 数据跨境主权争夺白热化

随着互联网金融和金融科技的飞速发展，以及云计算、大数据、5G 等新一代信息通讯技术的应用，跨境数据已经超越了个人信息保护的范畴，相继以商业数据、政府数据等形式出现，其作用范围和外部影响同样超越了个人信息和隐私保护层面，进一步上升到商业秘密和国家安全的地步。当前，数据跨境流通主要包括两种情形：一种是在国内形成的数据向境外传输和处理，另一种是境外第三国经济或非经济主体对境内数据的访问。前者是由内到外的传输，后者是由外向内的访问和共享。①

现有数据跨境法制框架尚不成熟的情况下，不合法、不合规的数据跨境流通

---

① 金善明：《跨境数据流动法律风险防范与规制》，载《中国对外贸易》2016 年第 6 期。

过程和结果容易产生负的外部性和法律风险。据德勤《数据跨境合规治理实践白皮书》的总结，数据跨境合规主要存在三方面难点，一是数据体量大、属性识别难、载体拆分难，数据跨境时的属性和类型划分不清晰，较为混乱；二是企业业务场景多样、流转路径复杂，不同司法管辖区的转换导致跨境流程中主体角色、主体责任和数据责任划分不清晰；三是全球数据跨境流通的规则多样，存在诸如规则冲突、规则漏洞和规则标准滞后等问题，数据跨境规则框架呈现普遍缺失的状态。

数据跨境活动带来的风险成为许多国家实施数据本地化策略的正当性理由。尤其是网络空间博弈越来越与地缘政治、产业竞争、经贸关系、网络主权、权利保护等各种议题相结合，数据跨境流动也成为当前国家地区间政策博弈最为复杂的领域之一。数据跨境相关法律风险表现为：一是个人数据泄露事件不断发生，数据黑色产业链日益成熟，离境数据被恶意利用和买卖的现象频发，导致个人隐私被侵犯、公司商业秘密泄露，严重者或导致国家秘密的泄露，危及国家安全和人民利益。二是各国个人数据保护标准不一致，造成数据在全球范围内不受限制地流动缺乏安全可信的在线环境。三是数据不受限制地外流影响本国数字产业发展机会。数据本身是生产力的资源，也是重要的国家战略资源，若一国放任数据不受限制地流向境外，可能损害本国企业开发利用数据资源的发展机会，影响本国数字产业的发展和数字经济竞争力的提升。四是数据跨境使得大量数据流向境外，执法机关提取有价值的证据需要耗费更多的时间和人力资源，增加执法成本。五是数据跨境流动可能威胁国家主权和安全。大数据时代，"国家拥有数据的规模、流动、利用等能力将成为综合国力的重要组成部分"。①各个国家或地区在网络空间争夺数据主权的竞争加剧，数据的跨境传输共享受政治、文化、经济、意识形态等因素的影响越来越大。②

三、数据合规的重要意义

数据合规领域作为一个多元化的领域，在经济、法治、技术和企业内部合规层面都具有明显的促进价值。

---

① 李海英：《大数据发展及其立法挑战》，载《信息安全与通信保密》2015 年第 6 期。

② 阿里巴巴数据安全研究中心、上海赛博网络安全产业创新研究院、上海社会科学院互联网研究中心：《全球数据跨境流动政策与中国战略研究报告》，2019 年。

(一)数据合规的经济学意义

从经济学的产权、成本收益与激励机制等分析视角来看,数据是发展数字经济不可或缺的“燃油”和“发动机”。在数字经济体量和深度不断扩展的大背景下,明确数据合规的边界是提升数据获取和使用的效率(成本和收益)的重要因素。例如,数字经济的会计核算和税收征缴、数字资产的定性和确权等问题,都为数据合规的标准体系、行业规范、法规范的构建带来了诸多挑战。完善数据合规有助于解决以下问题:

一是数据流通难、定价难的困境。数据兼具私人和公共属性,不同数据主体的权利义务和责任在数据交易流转过程未明确,基于趋利的特性,多元化主体之间难免存在数据权利交叉与碰撞,为数据权益的保护带来难题;同时也容易导致数据责任的规避,数据归责制度的缺失导致处于弱势的一方往往难以保护自己的合法数据权益。[①] 更进一步,数据界权的不完善不利于充分发挥市场的要素分配和法律的干预规制作用,市场规范的混乱导致数据使用和保护的时间成本、机会成本、沉默成本、摩擦成本等各种成本和风险上升。

二是数据定价规则和模式的难题。数据具有财产属性,在市场上流转和进行价值传输,须具有一套相对完善的计价尺度。如何通过市场自我约束建立数据交易的市场定价机制,仍是非常有挑战的前沿问题。在实践中,数据商品定价和数据资产估值非常困难,目前主要依据数据的效用和稀缺性来初步进行定价,以及参照会计上的成本法、收入法和市盈率/市净率估值法进行定价,但都不能有效、准确地衡量数据的价值。如果定价过高,则会导致信息市场萎缩。如果定价过低,一旦信息的所有权被转移到信息企业手里,个人根本无法掌控其命运。如果单纯地依靠市场机制来交易数据,则可能产生逆向选择和“劣币驱逐良币”等减损数据对交易主体和社会正外部性的情况。传统证券交易市场集合竞价模式并不适用于数据产品,因为无论是股票还是债权,所有交易产品都只能出售一次。而数据产品则不同,除了独家使用的情形外,数据产品可以多次使用、反复出售,并且数据产品的价值较实物产品、金融产品而言更难估量,尽管目前贵阳大数据交易所成立了数据评估机构,但其实际效果还有待于观察,因为数据产品的价值只有在进行挖掘、利用之后才能正式体现出来,在前景不明确的情况下,

---

① 熊巧琴、汤珂:《数据要素的界权、交易和定价研究进展》,载《经济学动态》2021年第2期。

过高的交易价格会让数据购买方望而却步，过低的交易的价格会让卖家惜售。为此，数据的交易价格除了双方协商、中介机构评估外，或许可吸纳其他三方主体，综合考虑各种因素，以形成不同于传统商品、资产交易的新模式。

三是行业缺乏激励机制的难题。目前在数据合规行业缺乏明确和体系化的激励机制，企业和个人开展数据合规和维护数据权益的动力不足。适当的激励机制是数字经济发展的内生动力。当前数据合规行业激励机制缺乏主要表现为：其一是个人层面对自身的数据权益认识不全面，个人数据合规保护对自身带来的正向收益并不明显，且个人数据信息泄露很多情况下对个人声誉和财产并未造成较大损失。其二是企业层面开展经营活动的主要目的为盈利，在数据收集、处理、流通、使用等环节进行数据合规并不能给企业带来明显的利润，数据安全投资成本大、潜在收益不确定，数据传输和流通过程中的增值部分缺乏明确的价值表现。与此同时，在目前的市场环境下，只要并非关键数据和大规模数据的泄露和不合规使用，企业就不会遭受较大的经济损失。其三是政府层面目前的数据合规更多表现为社会公众的外力监督和法律赋予政府机构的义务，并非政府主动和自愿的公开，且不同政府部门之间往往也缺乏主动共享数据的意愿，出现数据鸿沟的现象十分常见。同时在政府数据合规的过程中，如何协调比例原则与激励机制的问题，尚待研究和实践解决。由此可知，数据合规中的激励机制缺乏的问题实质上反映了数据要素流转过程中增值部分的价值表现和激励作用不明显，需要数据合规的制度设计和实践优化。

（二）数据合规的法治意义

目前数据合规领域的法律体系主要包括法律、行政法规、部门规章、规范性文件、国家标准、行业标准、企业数据隐私准则等。在依法治国，建设法治政府、法治社会的背景下，数据合规法治成为意义重大的时代课题。数据合规法治涉及数据确权、数据侵权、数据知识产权、数据刑事责任以及公共数据收集使用等内容，覆盖民事、行政、刑事、知识产权等领域。推进数据合规的法治化水平，有助于推动数据界权，明确责任分配，弥补数据交易流转的法制短板，提升数据跨境传输的安全和规范。具体表现为以下四个方面。

一是弥补数据要素确权的法律漏洞。目前存在一个较大的法律漏洞就是立法对数据属性、法律权属界定不明，数据难以通过流通形成数据要素市场的有效供给。[①] 数据确权是当前全球范围内面临的难题,目前我国缺乏数据要素市场基本法律规范,数据难以通过流通形成数据要素市场的供给。数据确权环节存在的法律风险主要是数据权属不明晰产生数据治理混乱的问题,我国建立健全数据要素市场所面临的首要问题是数据的确权问题。数据的确权即数据要素的确权,数据容易在未经合理授权的情况下被收集、存储、复制、传播、汇集和加工,并且数据汇集和加工随着新数据的产生,存在数据权法律属性不明确、权利配置不清晰等法律风险。实践中,数据的所有权和控制权不管在法律上还是在实践中都是一个复杂问题,尤其是个人数据和企业数据,是影响数据市场化的重要因素。

二是明确数据收集环节的责任分配。当前,人脸识别、小程序、健康码等基于大数据、人工智能等技术的创新应用,如果出现侵权行为,在责任的归责、分配和举证方面面临较大挑战。以小程序为例,由于小程序便捷、成本低等特点,不法分子利用小程序开发、上线流程简易快速的小程序平台,以领取红包、参与抽奖等名义,通过设置登录授权或诱导用户填写的方式,套取用户个人信息。数据显示,当前市场上只有38.5%的小程序提供了独立的隐私政策,且这部分小程序也不能保证合法合规地收集数据,存在个人信息安全隐患。[②] 完善数据合规,有助于解决类似小程序开发者、平台与用户之间如何分配数据收集的责任问题,厘清交易关系,保障市场秩序。

三是弥补数据交易流转环节的法制短板。第一,我国现阶段在数据交易领域的法律规范处于空白状态,企业在参与大数据交易时大多是以大数据交易平台的平台准则或治理规范为标准。例如,贵阳大数据交易所通过《贵阳大数据交易所702公约》和《数据确权暂行管理办法》为本交易所的会员在交易环节提供了操作规范;中关村数海大数据交易平台则发布了首个行业规范,规定了三个方面的交易市场行为,规范了三种数据交易模式:平台定价、交易对手磋商和询价模式。但数据定价原理、定价模型等未经过市场检验且未被广泛接受,在仅有现有法规的间接指引下数据交易和流转实际上面临着交易状态的不确定性和权利救济的真空状态。第二,我国司法力量在处理数据纠纷尤其是大数据纠纷时

---

① 李爱君:《数据要素市场培育法律制度构建》,载《法学杂志》2021年第9期。

② 中国信息通信研究院安全研究所、南都个人信息保护研究中心:《小程序个人信息保护研究报告》,2020年。

面临着缺少直接规制数据产品纠纷的法律规范却又不得不作出裁判的困境。无论是淘宝(中国)软件有限公司诉安徽美景信息科技有限公司的不正当竞争纠纷案,还是北京淘友天下技术有限公司等与北京微梦创科网络技术有限公司不正当竞争纠纷案,法院更多运用反垄断和反不正当竞争的思路,从竞争法、“搭便车”、交易成本考虑数据交易的外观和法律属性,而没有从数据本身的法律性质和交易性质进行穿透。数据要素的交易流转在司法过程和司法评价上立场的不确定,不利于保护正常的数据交易的商事秩序,需要发挥数据合规的作用。

四是提升数据跨境传输环节的安全性和规范性。我国当前与跨境数据流通相关的法律有《国家安全法》《网络安全法》《反恐怖主义法》《个人信息保护法》等,在行政法规和部门规章、规范性文件层面,2013 年国务院发布《征信业管理条例》,中国人民银行发布《征信业管理条例》,2017 年国家互联网信息办公室发布《个人信息和重要数据出境安全评估办法(征求意见稿)》,2019 年 6 月 13 日,国家互联网信息办公室会同有关部门起草了《个人信息出境安全评估办法(征求意见稿)》,明确规定了出境评估的主管机构、个人信息出境安全评估的重点内容、个人信息保管要求、个人信息出境合同等内容。2019 年 5 月,国家互联网信息办公室发布《数据安全管理办法(征求意见稿)》。标准层面有 2017 年全国信息安全标准化技术委员会发布的《信息安全技术数据出境安全评估指南(征求意见稿)》,作为数据跨境领域的首个推荐性国家标准。由此可看出我国数据跨境的基础框架和整体思路:主体——关键信息基础设施运营者,客体——个人信息/重要数据,要求——安全评估,即“合法正当 + 本地存储 + 风险可控”的数据跨境总体思路。从法规政策来看,我国对数据跨境主体范围限制较大,数据跨境传输的口径较小,可操作性不强,“关键信息基础设施运营者”涉及的行业并不完整,对关键信息基础设施的识别规则未明确细化,同时数据跨境安全评估的评估标准、流程缺乏较公开透明的披露,统一化和标准化不足。反映出中国目前数据跨境的框架对数据流通和境外访问趋于谨慎保守,在关键数据、重要数据和一般数据的甄别上欠缺明确和统一的规范。总体上与国际较成熟的美国模式和欧盟模式存在差距,迫切需要数据合规促进理论与实践、国内与国际的接轨。

(三)数据合规的技术意义

技术是数字经济发展的基础支撑,数据的发展和保护以及数据合规也具有强烈的技术属性,有效的数据合规有助于形塑合规技术(包括隐私技术)在系统化、集成化、智能化、生态化四个方面迭代优化。

首先在技术系统化层面。传统在企业、政府和机构内部涉及全机构或集团的数据收集报送、数据流转，都是通过各类台账、统计分析与报表等形式处理和分析，在费时费力的同时，还容易产生大量差错，甚至发生数据的丢失、泄露和不当使用的情况。数据合规下的数据系统化、模块化的生成和处理有利于数据的内部流通和审查，提升数据收集、处理、分析和使用的效率的同时，也便利数据合规业务的开展。

其次在技术集成化层面。数据合规系统集成化能够串联前端的客户、零售，中端的账户、交易和组织，后端员工行为、绩效管理、风险控制、纠纷处理等环节，以及监管端与合规端的部分监管报送系统、非现场风险监测系统、反洗钱系统等，让大量基础数据的调用和数据审查工作有条不紊地运行。数据合规下数据系统和数据库的集成化有助于快速找到关联性的数据、促进数据互联互通和及时发现数据合规风险，有效降低企业运营成本。

再次在技术的智能化层面。机器学习、知识图谱、自然语言处理、可视化、流程自动化等智能化技术的应用，能提升企业内控合规管理的效能。许多潜在的数据合规问题通过直观观察和数据分析都难以发现出来，尤其在隐私保护方面，智能化的数据合规技术和算法如差分隐私、联邦学习、环签名和多重签名等技术拥有较大的技术赋能空间。

最后是技术的生态化。传统的隐私保护和数据合规多依靠单一某种技术或某类技术，其构建的“隐私防火墙”或数据合规框架不全面，往往具有某些方面的漏洞或缺陷，不能很好发挥技术的保护作用。随着数字经济规模的增加和渗透加深，单一或单向的技术保护路径不能适应现有数据安全要求。数据合规下合规技术的生态化构建，有助于多维度获取数据信息，将包括政府信息网站、供应商数据库、互联网上的公开数据以及税务、海关、通信等专门的数据汇总后进行全面的分析、建模、画像和预测，可进一步帮助企业减少数据合规风险与合规成本。

(四)数据合规的企业治理意义

将数据合规的态度和价值观融入到企业合规战略框架和价值体系中，有助于弥补企业合规漏洞，增强企业内控和经营管理水平，降低市场风险。价值观的差异表现在合规价值观的竞争：一是有无合规意识的差异，部分机构和企业在经营业务和项目中缺乏合规思维，可能导致公共利益的受损，波及和影响范围深远。二是数据合规与发展的价值观差异，部分政府部门一味地追求数字经济发展而忽视了数据安全、个人数据保护和社会的公共安全，企业机构将经营策略放在产品创新、业务扩张和组织扩张上面，就容易忽视潜在数据风险以及数据合规风险的溢出和转化，增加运营成本，严重时危害企业信誉，损害企业立身强身之基。还有形式化合规和实质合规的差异。数据合规在部分政府部门和企业中成为了形式，表现为管理结构老化和利益功利性等行为模式，未能从实质上真正保护用户的合法权益。

数据合规的价值观还有境内外的区别，我国对数据合规的基本态度即将数据列为新型生产要素，作为国家基础战略性资源和社会生产创新要素之一。虽然顶层立法如《数据安全法》《个人信息保护法》《网络安全法》已经颁布施行，但在发展节奏上看，我国数据合规进程滞后于数据发展和数字经济发展进程。在大量数据泄露、非法数据收集和数据窃取的背后，数据合规问题日益凸显，严重阻碍数据资源价值释放。相较之下，国际上对数据主权、数据安全的重视有过之而无不及，国家间、企业间数据资源的争夺日益激烈，数据壁垒、数据传输保护协议与域外管辖相互冲突，给企业在数据收集使用和跨境数据业务合规中增加了许多难题，合规主体必须考虑、评估国际政策法律环境的约束和实际影响力。[①]

① 中国软件评测中心、中国计算机行业协会数据安全专业委员会、北京瀛和律师事务所：《企业数据合规白皮书》，2021 年。

第二章　数据合规产业概要

数据作为新的生产要素参与到社会生产中，对产业数字化、数字产业化以及数字经济带来深远影响，需要生产关系、上层建筑的变革和回应。数据合规作为数字经济发展的护城河，逐渐从要素发展到产品，发展成为一个独立的产业。数据合规产业的图景广阔，大致包括数据合规理论、数据合规主体、数据合规的分类分级、数据合规主体相关权利几个方面。

一、数据合规的理论基础

（一）企业社会责任理论

企业是由个人和资金组成的集合体，是具有营利性目的的组织，为企业的所有者创造利润。传统观点认为，企业具有一种且只有一种社会责任——在法律或者伦理习俗的社会基本规则下实现利润最大化。随着企业的发展，人们逐渐发现，营利性并不是企业唯一的目的，企业在经济市场上活动，不可避免地与个人、其他企业、社会组织、政府发生交集，具有明显的外部性特征。利益相关者理论（Stakeholder Theory）提出，企业是与相互影响的利益相关者（包括股东、雇员、顾客、供应商、债权人、政府和社区）相互联系的一个结合体，它有责任和义务为利益相关者和社会创造财富。数据是具有广泛外部性的产品，对个人隐私数据而言，一旦被泄露、窃取或滥用，就对个人产生了负外部性。在利益相关者理论的基础上，三重底线理论（Triple Bottom Lines Principle）衍生出来，成为企业社会责任理论的重要组成部分。三重底线理论认为，任何企业行为至少应该达到经济、社会和环境三元因素（或三重底线）的基本要求，不仅要在企业内部和经营活动上做到成本和效益的最优，还要在更广阔的社会和环境层面考量成本收益的要求，关注企业的经营决策带来的社会成本和社会收益、环境成本和环境收益。企业社会责任（Corporate Social Responsibility，CSR）理论，包含环境、社会和治理。数据合规与企业社会责任息息相关，不仅涉及企业本身，还涉及数据提供者、其他数据处理者、社会组织、行业协会以及政府。如果发生数据的窃取、泄露，将会产生较大的负外部性。数据负外部性不仅会对社会和环境产生影响，对企业本身也会带来难以预估的成本增加和内外部风险。

（二）多元社会治理理论

数据治理涉及多元主体、多重范围、多种方式、多元权利，需要综合化的治理。一是就治理主体而言，数据治理包括个人、企业和政府三组基本主体，不同的主体在数据生命周期中扮演不同的角色，如数据收集者、数据处理者、数据携带者、数据跨境提供者，不同的角色有着不同的权利、义务和责任。二是从领域上看，数据治理兼涉技术、法律、经济、社会等多元场域。数据治理由技术驱动，同时数据的产权和数据权益需要法律和制度来保护，对数据相关主体进行赋权。三是数据治理的方式多样，既包括由内向外的治理和由外向内的治理，也包括自上而下与自下而上相结合的治理。数据治理过程中关注的重点更多是数据全生命周期的过程和关系，包括收集环节的治理、分析环节的治理、使用环节的治理、公共数据的治理、跨境传输的治理等，以穿透数据治理过程中产生的“黑箱”。四是在治理范围上，既要关注个人数据、个人隐私的治理，也要关注基础数据和增值数据，原始数据和衍生数据，一次数据与二次、三次数据，可识别数据与匿名数据，个人数据与可观测数据的治理，以及金融数据、医疗数据、交通数据等行业数据的处理。数据治理的领域宽广，考验数据治理的综合能力。五是在数据治理的价值目标上，数据治理追求政治价值、经济价值、社会价值等多元化价值。[①] 政治上表现为数据反映政府的意志，是促进政府与民众沟通的桥梁；经济上表现为数据已成为数字经济高质量发展的核心驱动，据统计，2019 年数据对国内生产总值增长的贡献率达 67.7%；社会上表现为大数据可用于进行更加精准的社会治理，提升政府应对重大突发公共卫生事件的综合能力。六是数据治理在治理规则上也表现出多元化的趋势。当前数据治理过程中竞争多发，涉及国外法与国内法的竞争、中央立法与地方立法的协调、行业标准与法规范的协调，需要衡量各方数据主体的利益，建立合理的数据治理规则体系或规则生态。

---

① 梁宇、郑易平：《我国政府数据协同治理的困境及应对研究》，载《情报杂志》2021 年第 9 期。

(三)界权理论

界权理论来源于罗纳德·科斯(Ronald Coase)的交易成本理论。数据治理在市场机制的优化调整之外,还需要法律的介入以界定数据主体权利义务和交易规则。第一,数据权利的界定涉及各方的成本和收益的确定。界权成本即权利界定或规则选择的机会成本,[①]也就是将数据权益赋予哪些主体的成本收益比最高,更能促进数据流通效率的提高。第二,数据权利的界定涉及制度的设计和综合安排。例如,将个人数据的所有权赋予个人还是赋予数据的控制者和处理者更益于实现数据价值的挖掘和个人信息的保护;对流通中的数据而言,其权利是属于数据传输方还是接受方,侵权责任的承担是独立责任还是连带责任等,都可以在界权的框架下分析讨论。进一步来说,数据的治理采用立法规则、执法规则还是司法规则的成本更低,收益更大,更能够弥补数据治理中的规则空白、规则模糊和规则冲突等缺陷,需要衡量不同规则选择下的机会成本,以对数据相关权利义务进行合理规制。总体来说,数据界权有助于打通数据生产、数据流转、数据使用等全生命周期的经济过程。

(四)财产规则、责任规则与禁易规则

1972年,卡拉布雷西(Guido Calabresi)和梅拉米德(Douglas Melamed)从法律后果(违反某一法律规则需要承担的法律责任)的角度对介入国家和社会治理的法律规则进行逻辑分类,提出财产规则、责任规则和禁易规则三类规则的划分,简称"卡—梅框架"。该框架围绕两个标准,即法律规则是否允许私人对特定法益进行自由转移,以及法律规则是否允许私人对特定法益进行非自愿的转移或剥夺。[②] 首先,财产规则指国家允许和保护法益的自愿交易,如合法数据资源的自愿交易,可将数据的初始法益归于原始数据的提供者,而数据交易的价格可留给交易双方协商决定。但应注意的是,财产规则还要求对法益的非自愿交易予以限制或禁止。例如,未经授权的个人数据收集行为、未经授权的个人信息传输和买卖行为以及未经许可的数据跨境传输行为即是从反面定义的财产规则。其次,禁易规则允许私主体拥有特定法益,但禁止法益在自愿的双方之间转

---

① 凌斌:《法治的代价:法律经济学原理批判》,法律出版社2012年版。

② [美]吉多·卡拉布雷西、道格拉斯·梅拉米德:《财产规则、责任规则与不可让渡性:"大教堂"的一副景观》,载[美]唐纳德·A. 威特曼编:《法律经济学文献精选》,苏力等译,法律出版社2006年版。

让，即剥夺法益拥有者和相对人的转让自由。之所以禁止法益的自由转移，是由于该法益具有特殊性，如涉及公序良俗、公民基本权利、国家利益等方面，如个人敏感数据、企业商业秘密、国家秘密等具有较高安全等级的数据，政府等执法机关和司法机关可以明确这类数据的禁易规则。最后，责任规则是指，并非所有情况下的自愿交易都是有效的，在自愿的法益交易之外，一些强制性或非自愿的法益转移定价也能提高资源分配的效率。[①] 在数据治理领域，可以由政府或公共组织设定相对强制的定价规则，例如，政府对个人非敏感数据的合理收集征用、数据侵权的损害赔偿等。这些规则在数据分析、数据交易、数据跨境交易等方面也有较大的借鉴之处，可用于指引立法、执法以及标准、规则的制定。

（五）比例原则

在涉及公共利益、社会利益的数据治理领域，例如，政务数据、公开数据的使用和个人信息的收集处理，行政法中关于权力规制的比例原则具有较好的适应性。比例原则通常包括适当性原则、最小损害性原则与狭义的合比例原则三部分，也有观点认为比例原则由必要性原则和均衡性原则两部分组成。[②] 但无论采用哪种逻辑结构分类，其本质上都包含了“成本收益分析”“限权”“法治”等思想内核，对当下关涉数据安全、数据保护和数据权利的数据合规治理有较大的借鉴意义。

比例原则在个人数据保护的私法领域应用，衍生出诸如正当原则、最小限制原则等数据的收集和使用的子原则。正当原则要求个人信息处理必须出于特定、明确、合理的目的，基于环境保护、交通通信等目的搜集的数据，不能用于其他用途，有必要对目的进行审查和控制。最小限制原则要求处理个人数据时应在有助于目的实现的必要范围内运用最小损害的手段，又要求采取必要措施最大限度保障个人数据安全，又称最小够用原则。以疫情防控和公共安全为例，防疫数据的收集、披露和使用分析应注重个人数据和敏感信息的保护和脱敏，例如，不能公布疫情感染者或密接者的姓名、身份证号、电话、门牌号等能识别具体身份的数据，只需收集使用和公布个人住址、车辆乘坐历史、位置踪迹、人群接触

---

① ［美］吉多·卡拉布雷西、道格拉斯·梅拉米德：《财产规则、责任规则与不可让渡性：“大教堂”的一副景观》，载［美］唐纳德·A. 威特曼编：《法律经济学文献精选》，苏力等译，法律出版社 2006 年版。

② 姜明安：《行政法与行政诉讼法》，北京大学出版社 2019 年版。

史等不必要的信息。[①]

二、数据合规的主体要素

(一)数据生产者和收集者

数据生产者是数据流通环节的发起者,是数据生命周期的起点。数据生产者分为单一数据生产者和数据集生产者,前者多数是个人或企业,后者更多表现为代码和算法程序,是由开发人员生产的用于收集数据形成数据集或元数据的计算机代码。根据欧盟《通用数据保护条例》的规定,数据生产者一般是数据主体或原始主体,享有原始的数据权利。赛迪智库编译的报告《构建欧洲数据经济》提出:"数据生产者权利",是一个"你来我往"的权利,数据生产者提供数据访问许可,并享有报酬,且可强制他人停止盗用和滥用等侵权行为。丁晓东教授认为,数据主体应当是具有主体性的个人,人在数据全生命周期中处于核心位置,人必须成为目的而不是手段,对个人具有法律影响的决策,不能仅通过单向的算法的自动化处理来实施。[②]

数据收集者是将数据进行要素化的关键主体。没有要素化的数据是非结构性的,使用价值较低。个人数据、原始数据只有经过数据采集的环节,才能与场景密切联系,产生一定的专属性,金融机构、互联网企业、政府等都是数据要素化的重要渠道。数据的收集需要遵循一定的原则和合法适当的程序。欧盟《通用数据保护条例》关于数据收集的原则有目的限定(Purpose Limitation)原则、数据最小化(Data Minimisation)原则和准确性(Accuracy)原则,我国《数据安全法》第 32 条第 1 款也规定数据收集应采取合法、正当的方式。

(二)数据控制者和处理者

在欧盟《通用数据保护条例》的定义中,数据控制者被定义为"能单独或联合决定个人数据处理目的和处理方式的自然人、法人、公共机构、行政机关或其他非法人组织。其中个人数据处理的目的和方式,以及数据控制者的准入资格的具体标准应由法律予以规定"。当企业与一个或多个组织一起共同决定处理

---

① 韩新远:《收集、使用个人数据宜遵循五项原则》,载《检察日报》2020 年 3 月 28 日,第 3 版。

② 丁晓东:《什么是数据权利?——从欧洲〈一般数据保护条例〉看数据隐私的保护》,载《华东政法大学学报》2018 年第 4 期。

个人数据的目的和方式时，即形成联合控制者。联合控制人必须签订协议，规定各自遵守欧盟《通用数据保护条例》规则的责任。

欧盟法语境下的数据处理者是指代表数据控制者处理个人数据的自然人、法人、公共机构、行政机关或其他非法人组织。相应地，数据处理就是指针对个人数据或数据集的一系列操作，包括收集、记录、组织、建构、存储、自适应或修改、检索、咨询、使用、披露、传播以及以其他方式应用、排列、组合、删除或销毁数据，无论处理行为是否使用自动化的手段。

上述为欧盟《通用数据保护条例》对数据控制者和处理者的二元区分，但是这种区分在数据治理中是否有明显区别？笔者认为，数据控制者和处理者都有处理数据的功能。不同的是，数据控制者决定(Determines)个人数据处理的目的(Purposes)和方式(Means)，而数据处理者一般只帮助数据控制者处理个人数据。数据处理者的典型活动是提供IT解决方案，包括云存储，通常是公司外部的第三方。这种情况下，数据处理者是数据控制者处理个人数据的代表。但是，在某些情况下，企业既可以是数据控制者，也可以是数据处理者，或两者兼而有之。如果数据处理者的活动超出了帮助的范围，如在某次处理活动中，数据处理者决定了处理活动的目的和方式，其就具有了数据控制者的身份。数据控制者的合规义务为：(1)设计一套完整的保护框架；(2)与数据处理者签署个人数据处理合同；(3)通知数据专门保护机关和相关数据主体发生数据泄露相关事件；(4)开展数据处理的影响评估和事前咨询；(5)监督其他控制者的特别情况；(6)配合数据专门保护机关开展工作。① 数据处理者的合规义务为：(1)与数据控制者签署个人数据处理合同；(2)通知数据控制者个人数据泄露；(3)获取关于数据处理活动“转包”的事前书面许可。

(三)数据交易者

数据要素的流通就是进入交易环节的过程，而数据交易者是以数据作为业务活动的主要对象或主要生产原料的经济主体，主要发挥数据的发现者、价值赋能者、价值传输者、联结者和服务提供者等功能。依据数据交易各参与者发挥的作用不同，数据交易者可分为数据提供方(卖方)、数据需求方(买方)和数据交易平台(交易中介)三种主要的类型。其中数据提供方是指拥有数据所有权和

---

① 参见欧盟《通用数据保护条例》第31条。

使用权的主体,包括法人和自然人。虽然部分数据交易所将数据卖方资格限制为法人,但根据一般的“法无禁止即可为”的原则,自然人也可以基于自身享有的数据权利开展交易活动。数据需求方是指意图获取数据相关权利的一方,同样可包含法人和自然人。数据交易平台是连接买方和卖方,为数据交易提供安全合法交易场所的主体,其法律形态多以会员制和公司制为主。数据交易所能够将数据的价值真正发挥出来,促进数据开放流通和公共共享。数据交易所通过建立数据确权、登记、定价、交易等基本制度和平台,构建互信共赢的模式,发挥数据交易平台一线监管功能和流通交易环节可靠、可查、可追溯的监督作用,推动数据有序规范交易。行业中典型的数据交易所包括贵阳大数据交易所、中关村数海大数据交易平台、上海数据交易所、哈尔滨数据交易中心、深圳数据交易所(筹)等。这些数据交易所通过数据交易流通规则的探索、标准的制定、组织管理架构的优化,力图提升数据要素的市场化水平和交易效率。

除上述三种主要类型外,数据交易者还包括其他第三方服务机构,如数据代理方、数据技术服务方、数据咨询方等。数据代理方可以由数据买卖方授权进行数据交易,所产生的法律后果归属于被代理人。数据技术服务方即各类数据服务平台、大数据采集分析机构、数据中心以及企业内部的数据中台架构等。数据技术服务方为数据交易活动提供软件和硬件支持,对可交易的数据进行脱敏、清洗、分析,形成衍生数据和二次数据,以促进数据更好进入交易环节。数据咨询方为不同交易主体、交易数据对象、交易场景和交易准则等提供咨询、审计、监督等服务,促进数据交易市场合规稳健运行。

(四)数据监管者

数据监管者既包括公共部门也包括私人部门,公共部门如负责数据收集、处理、分析和流通的监管部门和数据主管部门,私人部门如企业内部的数据合规官(Data Protection officer,DPO)、数据安全审计部门等。数据治理需要引入法律和监管,是因为要素化的市场流通会产生负外部性,表现为:(1)数据控制者、处理者和第三方泄露个体的信息隐私或集体机密,侵犯他人的权利或集体(国家)利益;(2)数据产品的广泛使用和推广会减少数据主体的选择权,如基于个人数据画像产生的个性化精准推荐减少了数据主体/生产者对其他产品的选择权;(3)大数据、人工智能和智能算法带来了潜在风险,如算法黑箱、算法歧视、大规模的数据信息污染等。[①] 这些算法和程序缺乏明确的权利和责任规则,受害者通常难以举证,政府也难以采取强制措施,存在数据监管的空白甚至失灵等问题。数据要素的监管势在必行,监管者既可以是具有主体意识的人(包括数据原始主体、数据处理者、数据控制者和数据监管部门),也可以是具有公共执法权力的监管部门或数据安全机构,还可以是第三方社会组织、数据合规行业协会和个人数据保护协会等,以及以数据为主要使用对象的计算机、信息通讯等新型技术手段,坚持技术向善的设计数据安全和隐私的技术架构。

三、数据合规的分类分级

(一)数据合规分类

数据特征的不同决定了数据类型的多样化。明确数据的不同类型,有助于我们明确数据的属性、最大化数据的价值,同时在数据合规领域做出不同的应对,是开展数据保护工作的一个重要部分。数据分类的标准都是人为设定的,根据数据的来源、生产主体、行业分布、公开状况、生命周期、经济价值、脱敏程度等标准,可以将数据划分为以下几类。

1. 按数据的来源分类

按数据的来源,已有研究和行业中有原始数据和衍生数据的二分法以及原始数据、二次数据和三次数据的三分法。原始数据来自数据采集阶段,不经过任何加工、创作、编辑和分析,能够较好地反映事物的客观属性。由于原始数据具有散乱、无规律、格式混乱的属性,所以通常不具备商业价值,不能拿来直接使用,如非结构化数据和半结构化数据。而基于特定商业目标,通过筛选、清洗、加工、提取和分析得到的数据通常称为衍生数据,一般作为结构化数据存在。实践中,在数据处理中有"元数据"的概念,即对一组原始数据进行排列归类形成的索引和目录,是用于说明数据资源特征、内容的结构化的数据。其本质上是对原始数据的加工,属于衍生数据的范畴。[②] 此外,三分法中的二次数据是指通过各种技术手段对个人数据进行综合分析得到的中间数据(被推断的个人信息),如

① 徐葳、杨祖艳:《数据使用的负外部性及数据要素监管》,载《金融时报》2021 年 3 月 29 日,第 11 版。

② 徐汉明、孙逸啸、吴云民:《数据财产权的法律保护研究》,载《经济社会体制比较》2020 年第 4 期。

个人的消费偏好、生活习惯等;三次数据是建立在二次数据基础上,在特定的应用场景下进行定制化处理,从而得出的最终数据,是一种具有直接应用价值的数据。原始数据的销售应该是被严格禁止的,必须经过加工处理,成为二次数据后方可进行销售。二次数据销售也应该受到规制,数据主体必须要获得销售许可才能交易。直到二次数据经过深加工变成三次数据后,才可以进行自由销售。①

2. 按数据的生产主体分类

按数据的生产主体,可以将数据分为个人数据、企业数据、政务数据三大类。个人数据即个体作为数据原始主体产生的数据,个人对数据享有权利,承担义务。个人数据的主体内容是个人信息,《个人信息保护法》将个人信息规定为"以电子或者其他方式记录的与已识别或者可识别的自然人有关的各种信息,不包括匿名化处理后的信息"。其中,个人信息按敏感程度又可分为敏感个人信息和一般信息。敏感个人信息②是具有强人格属性或个体重要性的信息,即一旦泄露或者非法使用,容易导致自然人的人格尊严受到侵害或者人身、财产安全受到危害的个人信息。③ 另外,个人信息按内容的不同可以分为个人基本身份信息、个人行为信息、个人通讯信息等。企业数据有广义和狭义之分。广义的企业数据泛指所有与企业经营相关的各种信息,包括公司概况、产品信息、经营数据、研究成果和商业机密等。狭义的企业数据,一般只包括公司经营范围、注册资本、注册地、联系方式等工商登记的信息。企业数据的形成有自上而下和自下而上两种,前者一般由统一的政府部门发布,如工商局、税务、统计局、海关收集和整理的数据,这类数据具有权威性和全面性,但数据内容比较粗略,缺乏精细度。后者主要由企业通过各种手段和渠道分散获取数据并统一整理,在数据的精细度和准确度上有一定的要求。相比个人数据,企业数据呈现出以下方面特性:一是安全性。企业数据一般通过控制或授权访问的方式予以保护。二是集成性。通常有一致的数据标准,方便在企业内部共享。三是确保一定质量,最大限度减少冗余、错误和差异,有时候需要对特定企业数据进行管理和建模。四

---

① 王忠:《大数据时代个人数据交易许可机制研究》,载《理论月刊》2015 年第 6 期。

② 2017 年 6 月 1 日施行的《最高人民法院、最高人民检察院关于办理侵犯公民个人信息刑事案件适用法律若干问题的解释》将个人信息类型按敏感程度划定为三个档次,将行踪轨迹信息、通信内容、征信信息等划分为第一档次,将交易信息、通信记录、健康生理信息等划分为第二档次,将其他近 5000 种信息划分为第三档次。

③ 《个人信息保护法》第 28 条。

是可扩展性。企业数据必须可扩展、强大和灵活，以便满足上下游不同的企业的需求。政务数据在整体数据体量中占有很大的比例，因为政府拥有几乎所有自然人和法人的数据资源，如身份信息和税收信息。政务数据最初来源于政务数据资源的概念，后期随着数字经济的发展和数据重要性的凸显，政务数据资源逐渐向政务信息、政府数据、公共数据的概念转变，其范围有所扩展，一些公共性较强的数据如具有公共服务职能的教育、医疗、金融、汽车领域数据也逐渐被纳入政务数据的范畴。政府数据流动、数据安全、数据存储、数据主体角色的转变以及政府数据的开放，构成政府数据治理的结构。

3. 按数据涉及的行业来分

按数据所涉及的不同行业，可将数据分为工业数据、电信数据、交通数据、金融数据、自然资源数据、卫生健康数据、教育数据、科技数据、司法数据等。行业数据反映了不同行业的特征，最核心的特征就是不同行业数据所反映的行业企业、用户群体的特征不同。行业数据在具有数据一般特征的基础上，通常具有各自的特征，有的行业数据偏敏感，有的行业数据相对集中和结构化，有的行业数据在时空上分布不均匀。例如，金融数据相对突出的特征是：(1)广泛性和综合性。金融数据的范围涵盖了宏观、中观和微观各个层面以及各个行业和行业细分领域，大到国际政治经济、商品、货币、气候，小到不同行业景气程度，企业生产经营，个人消费、信贷、年龄、资产状况，都属于金融数据的观测范围。(2)可靠性。金融行业的数据和医疗行业的数据类似，对数据的准确性和数据的精度要求较高，尤其是在金融交易领域，上下浮动几个基点都会带来账户和财产的大幅波动；同时，金融行业的服务属性也要求其提供的数据必须真实、可靠，这样才能维护市场和信赖者的利益。(3)连续性。金融数据是整个世界、国家、市场乃至企业和个人经济金融活动的动态反映。经济活动随时随地都在发生，因而金融数据的产生、收集、分析和预测应该是连续性的，一旦发生间断，将会产生数据的缺失、遗漏和失真，给相关主体带来损失。金融数据的这些特性决定了需要对其施以更严格的合规要求，即更快更安全的网络传输环境、更稳定的数据存储介质、更频繁的数据维护以及更严格的信息披露和数据审核。①

---

① 张凯：《金融数据治理的突出困境与创新策略》，载《西南金融》2021 年第 9 期。

4. 按数据的公开性分类

按数据是否具有公开性,可分为公开数据和非公开数据。公开数据(Open Data)是可以被任何人自由与免费使用,以及重新发布的数据。[①] 可获取性和可访问性、再利用与再分发、普遍参与性是公开数据的核心特征,即公开数据随着获取和流通的次数越多,边际成本趋近为零。公开数据促使系统之间、系统内部之间的互操作性(协同操作或混合不同数据集、数据库的能力)大大提升,通过公开数据接口的设置和模块化集成,数据使用的效率和透明度都有所改善,助力创造更多、更好的产品和服务。在数据治理中,政府应是数据公开的主体,通过公开协议将数据集开放,简化流程,争取更多的主体参与共享,这样才能使公开数据得到最大化利用。相反,非公开数据通常指那些具有私密性、主体异质性的数据,包括敏感个人信息、个人隐私、企业私密商业数据、企业重要数据等,这些数据具有一定的获得成本,其使用和流转也需要制定良好的保护机制。

5. 按数据要素的生命周期分类

按数据要素的生命周期,一条完整的数据链条包含数据收集、描述、存放、保存、发现、集成和分析,不同的环节均可能存在漏洞和风险,如数据收集不合法、不规范,数据权属和产权不清晰,数据跨境治理较混乱,数据交易流转不顺畅面临的困境和风险等。充分认识数据要素存在的各种法律风险,是厘清数据要素法律关系,明确数据要素配置规则,完善数据治理结构和保护数据隐私安全的重要基础,且这也能够为数据要素市场化配置和数字经济发展提供助力。

6. 按数据蕴含的经济价值分类

根据数据所蕴含的经济价值大小,可将数据分为基础数据与增值数据。基础数据即个人数据或个人信息,所有足以识别出主体的数据均为基础数据,其所有权归属于用户。个人基础数据具有演变成企业数据、行业数据和政务数据的潜力。基础数据的核心特征是关联性、可识别性和系统化处理性,是与个人关联较大、可以正常理性识别和被企业系统化收集与分析的非结构化数据。基础数据虽然具有经济资源禀赋,但不能立即自动产生经济价值,需要经过筛选、清晰、分析等流程才能进一步商用。增值数据是指数据处理者对网络用户从事各种活

---

① 开放知识基金会:《什么是开放数据?》,载开放数据手册:http://opendatahandbook.org/guide/zh_CN/what-is-open-data/,2022年3月21日最后访问。

动的信息进行搜集整理等增值处理行为产生的各种数据，[①]如用户使用习惯、搜索偏好记录、用户画像、潜在用户群等。这些数据的产生凝结着数据收集者和处理者的无差别劳动，具有价值和使用价值，并且随着劳动力的注入和市场供求的动态变化产生增值。数据的分析挖掘服务等数据增值行为是在基础数据之上附加了增值性的创造活动，是大数据、云计算的核心和产业数字化变革的内在驱动，具有较高的商业价值。

7. 按数据的脱敏程度分类

根据数据是否脱敏，可以将数据分为可识别数据和匿名数据。大数据产业及其从业者开始采用个人信息去身份的方式以实现隐私保护与数据利用之平衡。匿名数据就是去身份、去识别化后的数据，这类数据集不属于具有明显标识性和可识别性的个人数据。欧盟《通用数据保护条例》进一步明确了这一定义，匿名数据（Anonymous Data）即与识别或可识别自然人无关的信息，或以数据主体不能或不再可识别的方式匿名提供的个人信息。[②] 其中匿名化的对象既包括私人数据，也包括财务信息或商业秘密的业务信息以及机密信息。匿名化为遵循个人数据相关隐私条例和数据安全与合规提供了处理机制。个人信息去识别化是对个人身份信息的去除或改变，包括直接标识符的去除和准标识符的判断。去身份是信息有序流通的需要，是信息再利用之前提，通过分离数据中的隐私与资产属性，可降低数据流通中的隐私风险。相反，可识别的数据一般指个人信息、身份和隐私，企业商业秘密，国家秘密等，是具有明确指向的数据。由此可知，可识别数据和匿名数据的核心区别在于是否可识别和再次可识别/重新识别。[③] 但匿名数据存在的一个安全隐患是，分开处理的数据集无法重新识别，一旦泄露数据形成聚合，将会产生更大威胁。这一数据分类对将来立法意义重大，尤其是个人信息保护立法和数据安全立法。因此，应加强对匿名数据的严格规制，完善个人信息和敏感数据的分类，确立去身份原则为数据利用和流通之前提，防范匿名数据被重新识别的风险引发更广范围的个人数据的泄露，并建立相关去身份的行业标准。[④] 同时，还应改进优化数据技术，探索真正数据匿名化的

---

① 丁道勤：《基础数据与增值数据的二元划分》，载《财经法学》2017 年第 2 期。

② 欧盟《通用数据保护条例》第 21 条。

③ 许可：《个人信息治理的科技之维》，载《东方法学》2021 年第 5 期。

④ 金耀：《个人信息去身份的法理基础与规范重塑》，载《法学评论》2017 年第 3 期。

技术和数据净化方法,保护用户的数据隐私,促进数据合规。

(二)数据合规分级

《数据安全法》提出,数据分级是建立健全数据安全制度的重要组成部分。实践通常认为,数据分级是以数据分类为基础,采用规范、明确的方法区分数据的重要性和敏感度差异,并确定数据级别。数据分级有助于行业机构根据数据不同级别,确定数据在其生命周期的各个环节应采取的数据安全防护策略和管控措施,进而提高机构的数据管理和安全防护水平,确保数据的完整性、保密性和可用性。图1-1是国家重要数据目录提出的数据分级的一般标准框架。

图1-1 数据分级的一般标准框架

数据分级应遵循易用、易管和安全的原则。德勤提出数据分级的六个原则:(1)依从性原则,即应满足相关法律和法规范的要求,在法律规定的分级框架内执行;(2)可执行原则,即避免过于复杂的分级,保证数据使用和分析的便利性;(3)时效性原则,关注数据分级的时效对相关对象的影响程度,例如,敏感数据的泄露会随着时间的延长造成更大损害,安全级别升级;(4)自主性原则,企业组织可根据自身的数据管理需要,在数据分级的框架内自主确定更多的数据层级,根据不同的数据安全等级制定不同策略,具有较大的自主选择性;(5)合理性原则,数据分级应该合理恰当,级别划定过低可能导致数据不能得到有效保护，级别划定过高可能导致增加不必要的业务成本；(6)客观性原则，即相关规则是客观和经得住实践检验的，分级标准真实地反映了数据本身的属性和企业的数据合规要求，已经分级的数据需要定期开展复核和检查。①

在一个行业中，企业进行数据分级的步骤大概包括三个阶段：第一个阶段是将企业各条线业务进行细分，确定各业务条线的数据管理主体，即在业务的一级子类范围内明确各自的数据管理组织、部门、岗位，以及管理范围和相应的数据访问权限。然后梳理各类业务"管理主体—管理范围"的映射关系，依据管理范围的不同细分业务的二级子类，以达到数据分级管理所需要的颗粒度。第二个阶段是根据企业自身情况对数据进行归类，即将业务二级子类项下的数据，包括数据表、数据项或数据文件等，按照不同的标准对单类业务进行细分。细分的标准如数据的性质、数据的重要程度、企业管理需要、数据使用需要(使用范围)等，以此形成数据一级子类，进一步细分形成数据二级子类。第三个阶段是对已归类的数据进行数据定级。一是要明确数据定级的颗粒度，二是识别数据定级的关键评价因素，三是结合国家及行业有关法律法规、部门规章，对数据安全等级进行初步判定。表1-1是企业数据安全级别判定的条件示例。

表1-1 企业数据安全级别判定条件示例

客户数据(C)	客户可公开数据(简称C1)	客户可共享数据(简称C2)	客户隐私数据(简称C3)	客户机密数据(简称C4)
业务数据(S)	业务可公开数据(简称S1)	业务内部数据(简称S2)	业务保密数据(简称S3)	业务机密数据(简称S4)
公司数据(B)	公司可公开数据(简称B1)	公司内部数据(简称B2)	公司保密数据(简称B3)	公司机密数据(简称B4)
一般数据(L)	公开数据(简称L1)	内部数据(简称L2)	保密数据(简称L3)	机密数据(简称L4)

以金融行业数据的分级为例，可以按照影响对象、影响程度与数据的一般特征将其分为5级，每一级的数据定级要素和特征见表1-2。

① 德勤：《数据治理2.0，迈向高可信数据资产数据安全分级指引》，载https://www2.deloitte.com/cn/zh/pages/financial-services/articles/data-governance-2-asset-management-4.html，2022年3月1日最后访问。

表 1-2　金融行业数据安全级别判定条件①

安全级别	数据定级要素		数据一般特征
	影响对象	影响程度	
5	●国家安全	严重损害 一般损害 轻微损害	●重要数据,通常主要用于金融业大型或特大型机构、金融交易过程中重要核心节点类机构的关键业务使用,一般针对特定人员公开,且仅为必须知悉的对象访问或使用
5	●公众权益	严重损害	●数据安全性遭到破坏后,对国家安全造成影响,或对公众权益造成严重影响
4	●公众权益	一般损害	●数据通常主要用于金融业大型或特大型机构、金融交易过程中重要核心节点类机构的重要业务使用,一般针对特定人员公开,且仅为必须知悉的对象访问或使用。 ●个人金融信息中的 C3 类信息。 ●数据安全性遭到破坏后,对公众权益造成一般影响,或对个人隐私或企业合法权益造成严重影响,但不影响国家安全
4	●个人隐私	严重损害	
4	●企业合法权益	严重损害	
3	●公众权益	轻微损害	●数据用于金融业机构关键或重要业务使用,一般针对特定人员公开,且仅为必须知悉的对象访问或使用。 ●个人金融信息中的 C2 类信息
3	●个人隐私	一般损害	
2	●个人隐私	轻微损害	●数据用于金融业机构一般业务使用,一般针对受限对象公开,通常为内部管理且不宜广泛公开的数据。 ●个人金融信息中的 C1 类信息。 ●数据的安全性遭到破坏后,对个人隐私或企业合法权益造成轻微影响,但不影响国家安全、公众权益
2	●企业合法权益	轻微损害	

① 中国人民银行:《金融数据安全数据安全分级指南》(JR/T 0197—2020),2020 年。

续表

安全级别	数据定级要素		数据一般特征
	影响对象	影响程度	
1	• 国家安全 • 公共利益 • 个人隐私 • 企业合法权益	无损害	• 数据一般可被公开或可被公众获知、使用。 • 个人金融信息主体主动公开的信息。 • 数据的安全性遭到破坏后，可能对个人隐私或企业合法权益不造成影响，或仅造成微弱影响但不影响国家安全、公众权益

四、数据主体相关权利

在梳理数据要素相关主体分类的基础上，数据合规治理需要进一步明确数据权利的归属，数据责任和义务的承担，才能构建法治化的数据合规治理体系。数据合规相关权利，包括基础的数据产权、数据人格权、数据知识产权、知情同意权以及数据携带权、删除权等多元化权利。

（一）数据的财产权

数据的财产权理论源自于20世纪，劳伦斯·莱斯格（Lawrence Lessig）教授首次系统地提出了数据财产权理论，通过赋予数据以财产权的方式，来强化数据本身经济驱动功能。劳伦斯·莱斯格认为："个人必须具有能够方便地针对隐私权和隐私权所享有的权力能进行协商的能力，这就是财产权的目的：财产权所界定的是，凡是想要取得某些东西的人，就必须在取得之前先进行协商。"[①]将数据视为一种财产纳入法律框架的保护范围，有助于最大限度上在事前保护数据相关权益，从而在立法层面完善数据保护与合规使用的相关制度框架，在执法和司法层面能够对数据权利和权利行使、侵犯和违法的成本进行合理的界定。在改革深化的市场经济条件下，随着产业数字化和数字产业化的趋势不断增强，数据在优化提升生产力和变革生产关系方面发挥着越来越重要的作用，是经济发展的重要驱动，成为继土地、劳动、技术等生产要素之后独立的生产要素，经济价

① ［美］劳伦斯·莱斯格：《代码2.0：网络空间中的法律》，李旭、沈伟伟译，清华大学出版社2009年版。

值巨大,前景广阔。因而有必要赋予数据以明确的财产权,对数据主体、数据相关权益进行前置性保护。根据罗纳德 · 科斯的交易成本理论,数据权利归属于平台、个体或者政府的初始配置将影响数据市场的发展和社会福利水平。

数据产权是一种无形的、非物质权利,因此不同于一般的物权;数据产权也不同于知识产权的财产权属性,因为知识产权保护的客体是智力成果,是个人脑力投入的体现,数据则或者是依附于主体的天然存在,或者其生成过程是某项活动的副产品,比如个人在网络搜索、娱乐或者用户在设备使用过程中留下的大量数据都是无意识的结果。[①] 数据产权具有明显的特征:(1)有条件性;(2)非专有性[②];(3)数据产权是一种有限排他权。数据产权应是积极性的财产权,针对非个人的或匿名化的衍生数据或增值数据。

数据确权首先要解决数据的法律属性问题。从传统法理的视角看,数据确权侧重解决权利内容的归属问题。数据的法律属性、分类、使用规则以及法律保护等都难以在现有民商法理论与规则中获得有力解释。法学界对数据权的性质存在三种观点,人格权说、财产权说和知识产权说,此外还有较普遍的人格权兼财产权说。财产权说认为数据权是一种特殊的物权。作为物权客体的物必须具有法理上物的基本特征:特定性、支配性和排他性。数据依不同产生主体的身份和行为而不同,具有特定性;且某些数据具有专属性特征,不可重复使用,为特定主体支配和使用,可以视为物权法上的物。

从法经济学的视角看数据要素的权利配置问题,数据财产权究竟属于数据主体个人还是收集利用和传输数据的企业和平台,以及数据资产在不同主体之间配置的比例是多少。现有研究主要有产权分析和成本收益分析两个维度。从产权理论上讲数据权的配置是不完整契约(Incomplete Contract)中的剩余控制的归属问题。罗纳德 · 科斯 1960 年在《社会成本问题》中提出,“如果没有初始的权利界定,就没有交换和重组他们的市场交易”。数据确权更加侧重的是解决权利的归属对象的问题,即确认数据的产权:数据归谁所有,数据由谁控制使用以及数据收益归谁。从实践经验来看,世界各国并未采取“先明晰产权,再推进数据资产化”的模式。若数据的价值不能够被体现,那么与数据相关的各利

---

① 毛振华、陈静:《数据要素市场化的核心》,载《中国金融》2021 年第 12 期。

② 曹建峰:《数据产权的欧盟启示录》,载《互联网前沿》2018 年第 1 期。

益相关主体则不具有积极性去参加确权谈判，真正实现数据产权的清晰也将较为困难。比如，在互联网经济中，互联网平台记录下用户的点击、浏览和购物历史是价值较高的数据。尽管这些数据描述了用户的特征和行为，但难以为用户所掌控，用户也很难发挥这些数据的经济价值，这些数据不应为用户所有；互联网平台作为数据控制者记录和存储这些数据，但这些数据与用户的隐私和利益息息相关，很难任由互联网平台在用户不知情的情况下使用和处置这些数据，互联网平台也不拥有完整的产权，因此数据的产权分配需要根据不同主体在不同场景中的劳动贡献和产生的经济价值考量是否由用户所有、数据控制者所有，抑或二者按份共有。从成本和收益的角度看，数据的所有权、使用权的分配应该考虑不同分配方式能够产生的收益和需要支付的成本，在用户、数据控制者、第三方平台等主体的博弈中探求经济效益最大化的分配方式。例如，对于地址信息、购物信息等行为数据而言，单个主体的用户想要掌握和利用这部分数据，需要耗费较大的成本，产生的收益极小，不能发挥规模效应；若有数据公司、互联网平台掌握这部分数据，则能运用人力、物力和技术等比较优势对数据进行归集、整理、分析，在可控的成本范围内挖掘数据的经济价值，形成规模效应。从这个角度看，是否也应鼓励在数据要素化过程中具有低成本和高效益的参与方优先享有数据权利，例如，原始/底层的个人数据是个人用户产生，其所有权归本人所有，在原始数据的基础上经过清洗、脱敏产生的衍生数据和数据集，可由数据控制者(企业)享有所有权。这种分配方式在理论和实践中还需要进一步观察。数据确权理论上的困境有待一系列相关制度的规范与建立，关于数据确权操作上的困境，有学者提出技术界定的思路，例如，可以利用区块链技术上链溯源、密码学上如可验证计算、同态加密和安全多方计算等。但这些方法是否具有现实可行性和可操作性，还需要进一步论证。

(二)数据人格权

数据产生与特定的主体密不可分，数据反映的是主体的人格特征，人格权属性是个人信息的本质属性和初始属性，财产利益属性只是数据之人格要素这一伦理价值随着商业化利用的外化。尤其在隐私权保护方面，数据人格权是隐私保护的理论基础和主流进路。人格权说认为数据权尤其个人数据权是一种区别于隐私权的具体人格权，个人身份数据、cookies、生物数据等本身具有个体独特的特征，均与人格形成与发展有关，具有绝对性和排他性。对数据人格权的侵犯,可以侵权行为追究责任。

(三)数据知识产权

数据的知识产权说认为数据是一种"新型知识产权"。知识产权中的智力成果需要有一定的智力投入和选择编排的劳动。数据要素需要分级分类考虑,原始数据和身份数据大多都不具有智力投入的特征,不能成为知识产权的客体。但经过打标签、算法筛选、模型加工等程序所产生的数据要素即具有人工的智力投入和筛选、分析劳动,可作为知识产权的客体,但能否归入著作、专利、商标等类别,或者成为一种新型的知识产权客体,需要立法予以认可。虽然数据要素与知识产权的交叉地带较多,但在业界实践和学界研究中不乏质疑的声音。

(四)知情同意权

知情权和同意权是数据主体财产权下的基础权能之一。数据的知情权是指数据主体有权知道与其数据将被处理的一切相关资讯,如数据控制者和处理者的身份、数据处理的范围、处理目的、处理依据、是否涉及跨境传输处理数据、处理影响和结果等。部分学者呼吁将数据知情权纳入宪法权利范畴,无论是个人数据,还是企业数据、政务数据,数据主体对不涉及敏感、隐私的一般数据享有普遍的知情权。我国数据合规三大法律体系都明确了数据知情权权利,如《网络安全法》中规定网络运营者应明示收集、使用信息的目的、方式和范围。[①] 数据的同意权是数据知情权的目的,同意的对象是一切受控制和被处理的数据。民法上的同意即产生授权的效果,授权数据控制者和处理者对数据收集、存储、改变、恢复、查阅、限制、删除等操作。类似于法律上的代理,但法律效果或收益与代理不同,对数据的同意授权的效果部分归属于数据主体,部分归属控制者和处理者。因此,数据知情权和同意权一同构成贯穿数据财产权和人格权的基本权利,是构建数据权利体系的基础,数据访问权、更正权、删除权、可携带权等权利的建立和实现都需要以知情同意权利为基础。[②] 强化知情同意权的地位并根据实际情况调整知情同意权的内容层级和运行程序,有助于解决大数据对用户知情权的消解、传统知情同意权的冗杂、同意授权方式模糊以及不同场景下弹性适

① 《网络安全法》第41条第1款。

② 叶名怡:《论个人信息权的基本范畴》,载《清华法学》2018年第5期。

度授权规则的缺乏等问题。[①]

（五）数据访问权

访问权（Right to Access），是指数据主体有权访问其个人数据，了解数据处理目的、所涉数据类型、数据接收者身份及其类型、存储期、数据画像的逻辑设定、意义及其后续影响等，并有权获得相关副本。[②] 在收到用户的数据访问请求后，数据控制者和处理者应积极响应，帮助用户行使浏览或复制的权利。

（六）数据更正权

根据欧盟《通用数据保护条例》的定义，更正权是数据主体有权及时从其个人数据的控制者处得知，对于与数据主体的个人数据不正确的部分的更正。同时，数据主体还有权对控制者所掌握的其不充分的个人数据予以补充，并通过申明等方式对特定数据或数据集做出说明。更正权也是数据主体的基础权利之一。这一权利优先于数据处理者和控制者的同意，即无论数据处理者和控制者是否同意，数据主体对第三方所掌握的其个人信息，均有权对不完善或者错误部分进行更正。[③] 同样作为处理者和控制者的组织在数据传输后，也有权要求第三方更正不准确的数据。在更正后，第三方的处理者或控制者必须将数据处理相关情况告知数据主体。因此，数据的更正既包括更正前的请求权利，也包括更正后要求平台主体履行适当通知的义务。

（七）数据可携带权

数据可携带权（Right to Data Portability）是数据主体有权以结构化、通用和机器可读的格式接收其提供给数据控制者的与其有关的个人数据，数据主体有权将这些数据传输给另一个数据控制者，而被要求转移数据的控制者应当配合数据主体的相应要求。根据欧盟数据保护委员会 2016 年发布的《数据可携权指南》，数据可携权下用户可在取得数据的基础上重复使用和传输数据，向数据主体指定的控制者或处理者发送该数据。在某些涉及公共利益和国家利益的数据

---

① 中华人民共和国工业和信息化部：《如何打造大数据时代知情同意制度》，载 https://wap.miit.gov.cn/ztzl/lszt/tddsjcyfz/qyrd/art/2020/art_96622b5e00be4063bebdcfea5869c855.html，2022 年 2 月 27 日最后访问。

② 参见欧盟《通用数据保护条例》第 15 条。

③ 参见欧盟《通用数据保护条例》第 35 条。

的情况下,数据主体的访问权会受到限制,即在法律框架下的可访问。从技术角度看,数据控制者需要保证其用来收集和存储个人主体信息的系统,以及所连接的产品、应用和设备具有移植和传输个人数据的附加功能。①

(八)遗忘权/删除权

数据的删除权(Right to Erase)是欧盟国家提出来的一项数据权利,自20世纪80年代起,数据删除的原因包括:(1)个人数据对于最初目的而言已不再需要;(2)数据主体撤回了同意声明;(3)数据主体提出了明确的反对;(4)数据处理和控制不合法。例如,数据主体有注销账号删除账户信息的权利,要求数据控制者删除被泄露的敏感数据,以及某些有负面影响的舆论信息。应该注意的是,数据删除权不是绝对的。删除请求可以被拒绝,例如,在言论自由和信息自由的情况下或出于公众利益而进行的处理。

被遗忘权(Right to be Forgotten)在2014年的谷歌案中以判例法形式确立,2018年欧盟《通用数据保护条例》将数据被遗忘权与删除权合并,②进一步确认了被遗忘权的法律地位。2015年,任某某诉百度案号称中国"被遗忘权"第一案,在社会上引起轩然大波。业界、学界认为它更多反映出的是数据主体免遭自己过往的不当影响,并非赋予主体一种颠覆历史和擦除过往生活痕迹的权利,③意在解决Web2.0甚至Web3.0时代,大量技术公司和互联网平台在线访问、获取和长期积累的海量个人数据,甚至形成"数据寡头"的问题,被遗忘权的主要任务应是试图界定个人信息与公众的边界,提高公众和平台获取个人信息的门槛和成本。

此外数据主体还有拒绝权和限制处理权,其中拒绝权是指如果数据主体反对某项数据处理活动,可以向数据处理者明确其对该项活动的拒绝。而限制处理则是指特定场景下,数据主体有权要求数据控制者限制对其个人数据的使用。在数据主体认为其个人数据还需要保留,但数据控制者不得使用时,可提出限制处理请求。

---

① 德勤:《GDPR研究系列(2)——数据主体的新权力》,载https://www2.deloitte.com/cn/zh/pages/risk/articles/general-data-protection-regulation-2.html,2022年3月15日最后访问。

② 参见欧盟《通用数据保护条例》第17条。

③ 薛杉:《被遗忘权制度的借鉴与司法探索——以中欧被遗忘权首案为视角》,载《法律适用》2020年第8期。

第三章　数据合规治理的维度与面向

关于数据合规治理的研究，学者们进行了多元化、多维度的构建。数据治理包含如何运用科学的理念、手段和方法规制数据要素的配置和风险，例如，运用政府“看得见的手”实施理性干预，在早期市场进行引导，及时将数据治理纳入法制化的轨道，是治理走向成功的关键。在数字经济纵深发展的基础上，本书提出数据合规治理的三重维度或三维逻辑，即数据合规治理的基础逻辑是技术，中间逻辑是制度，更深层次则依靠数据合规文化或价值观，从根源上解决问题。通过层层递进的治理结构和治理关系，试图为我国数据合规困境提出恰当的发展进路。

一、数据合规的维度

（一）数据合规技术

《金融科技发展规划（2019—2021 年）》提出要加强金融科技应用，金融科技创新在数据合规中不可或缺。技术层面的合规是数据合规的底层和基础。从行业发展来看，技术包括硬件和软件，软件合规如 App 处理个人信息所使用的技术模块（如 SDK、API、Cookie 等），硬件合规包括传感器、摄像头、存储读写、麦克风等设备的合规状态。尤其需要关注新兴技术利用引发的数据合规问题，如人脸识别技术的合规、Wi-Fi 探针问题、爬虫技术等。例如，隐私计算、联邦学习、多方安全计算。以目前在数据合规中应用较多的隐私计算为例，隐私计算是一种由两个或多个参与方联合计算的技术和系统，参与方在不泄露各自数据的前提下通过协作对他们的数据进行机器学习和联合分析。[①] 俗话说，解铃还须系

① 隐私计算联盟、中国信息通信研究院、云计算与大数据研究所：《隐私计算白皮书》，2021 年。

铃人，由技术推动的数据发展，当然需要发挥技术本身防范化解风险和促进合规发展的作用。

同时，数据合规技术和应用本身的合规也是技术合规的另一层面。运用技术手段对数据合规技术的治理，例如，对算法、模型、数据开放接口、数据中心、数据平台以及审计风控技术的测试、核验和监督，推动数据合规技术始终保持技术中立或价值向善的合规标准。

（二）数据合规制度

数据合规的制度是一个广泛的概念，既包括传统的法律、行政法规、地方性法规和规范性文件，也包括具有一定约束力的软法，还包括社会规范、行业规章、组织标准、企业规范等。制度是社会的博弈规则，是数据主体行使数据权利时相互行为的法律、经济和社会等因素作用下的综合约束条件。整合数据合规的各种制度形态和合规的特征，可从数据合规本身进行分类，分为数据安全合规制度与数据处理合规制度，二者的合规目的不同，在制度上的表现也不尽相同。数据安全合规更侧重目的或结果，或者法律上的效果，达到安全的目标，即在数据安全的分级上表现为不损害公共利益、企业商业秘密等涉及大多数群体的利益。而数据处理合规更侧重流程，关注的是数据生命周期的各个环节，追求的是过程治理而不是结果评价。二者的具体表现如下：

1. 数据安全制度

习近平总书记提到，数据问题是数字时代的问题，数据安全是网络空间的安全。从现有法律体制和行业实践来看，当前国内数据合规从主体上分为个人数据合规、企业数据合规与政务数据合规；从业务上主要分为两条主线，数据安全与数据处理。数据安全是指通过采取必要措施，确保数据处于有效保护和合法利用的状态，以及具备保障持续安全状态的能力。[①] 网络安全在数据安全中尤为重要，落实网络安全等级保护 2.0 阶段的标准和目标是网络安全和数据安全部门执法的长期目标，也是企业安全的基础。数据安全治理的法律治理需要在数据为中心和多方主体共同参与的基础上，兼顾发展与安全来设计制度，即坚持数据开发利用和产业发展促进数据安全，加强金融科技发展为数据合规赋权、赋能、赋值。

---

① 《数据安全法》第 3 条第 3 款。

数据安全的制度包括数据安全法律、安全规范、安全标准、安全组织、安全模块和安全策略等。法律层面包括《数据安全法》《网络安全法》等，部门规章和规范性文件层面如《银行业金融机构数据治理指引》《网络数据安全管理条例(征求意见稿)》《互联网个人信息安全保护指南》，地方性法规如《上海市数据条例》《深圳经济特区数据条例》，以及安全标准如《金融数据安全数据安全分级指南》《金融数据安全数据生命周期安全规范》《信息安全技术大数据安全管理指南》等，以及行业协会和企业制定的《企业数据合规白皮书》等。其中不仅包括硬法的介入，还需要数据治理的软法提供必要协调、引导和支撑。数据治理的普遍性、技术性、复杂性和应时性，决定了其对软法有着非常大的需求，可采取软法为先的规范进路，通过契约自治、市场自律、标准规范、交易习惯等方式，以原则而非规则去规范和引导组织自身的“对数据治理”，以及组织或组织之间的“用数据治理”。

2. 数据处理制度

数据处理，则是数据“从产生到消亡”全流程的各个阶段，包括数据的收集、存储、使用、加工、传输、提供等流程。① 在各个流程中，数据权益保护、数据质量管理是贯穿其中的核心。在每一环节和节点上制定相应的操作规范和明确相关数据控制者和处理者的责任，优化各环节数据处理协议的内容，摒弃格式条款中明显不利于相对方的部分，简化或改良知情同意流程，使其更具可操作性。图1-2是与数据控制者和处理者相关的数据处理的一般流程。

图1-2 数据处理的流程

(三)数据合规文化

在数据作为一种生产资料和资产愈加重视的当下，做好数据合规，更主要和更深层次的应该是意识、价值和观念的转变，以及企业社会责任意识的培育，可以统一归为文化层面的培养和渗透。合规的本质是防控违法犯罪风险。以近年

---

① 史跃、卢萍：《当我们谈数据合规的时候在谈什么——数据合规的架构和基础概念》，载国浩律师事务所网站：http://www.grandall.com.cn/ghsd/info_17.aspx?itemid=23119，2022年3月24日最后访问。

来兴起并愈显重要的企业合规文化为框架,数据合规是企业合规的重要组成部分。"在发展中规范、在规范中发展"成为现代企业发展的内核,数据合规作为企业文化属性,应贯穿企业生产经营的各个环节,例如,营销获客、产品设计、纠纷处理、风险防控等。在企业战略和文化中引入数据合规的价值观,"合规创造价值"将成为企业数据合规的工作重点,力争从形式合规发展到实质合规。应明白,数据合规不是为了应对执法,而应该创造价值,数据溯源与确权的最终目的是固定数据相关权益,同时数据资产、数据治理是数据价值合法合规实现的基础。需要在数据合规技术和制度的基础上,融入合规文化和价值观的元素,数据合规文化和价值体系的建设是数据生态治理的核心。

二、数据合规的面向

在上述技术、制度和文化的三要素分析的基础上,可进一步将数据合规分为四个面向,即法律层面、技术层面、市场层面和行业实践探索层面。技术层面对应技术的缺失和技术在合规领域的应用;法律层面和市场层面对应数据合规的制度设计;数据合规的应用与行业实践依赖于技术、制度和文化的合力。

(一)法律

1. 数据法制成为新领域

2015年以来,数据立法成为国家数据法制建设的重要任务,也为传统法律治理带来挑战。一是数据法制逐渐成为跨领域的多元化法制,囊括民商法、行政法、金融法、知识产权法、刑法、法理学等诸多法学研究领域,涉及部门法的冲突和协调。二是数据法制根据数据这一新兴生产要素产生和调整,与旧法势必存在协调的问题,关于数据法律属性和权利分配的确认,可能会颠覆传统法律观念。三是数据法制兼具公法和私法属性,需要社会不同主体参与多元化治理,区别于传统民商法领域的单向规制和静态规制。数据法制作为法治的重要组成部分,需要进一步丰富和完善。

2. 通过法律的社会控制

法律的各个环节包括数据合规的立法、执法和司法。当前我国初步建立起数据合规的法律体系,但细分领域仍然存在大量法律漏洞和法律冲突,需要下位法的补充与大量软法予以规范辅助;需要政府部门作为执法机构优化数据执法主体、执法方式、执法内容、执法程序,在合法、合理行政和比例原则等指导下维护数据合规相关者权益和要素市场的健康秩序；司法方面探索数据侵权、数据交易违约等民事纠纷，完善侵害公民个人信息罪的入罪条件、量刑幅度，探索将部分社会危害和影响巨大的数据侵权行为和算法侵权行为纳入刑法处罚的范畴；行政裁量方面重视对政务数据等公共数据开放、交易等规则进行构建，发挥公共数据的价值。通过立法、执法、司法乃至守法的过程强化法律对数据治理中社会的控制，对数据合规法制进行界权的调适，区分不同制度和机制的权利成本、运行成本与制度收益。应强调的是，在数据合规治理中应注重程序的合理利用，并将合规的程序制度化，将这种制度化的互动系统形成数据合规的一种社会结构。此外，还可以结合域外代表性国家数据合规的制度实践，探索动态弹性、可操作性强和具有互动性的法律制度。

(二)技术

1. 技术模式

技术模式是技术在事物发展过程中的逻辑结构和发展路线。当前数据合规技术处于初期探索阶段，应采取政府引导鼓励创新的模式，推动企业研发升级数据合规和安全隐私算法、模型、数据组织结构、改进安全隐私协议等。数据合规可采用的技术路线可能包括：试验型技术、自上而下推进与自下而上溢出式颠覆相结合，既要重点发挥技术在数据治理中的先导作用和内部核心驱动，也要监管数据合规技术本身，坚持技术向善、用户导向、敏捷创新等原则下的技术中立。技术获得广泛采用的模式包括自研模式、外包模式、技术转让等。其中外包模式和技术转让即将技术框架、数据分析、算法模型研发等工作内容委托给技术能力更强的第三方，但需面临数据泄露、数据过度收集、数据滥用和算法歧视的风险。

当前，一种创新的数据技术治理模式应运而出。数据中台对企业数据合规意义重大，作为一个新出现的技术组织结构，中台具有较强的数据整合能力、数据治理能力、数据资产化能力、平台化建设能力、工具智能化能力、数据服务能力、数据风险管控能力和数据生态构建能力。数据中台将不同数据源的数据收集、整理、清洗，转换后加载到数据仓库，为数据使用者提供统一数据视图的数据集成。数据中台对作为控制者和处理者的企业使用的数据的可用性、完整性和安全性的整体管理，通过内部数据和外部数据的整合和构建，打造闭环丰富的生态链，是数据运营的重要基础，也是形成可持续服务的数据生态的关键。数据中台减少了传统企业独立研发、委托外包和转让的风险，可以为企业提供不同的技术模块组合,可以在保留基础数据、敏感数据的基础上,与第三方合作开发智能化工具,共同建设平台和引入多元化的数据治理。图 1－3 是数据中台的八大功能。

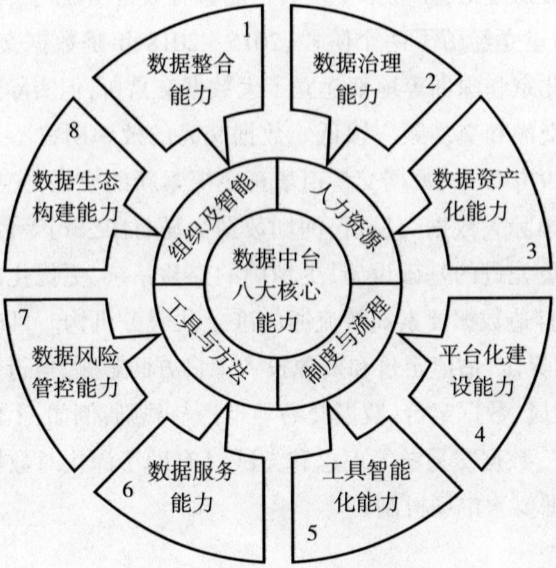

图 1－3　数据中台的八大功能

2. 技术应用

数据合规的技术应用可从技术底层、技术逻辑层、技术合约层、技术应用层方面进行探索,推动技术从基础技术向商业化、市场化转型。技术底层,技术逻辑层包括数据列表、元数据的梳理,数据逻辑层数据库、数据池甚至数据湖的管理;数据技术合约层包括数据信息传输协议、数据安全开放协议、数据关联和整合协议等;数据合规技术应用层例如隐私计算、联邦计算、差分隐私、数据审计算法等产品,可以从外部接收数据进行分析、在市场上进行转让以及打包组合成为平台化的产品等。

(三)市场

1. 市场机制/要素流通机制

数据要素治理制度中重要的一部分就是数据要素市场,数据要素的合理健康流通离不开市场对资源的合理配置,通过价格机制、供求关系推动数据资源充分涌流。健全的数据市场机制不仅能充分发挥数据的价值,还能与法律制度相结合保护数据要素流通中相关主体的合法权益,如数据确权、合理价格的数据交易、数据资产化等财产权。当前,我国正大力探索数据交易制度的构建,破局数据交易所、数据交易规则,让数据要素真正能够有效自由流通。我国数据交易和数据要素市场的建立经历了两个阶段,2015—2018 年是数据交易的第一阶段,这一阶段贵阳、北京和深圳等地都建立了大数据交易所,但实际上数据交易并不活跃、数据年成交额和交易频率很低。数据交易的效率明显不及商品、证券、土地等交易所;2019 年以来,数据交易市场正在探索新的模式,先后成立上海大数据交易所、北京国际大数据交易所、深圳数据交易有限公司等创新平台,以更鲜明的政策支持、更先进的基础设施、更精确的交易系统、更优化的隐私技术突围"高质量数据",打造数据要素高效流通的准公共服务机构。目前数据交易虽然面临着数据权属界定、估值定价和资源投入等多方面难题,但行业在实践中也在积极探索数据权属、数据定价、数据交易等理论与规则,例如,上海数据交易所提出的"数商理论"、数据交易链等理念和尝试,[①]有助于深化对数据交易规律的认识,探索完善数据要素市场机制。

2. 行业自律

数据交易市场的治理离不开行业的参与。具有公领域与私领域交织性质的数据合规除数据主体和政府部门进行监管规制外,还需要引入第三方监管,即行业监管。行业自律能在法律强制性规定和行政制裁之间提供"缓冲带",为企业提供指引、协商、试错、谈判的空间。通过行业监督,企业可以将外部的数据合规要求内化为自身的数据安全和隐私合规章程、合规业务流程,制定企业数据合规业务指南,将数据合规纳入公司日常经营和财务成本中,进行专项审计以合理控制成本,达到利润最大化的目的。行业自律和企业内部合规包括数据安全系统技术的升级、开展定期的行业数据合规培训等,在帮助企业提升外部攻击抵御能力的同时,还有助于培养每个数据合规基本成员的意识,降低内部泄露信息的风险,避免企业因合规风险受巨额行政处罚和刑事制裁,产生积极正向的引导作用,双重提高数据安全性。[②]

---

① 江聃:《京沪深竞逐大数据交易所 政府主导型数交平台谋变》,载证券时报网:https://www.stcn.com/stock/djjd/202112/t20211229_4020553.html,2022 年 2 月 18 日最后访问。

② 李玉华、冯泳琦:《数据合规的基本问题》,载《青少年犯罪问题》2021 年第 3 期。

（四）应用

1. 企业数据合规框架的探索

本书试图在分析数据合规的理论观念、法律结构、技术支持、市场探索等宏观和中观治理层面的基础上，提出微观实务层面可用于企业合规的分析和实践框架。从认识论的视角看，企业合规框架应该是集理论、技术、制度、市场为一体的综合反映，是外部合规强制与内部合规需求的合力作用的结果，是指导企业合规运营的内在文化、价值观与外在的规章、制度和标准；从实践论和方法论的视角看，探索适合某一特定行业或企业的数据合规框架，对提升企业数据合规等综合合规能力，降低企业生产经营风险和减少成本具有重要作用，并能为行业提供数据合规规范，为数据合规法律实务提供切实的抓手，是数据治理体系的重要组成。

数据合规框架应遵循系列原则，并在原则的基础上细化明确规则。原则包括安全与发展并重原则、最少必要原则、知情同意原则等，规则上可从企业数据治理生命周期、企业组织管理不同层级、业务运行条线等方面着手，梳理企业数据合规清单，如数据战略的规划与制定、基础制度的搭建与完善、数据人事监督的分工与优化、合规工具的授权与普及。在此基础上，找准数据合规的切入点，例如，用户个人信息保护协议、知情同意协议、数据共享使用协议、数据收集和传输接口、访问控制措施、监控和测试网络等。在数据合规框架搭建中，重要的就是程序的分化，[①]即程序流程化和规范化，将数据安全和数据处理流程化，明确各流程应达到何种程度的数据合规。通过内部节点与流程的优化，达到提升组织整体数据合规水平的效果。

2. 数据合规行业实践

不同行业有不同的数据特征、治理对象和治理目标，需要对症下药，制定有区别的数据合规框架。例如，网络安全领域的数据合规主要针对网络空间领域的数据安全和处理活动进行规制；电子政务领域的数据合规主要针对各政务部门的公共数据的政务协同、决策管理、精准扶贫等活动进行治理；医疗健康领域的数据合规框架针对健康医疗过程中产生的海量数据，就数据权属、实践应用与隐私保护方面进行综合治理；电子商务领域的数据合规框架针对商家数据、买家

---

① ［德］尼克拉斯·卢曼：《法社会学》，宾凯、赵春燕译，上海人民出版社2013年版。

数据、商品数据、订单数据、交易数据和用户行为数据在数据获取和分析过程中，就数据聚合风险、数据版权保护、用户消费体验、数据跨境安全等加强管理；电信行业的数据合规主要针对运营中获取的大量网络信息、用户终端信息、用户位置信息，就数据集中管理、敏感数据共享、通信供应链安全、平台组件共享等问题进行治理。

第二篇

法治篇

第一章 数据合规立法框架与法律解读

一、国内外现行数据立法概要

数据合规之所以重要,是因为数据很重要。新冠肺炎疫情加速了全球数字化变革的进程,也推进了各国对大数据在风险预测方面的价值挖掘,随之而来的,便是各国对数据安全和合规应用的规范管理。

据不完全统计,目前全球已有将近 120 个国家和地区制定了数据安全保护法律。[①] 消费者个人信息作为数据保护中的重要要素,也有越来越多的国家或地区出台对个人信息保护的专项立法。

(一)我国数据立法框架体系

1. 中央层面数据立法体系

2021 年被称为我国数据合规的元年,主要原因在于,这一年我国在网络安全和数据保护立法方面的迸发,从中央到地方,各部门、各行业、各领域新增或者修改的有实质影响力的法规或者草案超过 50 份。围绕数据安全的应用行业和场景,我国出台的数据安全法律法规涉及法律、行政法规、部门规章、地方性法规及规范性文件等多个层次,旨在构建符合我国现实立法需求的综合性法律框架体系。

在民法、刑法、行政法的立法框架上,我国以《网络安全法》为代表的网络安全体系,以《数据安全法》为核心的数据安全体系和以《个人信息保护法》为核心的个人信息保护体系共同建构起了我国数据合规规范体系的基本框架,金融数据、物流信息、人脸识别、汽车数据、儿童数据、App 应用使用数据等处理规则的

① 安永(中国)企业咨询有限公司、上海赛博网络安全产业创新研究院:《2021 全球数据合规与隐私科技发展报告》,2021 年。

细化也增强了国家层面网信部门统筹协调的职能，详细立法框架见表2-1。

表2-1 中国数据安全主要立法框架

立法名称	实施时间	发文单位	适用场景
法律			
网络安全法	2017年6月1日	全国人大常委会	全场景，我国数据安全相关顶层法律
个人信息保护法	2021年11月1日		
数据安全法	2021年9月1日		
消费者权益保护法	2014年3月15日		消费者信息保护
行政法规			
网络数据安全管理条例(征求意见稿)	征求意见	中国互联网协会	网络数据应用(全场景)
关键信息基础设施安全保护条例	2021年9月1日	国家互联网信息办公室	
部门规章/规范性文件			
个人信用信息基础数据库管理暂行办法	2005年10月1日	中国人民银行	金融领域数据
国家健康医疗大数据标准、安全和服务管理办法	2018年7月12日	国家卫生健康委员会	医疗领域数据
儿童个人信息网络保护规定	2019年10月1日	国家互联网信息办公室	儿童信息保护
App违法违规收集使用个人信息行为认定方法	2019年11月28日	国家互联网信息办公室秘书局、工业和信息化部办公厅、公安部办公厅、国家市场监督管理总局办公厅	网络数据应用(全场景)
侵害消费者权益行为处罚办法	2020年10月23日	国家市场监督管理总局	消费者数据
中国人民银行金融消费者权益保护实施办法	2020年11月1日	中国人民银行	金融领域数据

续表

立法名称	实施时间	发文单位	适用场景
部门规章/规范性文件			
常见类型移动互联网应用程序必要个人信息范围规定	2021年5月1日	国家互联网信息办公室秘书局、工业和信息化部办公厅、公安部办公厅、国家市场监督管理总局办公厅	网络数据应用(全场景)
工业和信息化领域数据安全管理办法(试行)(征求意见稿)	2021年9月30日	工业和信息化部	工业和信息化领域数据处理活动
汽车数据安全管理若干规定(试行)	2021年10月1日	国家互联网信息办公室、国家发展和改革委员会、工业和信息化部、公安部、交通运输部	汽车行业数据
网络安全审查办法	2022年2月15日	国家互联网信息办公室、国家发展和改革委员会、工业和信息化部、公安部、国家安全部、财政部、商务部、中国人民银行、国家市场监督管理总局、国家广播电视总局、中国证券监督管理委员会、国家保密局、国家密码管理局	
司法解释			
关于办理侵犯公民个人信息刑事案件适用法律若干问题的解释	2017年5月8日	最高人民法院、最高人民检察院	
关于审理利用信息网络侵害人身权益民事纠纷案件适用法律若干问题的规定	2021年1月1日	最高人民法院	网络数据应用(全场景)
关于审理使用人脸识别技术处理个人信息相关民事案件适用法律若干问题的规定	2021年8月1日	最高人民法院	人脸识别

续表

立法名称	实施时间	发文单位	适用场景
国家标准			
信息安全技术——数据出境安全评估指南(征求意见稿)	2017 年	国家互联网信息办公室	数据出境
信息安全技术——个人信息去标识化指南(GB/T 37964—2019)	2020 年	全国信息安全标准化技术委员会	个人信息领域
信息安全技术——个人信息安全规范(GB/T 35273—2020)	2020 年	全国信息安全标准化技术委员会	
信息安全技术——个人信息安全影响评估指南(GB/T 39335—2020)	2021 年	国家市场监督管理总局、国家标准化管理委员会	
信息安全技术——汽车采集数据的安全要求	2021 年	全国信息安全标准化技术委员会	汽车行业数据
金融数据安全——数据安全评估规范(征求意见稿)	2021 年	全国金融标准化技术委员会	金融领域数据

中央层面,2012 年 3 月,《规范互联网信息服务市场秩序若干规定》开始施行,可识别性成为认定个人信息的核心标准,个人信息保护客体趋向明确。2012 年 12 月,全国人民代表大会常务委员会《关于加强网络信息保护的决定》正式生效,强调了国家对网络信息安全的保护。随后,个人信息保护也被逐步纳入征信、工信、消费者保护等领域。[①] 2017 年施行的《网络安全法》对个人信息保护作出明确规定,2019 年施行的《电子商务法》对"大数据杀熟"问题作出首次回应,2019 年国家互联网信息办公室发布的《数据安全管理办法(征求意见稿)》和《个人信息出境安全评估办法(征求意见稿)》对利用网络开展数据收集、存款、

① 刘新宇:《数据保护合规指引与规则解析》,法律出版社 2021 年版,第 3 ~ 6 页。

传输、使用以及数据出境等活动作出详细规定。2020 年 1 月,《密码法》开始施行,大数据安全被纳入国家安全的基础工程,同年 4 月,国家互联网信息办公室联合 12 部门发布《网络安全审查办法》,明确了关键信息基础设施运营者和网络平台运营者在采购网络产品和服务时,需预判该产品和服务投入使用后可能带来的国家安全风险,同年 5 月正式通过的《民法典》专设了“隐私权与个人信息保护”章节。2021 年,《个人信息保护法》和《数据安全法》的正式施行成为继《网络安全法》后的两大基础性数据安全保护法律,为我国数据经济的发展保驾护航。

2. 地方层面数据立法体系

地方层面,据不完全统计,目前我国上海、深圳、福建、山东、广东、安徽、浙江、吉林、山西、海南、天津、河南以及贵州共 13 个省(市)已经正式颁布相关数据条例,辽宁、黑龙江、陕西、宁夏等省份也先后公布了数据条例草案,北京也已将大数据条例列入立法日程,具体规范见表 2-2。同时,相关的数据规范性文件也配套颁布,为数据合规和数据共享流通提供更具体的实操指引。

表 2-2 各地数据立法情况统计

发文省(市)	地方性政策名称	生效时间
上海	《上海市数据条例》	2022 年 1 月 1 日
	《上海市公共数据开放暂行办法》	2019 年 10 月 1 日
	《中国(上海)自由贸易试验区临港新片区条例》	2022 年 3 月 1 日
	杨浦区《企业数据合规指引》	2022 年 1 月 27 日
深圳	《深圳经济特区数据条例》	2022 年 1 月 1 日
	《关于深圳建设中国特色社会主义先行示范区放宽市场准入若干特别措施的意见》	2022 年 1 月 24 日
	《深圳经济特区数据条例行政处罚裁量权实施标准》	2022 年 1 月 5 日
山东	《山东省大数据发展促进条例》	2022 年 1 月 1 日
	《山东省公共数据开放办法》	2022 年 4 月 1 日
	《山东省公共信用信息归集管理办法》	2022 年 2 月 1 日
浙江	《浙江省公共数据条例》	2022 年 3 月 1 日
	《公共数据元管理规范》	2022 年 2 月 12 日

续表

发文省(市)	地方性政策名称	生效时间
广东	《广东省数字经济促进条例》	2021年9月1日
	《广东省公共数据管理办法》	2021年11月25日
安徽	《安徽省大数据发展条例》	2021年5月1日
	《安徽省政务数据资源管理办法》	2021年3月1日
吉林	《吉林省促进大数据发展应用条例》	2021年1月1日
海南	《海南省大数据开发应用条例》	2019年11月1日
	《海南自由贸易港法》	2021年6月10日
山西	《山西省大数据发展应用促进条例》	2020年7月1日
	《山西省政务数据管理与应用办法》	2021年1月1日
天津	《天津市促进大数据发展应用条例》	2019年1月1日
	《天津市公共数据资源开放管理暂行办法》	2020年8月1日
贵州	《贵州省政府数据共享开放条例》	2020年12月1日
	《贵州省大数据发展应用促进条例》	2016年3月1日
	《贵州省政府数据分类分级指南》	2016年9月28日
	《贵州省大数据安全保障条例》	2019年10月1日
	《贵阳市大数据安全管理条例》	2021年6月7日
	《贵阳市健康医疗大数据应用发展条例》	2021年6月7日
福建	《福建省大数据发展条例》	2022年2月1日
	《福建省政务数据管理办法》	2016年10月15日
河南	《河南省数字经济促进条例》	2022年3月1日
黑龙江	《黑龙江省促进大数据发展应用条例》	2022年7月1日
辽宁	《辽宁省大数据发展应用促进条例(草案)》	—
陕西	《陕西省大数据发展应用条例(征求意见稿)》	—
宁夏	《宁夏回族自治区大数据产业发展促进条例(征求意见稿)》	—

这些地方性数据条例存在一些差异，但总体上都试图去建立一套地方公共数据开放和共享的机制，各地对于公共数据都以共享为原则，如贵阳、天津、吉林、深圳、上海、陕西等省市都在数据分享方面将数据分为无条件(共享)开放、

有条件(共享)开放和不予(共享)开放三种类型。

在具体差异方面,各地的数据政策具体又可分为三类:

一是以贵阳、江苏、山西等为代表的大数据条例,主要面向公共数据(也称为政务数据)领域,即各级行政机关和公共服务企业在履行职责过程中积累到的大量数据。其中,《贵阳市政府数据共享开放条例》规定由市人民政府统一建设政府数据共享平台和政府数据开放平台,用于汇聚、存储、共享、开放全市政府数据。《江西省公共数据管理办法》则规定由省网信部门负责统筹协调、指导推动公共数据资源开放、共享、利用以及公共数据安全和相关监管工作。

二是以河南、浙江和广东为代表的数字经济条例以及以陕西、黑龙江、辽宁为代表的大数据发展应用条例,其本质都属于促进法,而非像上海和深圳的数据条例的规制法。其中《浙江省数字经济促进条例》首次从法律制度层面对数字经济作出明确界定,为地区企业进行数字化转型提供了制度指引。而《广东省数字经济促进条例》主要聚焦数字产业化和产业数字化,数字产业化主要促进数字产品制造业、数字产品服务业、数字技术应用业、数字要素驱动业的发展;产业数字化主要促进工业数字化、农业数字化、服务业数字化等数字化效率提升业的发展。

三是以上海、深圳为代表的数据条例,除了涉及公共数据以外,还涵盖了个人数据的相关规定,适用领域更为广泛,对数据的交易、流转也更为关注。其中《上海市数据条例》对数据治理作出了"三位一体"的规定,包括数据权益保护、数据流动利用和数据安全治理三方面内容。例如在数据流动利用层面,规定了公共数据共享、开放和授权运营。对比中央层面的法律规定,《上海市数据条例》也存在一些特色化,如《上海市数据条例》创造性提出公共数据授权运营这一概念,认为市政府办公厅应当组织制定公共数据授权运营管理办法,明确授权主体,授权条件、程序、数据范围,运营平台的服务和使用机制,运营行为规范,以及运营评价和退出情形等内容。此外,该条例第6章中明确规定新成立的数据交易所在浦东新区选址,并在临港新片区建设国际数据港。"一港一所"分管其能,数据交易所应当制定数据交易规则和其他有关业务规则,探索建立分类分层的新型数据综合交易机制;国际数据港则探索制定低风险跨境流动数据目录,促进数据跨境安全、自由流动,构建国际互联网数据专用通道、功能型数据中心等新型基础设施。

作为粤港澳大湾区的核心城市，深圳在数据立法和跨境流通方面都具有一定的先锋性，《深圳经济特区数据条例》涵盖了个人数据、公共数据、数据要素市场、数据安全等方面，是国内数据领域首部基础性、综合性立法。《关于深圳建设中国特色社会主义先行示范区放宽市场准入若干特别措施的意见》中则强调要求围绕金融、交通、健康、医疗等领域做好国际规则衔接，在国家及行业的跨境传输安全管理制度下，建立数据安全保护能力评估认证、数据流通备份审查、跨境数据流通和交易风险评估等数据安全管理机制，开展试点工作，并同时探索建设离岸数据交易平台。

总结来看，尽管各地具体策略不一，但各地以数据市场全链条之需为导向，顶层统筹、立法先行、制度配套、交易为重、基础设施紧跟的核心脉络并无二致。无论是上海、深圳还是其他地区，其显著共性都在于城市定位及相关政策相辅相成，同时有丰富的优势产业可供依托，以促进数据利用和产业发展为最终目标。

（二）欧美重要数据立法

1. 欧盟：构筑统一的数据安全治理规则框架

从全球范围来看，欧盟长期以来都主张隐私权是个人数据保护法所保护的首要权利，[①]其在数据安全及个人隐私保护方面的法律框架较为前沿和完备，对于全球其他地方的数据治理具有重要的借鉴作用。

早在20世纪80年代，欧盟就签订了系列条约，对个人隐私数据保护作出规定，如1981年1月28日，《关于自动化处理的个人数据保护公约》（*The Council of Europe Convention for the Protection of Individuals with regard to Automatic Processing of Personal Data*）正式生效。该公约首次界定了个人数据、数据控制者、数据处理者等概念并对敏感数据处理和数据跨境等作出规定。[②] 1980年9月，《关于保护隐私和个人数据国际流通的指南》（*The OECD Guidelines on the Protection of Privacy and Transborder Flows of Personal Data*）创立了数据控制者在处理个人数据时应当遵循的一系列原则，具体包括个人数据限制收集原则、数据质量保护原则、数据收集目的明确原则、数据使用和披露经授权原则、数据防

---

① 戴艺晗：《数据保护的社会维度——从美国、欧盟数据监管模式展开》，载《情报杂志》2021年第4期。

② Treaties and Agreements: Coucil of Europe, International Legal Materials, Vol. 20, Issue 2 (March 1981), pp. 317 - 325.

丢失等安保原则、数据政策公开原则、个人有权参与数据使用原则以及数据控制者担责原则。[①]

2000 年 12 月,《欧盟基本权利宪章》(*Charter of Fundamental Rights of the European Union*)直接将个人数据权利上升到基本人权高度,该宪章第 8 条将个人数据保护作为一项基本的权利,也首次提出了数据删除权。[②]

2018 年 5 月 25 日,欧盟《通用数据保护条例》正式生效,该条例面向所有对个人数据收集、处理、储存、管理的企业,限制了企业对个人数据应用的权限,旨在将个人信息的最终控制权交还给用户本人。欧盟《通用数据保护条例》进一步扩大了数据主体的权利范围,包括:(1)详细构筑了数据被遗忘和删除权的构成要件,包括主体、客体、适用条件、例外情况及不遵守被遗忘和删除权的处罚措施;(2)针对个人数据处理,要求控制者必须基于某一个或多个特定目的且已经获得数据主体的同意,而这种同意必须是明示的;(3)对于揭示种族和民族起源、政治意见及宗教信仰的个人数据处理,和与基因数据或健康、性生活、犯罪、安全措施相关的特殊类别个人数据,处理时应当由数据控制者或者其代理人负责实施数据保护影响评估,以评估结果来影响处理数据的条件。[③] 此外,欧盟《通用数据保护条例》也增加了数据义务主体的义务,包括:(1)数据被公共机构或团体处理,被超过 250 名雇员的企业处理,处理者或控制者的核心活动包括处理行动且基于处理性质、范围、目的,要求对数据主体进行持续性和系统性监控。数据处理者或者控制者应该任命有专门数据保护知识的数据保护专员(DPO)。(2)欧盟《通用数据保护条例》要求控制者应当在 24 小时内向监管机构报告个人数据的泄露情况。如果数据泄露可能会给数据主体的隐私带来消极的影响,如身体伤害等,相关的控制者必须毫不延误的通知数据主体,以便个人及时采取措施。(3)禁止向无法确保充足的数据保护的国家和组织传输个人数据。充分

---

① Other Documents, Organisation for Economic Co-Operation and Development, International Legal Materials, Vol. 20, Issue 2 (March 1981), pp. 422 - 450.

② 何波:《欧洲提出〈数字基本权利宪章〉强化数字时代权利保护》,载 https://mp. weixin. qq. com/s? src = 3&timestamp = 1645674895&ver = 1&signature = IhOu8V * 1cbVo69qfznQiOu * 2RLcfbsOhb0LnZq1VxIB * dvWxLW7GddNUNE6cXFL * 5SQtPRJUuqSl 8HJ89Ig1YbJ3wTagKjmkzD5uRhPV1mRyzC1sm0AOI2yKDIQSf9G8kn2oZf2VPS5d2j3Sq8MjUsrmBBwLBXc IbA-X9jMlU7A = https://mp. weixin. qq. com/s/XMSndF8GABHSmR6lqPYrdQ,2022 年 1 月 24 日最后访问。

③ 金晶:《欧盟〈一般数据保护条例〉:演进、要点与疑义》,载《欧洲研究》2018 年第 4 期。

性保护评估由委员会执行，应当考虑多种因素，包括需要遵守的有效的法律规定，独立监管机构现存或有效的确保遵守数据保护规则的功能，国际协议等。在没有充分性决定的情况下，欧盟《通用数据保护条例》允许约束性的企业规则和基于减损而实施欧盟境外的个人数据的转移。①

2020 年 12 月，欧盟再次出台《数字市场法案（草案）》（*The Digital Market Act*）和《数字服务法案（草案）》（*The Digital Services Act*），明确指向优化欧洲数字单一市场的总体目标，试图重新定义欧洲未来的互联网环境，两者的区别在于《数字市场法案》旨在解决数字市场所存在的不公平竞争情形，而《数字服务法案》则要求大型在线平台就其所实施的各类非法行为承担更多责任。②

2. 美国：以隐私权为基础开展灵活分散立法

美国并未像欧盟一样制定一部包罗万象的统一数据保护法规，而是采取了部门分散立法模式，在联邦层面根据特定行业分别制定数据保护法律和法规，同时与州一级的立法相结合来保护公民的数据。③ 作为世界上最早出台信息保护法律的国家，美国对个人信息或数据保护的法律有三个层面，包括普通法和宪法、联邦数据保护法和州数据保护法。普通法对个人隐私保护的规定起源于路易斯·布兰代斯（Louis Brandeis）和塞缪尔·沃伦（Samuel Warren）1890 年所提出的四项隐私侵权行为，包括：（1）侵犯隐私；（2）公开披露隐私事实；（3）虚假曝光或公开隐私事实；（4）盗用隐私信息。④《美国宪法》的第 4 条和第 14 条作出了对个人财产不受隐私侵犯的规定，并确立了隐私权的两个含义：（1）信息隐私权，避免个人信息公开披露权利；（2）独立决策权。

联邦层面，早在 1967 年，美国就开始实施《信息自由法案》。1974 年，美国的《隐私法案》对政府机构收集个人数据的应用、公开等作出规定。1914 年实施的《联邦贸易委员会法案》（*Federal Trade Commission Act*）和 2010 年的《消费者

---

① 何治乐、黄道丽：《欧盟〈一般数据保护条例〉的出台背景及影响》，载《信息安全与通信保密》2014 年第 10 期。

② 吴沈括、胡然：《数字平台监管的欧盟新方案与中国镜鉴——围绕〈数字服务法案〉〈数字市场法案〉提案的探析》，载《电子政务》2021 年第 2 期。

③ 戴艺晗：《数据保护的社会维度——从美国、欧盟数据监管模式展开》，载《情报杂志》2021 年第 5 期。

④ Warren S. D., Brandeis L. D., Das Recht auf Privatheit-The Right to Privacy Origin alveröffentlichung in Harvard Law Review, Vol. IV Dec. 15, 1890 No. 5; übersetzt und mit Zwischenüberschriften versehen von Marit Hansen und Thilo Weichert.

金融保护法》(*Consumer Financial Protection Act*)是美国对数据隐私保护实践影响最广泛的两项法律。其中,《联邦贸易委员会法案》规定对除公共承运者、部分金融机构和非营利性组织以外的个人或商业实体的数据隐私和安全政策及做法不得带有不公正和欺骗性。同样,《消费者金融保护法》也规定金融机构在消费者保护方面的义务和责任,并且规定要专设消费者保护机构统一实施消费者保护职能,对消费者进行区别性保护及专门保护。①

美国各州也在数据安全立法方面较为积极,如加利福尼亚州自2020年1月1日开始施行的《加州消费者隐私法案》(CCPA),该部被誉为美国"最严厉和最全面的个人隐私保护法案",适用于所有在加利福尼亚州开展业务的企业,法案为消费者提供了知悉、访问、删除、拒绝提供自身数据等多项权益,建立了更为完善的消费者隐私保护机制。② 2021年9月,加利福尼亚州参议院通过《遗传信息隐私法案》,规定收集消费者个人信息的企业在收集时或收集前告知消费者即将收集的个人信息类别以及信息的用途,并授予消费者选择不向第三方出售个人信息的权利。

总体来说,美国的数据安全法规体系建立时间久、法律较为分散,对数据保护的规定较为明确细致,但还缺乏指导性的数据安全法案。美国联邦政府在未来可能对个人信息范围延伸、财产性确认与保护做出更深、更广的探索,并且形成统一且覆盖面更广泛的联邦数据安全法案,完善其数据立法体系。

除中国、美国、欧盟以外,全球大多数国家和地区也都在加快数据安全战略部署工作,对数据合规问题展开监管。例如,英国政府出台《数据保护草案》,强化个人数据保护和执法力度;印度政府发布《个人数据保护法案》(PDP),对数据本地化提出更为广泛的要求;日本通过《个人信息保护法》修正案等。尽管各国在数据立法层面的进度和方式有所差异,但对于数据安全立法的意向都趋向同一性。

二、《网络安全法》

2017年6月1日正式施行的《网络安全法》是中国第一部全面规范网络空

① 李江鸿:《美国〈2010年消费者金融保护法〉解析》,载《海南金融》2011年第12期。

② 谢业华、彭星、张龙:《美国加利福尼亚州〈消费者隐私法案〉研究》,载《征信》2018年第10期。

间安全管理方面问题的基础性法律。该法共七个章节，为了更好地理解和贯彻这部法律，现对其相关的立法背景、规范对象、适用范围、亮点内容和发展前景等进行解读。

(一)立法背景

在《网络安全法》正式出台之前，我国已经出台了《全国人民代表大会常务委员会关于加强网络信息保护的决定》《电子签名法》《全国人民代表大会常务委员会关于维护互联网安全的决定》来维护网络安全运行。故而，某种程度上来说，《网络安全法》的出台可谓应运而生，而具体推动《网络安全法》出台的因素不外乎以下三点：

第一，网络安全战略的必要性。移动通信网络的发展加速互联网深度融合到我们社会生活的方方面面，极大改变和影响了社会生活和生产经营方式。科技改变世界的同时，网络安全问题也逐渐增多，从网络侵权、不良信息泛滥到互联网犯罪等问题的频发，网络安全战略已经成为国家互联网发展的重要方针之一。

第二，数据经济时代的发展要求。大数据对风险定价、精准营销、产品开发等越来越重要，数据的不良管控既会滋生违法犯罪行为的发生，也会导致数据资源的浪费。在此背景下，明确网络安全界限能够保障数据经济的持续健康发展。

第三，全球网络安全法制水平的提高也加速了我国网络安全立法的步伐。在"没有网络安全就没有国家安全，没有信息化就没有现代化"越来越成为全球共识之际，从欧盟《通用数据保护条例》的制定到美国从中央到地方对网络安全保护的法案出台，我国也逐步开启了网络强国建设的一系列顶层设计和部署。

(二)规范对象

《网络安全法》牵涉主体较多，但其主要规制对象为网络运营者，具体包括一般的网络运营者和关键信息基础设施运营者；其主要监管机构为网信部门、公安部门以及电信主管部门等。

《网络安全法》第76条规定，网络运营者，是指网络的所有者、管理者和网络服务提供者。实践中，很多传统生产型、零售型企业，因其并非典型的互联网企业，而普遍认为自己不属于《网络安全法》规定的网络运营者，故而也无须遵守《网络安全法》第21条等规定的网络安全合规义务，这种观点事实上存在较大的法律风险。

一般而言,网络运营者是一个较为宽泛的概念,包括局域网、社交媒体、自动化办公系统等各种网络的所有者,网络维护和内容编排管理者以及网络服务的提供者,故而从这一角度而言,企业只要存在"触网"要素,如开通了企业官方网站、电商网站或官方社交媒体账户,就可以被认为是网络运营者。[①]

《网络安全法》第31条规定,国家对公共通信和信息服务、能源、交通、水利、金融、公共服务、电子政务等重要行业和领域,以及其他一旦遭到破坏、丧失功能或者数据泄露,可能严重危害国家安全、国计民生、公共利益的关键信息基础设施,在网络安全等级保护制度的基础上,实行重点保护。由此可知,《网络安全法》主要通过领域和风险来识别关键信息基础设施,并对其运营者规定更为严格的合规运维和审查义务。

(三)适用范围

《网络安全法》第2条规定:"在中华人民共和国境内建设、运营、维护和使用网络,以及网络安全的监督管理,适用本法。"故而,任何在中国境内运行的服务器或其他基础设施的运维主体都属于中国《网络安全法》的管辖范围。

此外,《网络安全法》第5条规定:"国家采取措施,监测、防御、处置来源于中华人民共和国境内外的网络安全风险和威胁,保护关键信息基础设施免受攻击、侵入、干扰和破坏,依法惩治网络违法犯罪活动,维护网络空间安全和秩序。"第50条规定:"国家网信部门和有关部门依法履行网络信息安全监督管理职责,发现法律、行政法规禁止发布或者传输的信息的,应当要求网络运营者停止传输,采取消除等处置措施,保存有关记录;对来源于中华人民共和国境外的上述信息,应当通知有关机构采取技术措施和其他必要措施阻断传播。"第75条规定:"境外的机构、组织、个人从事攻击、侵入、干扰、破坏等危害中华人民共和国的关键信息基础设施的活动,造成严重后果的,依法追究法律责任;国务院公安部门和有关部门并可以决定对该机构、组织、个人采取冻结财产或者其他必要的制裁措施。"

由此可见,《网络安全法》对于损害境内网络安全的境外机构、组织和个人

---

① 黄春林:《网络与数据法律实务:法律适用及合规落地》,人民法院出版社2019年版,第22~26页。

也具有一定的域外管辖权，即我国《网络安全法》的管辖范围类似于刑法上的属地及保护原则并举。

（四）亮点内容

1. 明确了网络空间主权的原则

《网络安全法》第1条“立法目的”开宗明义，明确规定要维护中国网络空间主权。网络空间主权是一国国家主权在网络空间中的自然延伸和表现。习近平总书记指出，《联合国宪章》确立的主权平等原则是当代国际关系的基本准则，覆盖国与国交往各个领域，其原则和精神也应该适用于网络空间。各国自主选择网络发展道路、网络管理模式、互联网公共政策和平等参与国际网络空间治理的权利应当得到尊重。《网络安全法》第2条明确规定适用于中国境内网络以及网络安全的监督管理。这是中国网络空间主权对内最高管辖权的具体体现。

2. 明确了网络产品和服务提供者、网络运营者的安全义务

《网络安全法》将原来散见于各种法规、规章中的规定上升到法律层面，对网络运营者等主体的法律义务和责任作了全面规定，包括守法义务，遵守社会公德、商业道德义务，诚实信用义务，网络安全保护义务，接受监督义务，承担社会责任等，并在网络运行安全、网络信息安全、监测预警与应急处置等章节中进一步明确、细化。在法律责任章节中则提高了违法行为的处罚标准，加大了处罚力度，有利于保障《网络安全法》的实施。

3. 明确了政府各部门的职责权限，完善了网络安全监管体制

《网络安全法》将现行有效的网络安全监管体制法制化，明确了网信部门与其他相关网络监管部门的职责分工。第8条规定，国家网信部门负责统筹协调网络安全工作和相关监督管理工作，国务院电信主管部门、公安部门和其他有关机关依法在各自职责范围内负责网络安全保护和监督管理工作。这种“1+X”的监管体制，符合当前互联网与现实社会全面融合的特点和中国监管需要。

4. 建立了关键信息基础设施安全保护制度

《网络安全法》第3章用了近三分之一的篇幅规范网络运行安全，特别强调要保障关键信息基础设施的运行安全。关键信息基础设施是指那些一旦遭到破坏、丧失功能或者数据泄露，可能严重危害国家安全、国计民生、公共利益的系统和设施。网络运行安全是网络安全的重心，关键信息基础设施安全则是重中之重，与国家安全和社会公共利益息息相关。为此，《网络安全法》强调在网络安

全等级保护制度的基础上，对关键信息基础设施实行重点保护，明确关键信息基础设施的运营者负有更多的安全保护义务，并配以国家安全审查、重要数据强制本地存储等法律措施，确保关键信息基础设施的运行安全。

5. 将监测预警与应急处置措施制度化、法制化

《网络安全法》第5章将监测预警与应急处置工作制度化、法制化，明确国家建立网络安全监测预警和信息通报制度，建立网络安全风险评估和应急工作机制，制定网络安全事件应急预案并定期演练。这为建立统一高效的网络安全风险报告机制、情报共享机制、研判处置机制提供了法律依据，为深化网络安全防护体系，实现全天候全方位感知网络安全态势提供了法律保障。

(五)发展前景

随着基础设施中系统的大规模集成、互联使得基础设施的脆弱性增加、安全威胁加剧，电信、广播电视、能源、金融、公路水路运输、铁路、民航、邮政、水利、应急管理、卫生健康、社会保障、国防科技工业等重要行业和领域基础设施一旦遭到破坏、丧失功能或者数据泄露，可能严重危害国家安全、国计民生、公共利益的网络和信息系统。

随着2017年《网络安全法》的实施和2021年《数据安全法》的出台，我国于2021年修订了《网络安全审查办法》，以确保关键信息基础设施供应链安全，保障网络安全和数据安全，维护国家安全。

2022年2月正式实施的《网络安全审查办法》规定关键信息基础设施运营者采购网络产品和服务，网络平台运营者开展数据处理活动过程中影响或者可能影响国家安全的行为，需要网络安全审查，审查数据处理活动中包括数据的收集、存储、使用、加工、传输、提供、公开等活动。对于数据活动应考虑数据安全产品和方案方面建设，积极开展数据分类分级管理、敏感数据识别、数据安全风险评估、个人信息安全影响评估、数据库安全等数据安全建设。

新规的实施也在不断完善《网络安全法》未尽之意，数据处理活动是网络安全的核心，而数据安全风险又与网络安全风险相互关连，因此在网络安全基础上，相关法规的出台也更加注重对核心数据、重要数据或者大量个人信息的安全防控，避免被窃取、泄露、毁损以及非法利用的风险。同时保障网络安全和数据安全、保障关键信息基础设施供应链安全，维护国家安全。

三、《数据安全法》

2021 年6 月10 日，十三届全国人民代表大会常务委员会第二十九次会议通过了《数据安全法》，并于同年 9 月 1 日起施行。新发布的《数据安全法》分为总则、数据安全与发展、数据安全制度、数据安全保护义务、政务数据安全与开放、法律责任、附则七个章节。为了更好地理解和贯彻这部法律，现对其相关的立法背景、规范对象、适用范围、亮点内容和发展前景等进行解读。

(一)立法背景

大数据时代的国际竞争新形势下，欧盟成员国、美国等世界各国先后通过立法构建数据空间秩序，数字技术和数字经济的发展势不可挡，对数据要素的掌控和利用能力俨然成为衡量各国竞争力的核心要素。我国顺应时代发展，审时度势、超前布局，大力推动数字经济与实体经济融合发展。习近平总书记在中央政治局第三十四次集体学习时指出："要推动数字经济和实体经济融合发展，把握数字化、网络化、智能化方向，推动制造业、服务业、农业等产业数字化，利用互联网新技术对传统产业进行全方位、全链条的改造，提高全要素生产率，发挥数字技术对经济发展的放大、叠加、倍增作用。"①

2019 年 10 月中国国际信息展览会上，工业和信息化部宣布 5G 商用正式启动后，以 5G 为代表的一批新型通信基础设施从传输通道全面升级为数字化赋能的承载基石，数据成为流转的"黄金"。② 与此同时，新的机遇带来了新的挑战。无论是美国对 TikTok 的驱逐封杀事件，还是国内"滴滴出行""Boss 直聘"事件，数据安全的矛盾都已经显露了出来。数据滥用、数据投毒、数据跨境等数据安全问题屡见不鲜，如果没有进一步的专门法律规范，不仅会影响到个人信息安全、企业安全，更甚之会对我国的国家安全造成巨大影响。在此国际、国内双重影响的大背景下，自 2018 年 9 月数据安全立法被列入十三届全国人民代表大会常委会立法规划后，历经近三年时间，经过三次审议，2021 年 6 月 10 日，十三届全国人民代表大会常委会第二十九次会议终于正式表决通过《数据安全法》，

① 刘淑春、林汉川：《推动数字经济和实体经济融合发展》，载《人民日报》，https://m.gmw.cn/baijia/2022-02/11/35511211.html，2022 年 2 月 23 日最后访问。

② 曹开研：《〈数据安全法〉：新形势下数据风险治理的利器及实施展望》，载《青年记者》2021 年第 17 期。

并于2021年9月1日起实施。该部法律是我国数据领域的基础性法律,对于数据安全与数字经济发展具有重要意义。

(二)规范对象

《数据安全法》第3条规定:“本法所称数据,是指任何以电子或者其他方式对信息的记录。数据处理,包括数据的收集、存储、使用、加工、传输、提供、公开等。数据安全,是指通过采取必要措施,确保数据处于有效保护和合法利用的状态,以及具备保障持续安全状态的能力。”《数据安全法》《国家安全法》《网络安全法》《个人信息保护法》等法律中对应的数据保护相衔接,但又有着不同的规范对象。界定清楚《数据安全法》中数据、数据处理与其他法律中的边界,对于法律不重复和不冲突调整、避免法律泛化和模糊化适用具有重要价值。

第一,《数据安全法》与《国家安全法》都立足于国家安全,数据安全是国家安全不可分割的部分。《国家安全法》以法律的形式确立了总体国家安全观的指导地位,界定了国家安全的内涵和外延,明确维护国家安全的各项任务,建立健全国家安全制度和国家安全保障措施。[①]《数据安全法》第1条和第4条则明确了本法是以国家安全观为出发点,在此基础上切入数据治理中的安全问题,维护数据安全,应当坚持总体国家安全观。《国家安全法》为国家经济安全、网络安全、数据安全等各项国家安全相关的专门法律体系建设奠定了基础,数据安全作为国家安全不可分割的部分,在此前提下,《数据安全法》细化了数据相关的制度安排,规定了由中央国家安全领导机构负责国家数据安全工作的决策和议事协调,国家支持开发利用数据提升公共服务的智能化水平等规范。

第二,《数据安全法》相较于《网络安全法》而言,规范的对象更加聚焦于数据本身,对数据的保护范围也更广。根据《数据安全法》第3条的规定,本法所称数据,是指任何以电子或者其他方式对信息的记录,其调整的数据包括网络数据也包括非网络数据,涵盖政务数据、企业数据、个人数据等,比《网络安全法》中的网络数据,即网络收集、存储、传输、处理和产生的电子数据范围要更广。《数据安全法》对《网络安全法》规定的网络安全内容作出了补充的同时,引导关注网络数据以外的,以其他方式完成信息记录的非网络数据的保护问题。

第三,《个人信息保护法》和《数据安全法》两者之间,《个人信息保护法》中

---

① 宗珊珊:《〈数据安全法〉与相关法律的规则适用探讨》,载《互联网天地》2022年第1期。

规定的个人信息是指以电子或者其他方式记录的与已识别或者可识别的自然人有关的各种信息,不包括匿名化处理后的信息,将个人信息的范围进行限定,而根据《数据安全法》中数据的规定,数据是任何以电子或者其他方式对信息的记录。因此,归属于个人信息,受《个人信息保护法》规制的信息记录,和非个人信息,包括匿名化处理后的信息等不受《个人信息保护法》规制的信息记录,均属于《数据安全法》规定数据的范畴,从这个角度来看,《数据安全法》调整的数据范围要大于《个人信息保护法》调整的数据范围。

(三)适用范围

《数据安全法》作为保护数据安全的公法,以原则性、概括性的法律规定为主,适用范围不局限于对调整对象的边界划分,地域范围、管辖权层面都作了相应的法律适用范围规定。[①] 从地域范围来看,《数据安全法》第 2 条规定,在中华人民共和国境内开展数据处理活动及其安全监管,适用本法。在中华人民共和国境外开展数据处理活动,损害中华人民共和国国家安全、公共利益或者公民、组织合法权益的,依法追究法律责任。由此,《数据安全法》的域外效力被确立下来,不仅能适用于中国境内开展的数据处理活动及数据安全监管,也能适用于中国境外的数据处理活动。这就意味着境外数据处理者进行数据处理活动,只要和我国国家安全、公共利益或个人、组织合法权益沾边,就必须符合《数据安全法》的规定。

《数据安全法》的实施,也让我国对跨国公司在境外开展数据处理活动但为境内提供服务的这类行为确立了管辖权依据,一旦境外数据处理者的数据处理活动对我国国家、社会、个人的权益造成损害,本法具有管辖权,可以依法追究法律责任。

(四)亮点内容

《数据安全法》分为 7 章 55 条,以国家安全观为出发点,结合了数据治理中核心安全问题,是我国首部有关数据安全的专门法律,其中具有六大突出亮点。

1. 构建了由中央统筹协调下的数据安全治理机制

《数据安全法》第 5 条和第 6 条明确了中央国家安全领导机构负责国家数据

---

① 严蓉:《数据安全保护的基本思路与重要条款解读》,载《佳木斯职业学院学报》2021 年第 12 期。

安全工作的决策和议事协调,各地区、各部门、各行业对自己地区、部门、领域内的数据安全负责,公安机关和国家安全机关在各自职责范围负责监管,国家网信部门进行相关监管的协调工作。这种中央和地方、部门和行业,自上而下、分工明确的数据治理模式,是在中央统一领导下,调动多方共同承担数据治理责任,提高数据治理效率的一大亮点机制。

2. 实行国家数据分类分级保护制度

《数据安全法》第21条的规定明确了“数据分类分级”采用数据的“重要程度+危害程度”的立法手段,对数据实行分类保护,特别是将关系国家安全、国民经济命脉、重大公共利益和重要民生项目的数据列为“国家核心数据”,实行更加严格的管理制度。[①] 实践中,从行业领域是很难区分出数据的重要等级的,通过国家安全层面进行分级,并由国家制定相应重要数据目录能很好的解决这个问题。

3. 建立国家数据安全应急处置机制

《数据安全法》第23条从四个方面提出了应急处置机制的运作模式:一是将数据安全应急工作上升到国家层面。二是有关主管部门在发生数据安全事件时,应当立即启动应急预案。确立负责的“有关主管部门”时,按照“谁主管谁负责、谁运行谁负责”的原则。[②] 三是采取的应急处置措施必须符合最有效原则,防止危害扩大,消除安全隐患。四是出现数据安全紧急事件时,要及时向社会发布与公众有关的警示信息,让公众了解数据安全事件的真相,及时采取自我保护措施,以免损害扩大。

4. 明确数据处理者履行数据安全保护义务

《数据安全法》第27条要求开展数据处理活动应当依照法律法规的规定,应当建立健全全流程数据安全管理制度,应当采取相应的技术措施和其他必要措施保障数据安全,利用互联网等信息网络开展数据处理活动的还应当在网络安全等级保护制度上履行上述保护义务,重要数据处理者还应当设立专门管理机构、明确数据安全负责人。《数据安全法》第28条要求数据处理应当为人民造福祉,应当符合社会伦理和道德。《数据安全法》第29条要求开展数据处理

---

① 王春晖:《我国〈数据安全法〉十大亮点解析》,载《中国电信业》2021年第9期。

② 王春晖:《我国〈数据安全法〉十大亮点解析》,载《中国电信业》2021年第9期。

活动应当加强风险监测，发生数据安全事件时应当有针对性的采取处置措施并报告有关主管部门。《数据安全法》第 30 条要求重要数据处理者应当定期开展数据风险评估，风险评估报告应当及时报送有关主管部门，风险评估报告应当包括：处理的重要数据的种类、数量，开展数据处理的情况，面临的数据安全风险及其应对措施等。

5. 规范了跨境数据流动的管理制度

《数据安全法》第 31 条区分了关键信息基础设施的运营者和其他数据处理者两类不同主体收集和产生的重要数据出境安全管理，前者适用《网络安全法》的规定，后者的管理办法由国家网信部门会同国务院有关部门制定。

6. 设置数据处理服务的行政许可准入制度

《数据安全法》第 34 条规定："法律、行政法规规定提供数据处理相关服务应当取得行政许可的，服务提供者应当依法取得许可。"这个规定确立了数据交易市场的准入资格，直接从源头上设置了数据处理服务的入门门槛，对不符合准入标准的数据处理活动明确禁止，对符合条件的组织、个人授权其实施数据处理服务行为。这个制度作为事前监管的一环，与《数据安全法》第 6 章规定的事后处罚相互配合，增强了数据交易可操作性，健全了数据安全治理体系。

（五）发展前景

《数据安全法》的立法从法律层面指导、鼓励、支持和促进了数据经济的创新发展，中国电子技术标准化研究院、网络安全研究中心数据安全部主任胡影表示："《数据安全法》标志着一部独立新型数据安全法的诞生。其统筹考虑数据安全与发展，提出了数据安全管理制度，明确了数据安全监督架构，规定了数据处理者保护义务，强调数据安全与开放，形成了一个覆盖国家、行业、地方、处理者等全方位的数据安全治理框架。"①

1. 重要数据界定或将进一步明确

《数据安全法》作为数据安全领域的公法，具备基础性、原则性的特色，是数字经济时代我国对数据竞争和保护的回应，但是，海量的数据收集和使用引发的系列问题纷繁复杂，仅是原则性要求远不能满足实践的需求。《数据安全法》定

① 朱成祥：《〈数据安全法〉实施在即数字经济时代如何保驾护航"数据资产"?》，载《每日经济新闻》2021 年 8 月 27 日，第 7 版。

义了数据、数据处理和数据安全,但是没有定义重要数据,然而《数据安全法》的数据安全制度中很大程度上是围绕数据的重要性来分级分类分治的。仅以"关系国家安全、国民经济命脉、重要民生、重大公共利益等数据属于国家核心数据"概括性的规定重要数据、核心数据,在实践中,可能会存有歧义。因此,进一步明确重要数据界定标准、制定重要数据名录亟待解决。

2. 刑事司法领域数据保护问题需加强立法

《数据安全法》对刑事司法中收集、使用的数据安全保护问题规定不足。随着科技的发展,刑事司法中对数据的收集和使用发生了翻天覆地的变化,特别是大数据侦查手段的普遍运用。[①] 我国自1993年《国家安全法》中规定了技术侦察后,2012年《刑事诉讼法》修改时设置专门的条款将技术侦查手段彻底合法化,目前实践中运用的电子同步设备、访问控制设备、数据保存和恢复设备、图影成像设备、加密解密系统、卫星定位系统、网络跟踪设备、数据库等技术,使得侦查机关获取数据的方式更加多元,侦破案件的难度大大降低。[②] 除了自行收集证据外,侦查机关在刑事司法活动中,必要时还会借助第三方获取数据。例如,我国公权力机关在刑事司法中侦查、起诉、审判和执行等各阶段,为精准打击犯罪,必要时也会向商业机构获取数据,而一些掌握大数据的商业机构,如支付宝、腾讯等,其用户条款和隐私政策等文件中也会涵盖对这类共享、转让、公开披露用户信息无须征得用户同意的免责条款。[③]

刑事司法各个阶段离不开对数据的收集和使用,但是在多元获取数据方式和降低获取难度、成本的前提下,数据安全保护问题亟待解决。其中,最常见的数据安全问题呈现出两个特征,第一,收集使用数据的时间前移。理论上,根据我国《刑事诉讼法》的规定,以取证方式进行的数据收集和使用应当自立案之后开始进行,但是实践中,侦查机关在立案前,甚至犯罪活动预备阶段就可能运用犯罪预测工具、案件初步侦查辅助工具等方式收集和使用可能涉嫌犯罪的数据信息。[④] 第二,不加区分的收集和使用数据。即便是从犯罪嫌疑人处收集使用

---

① 张可:《大数据侦查措施程控体系建构:前提、核心与保障》,载《东方法学》2019年第6期。

② 郑曦:《刑事司法中的数据安全保护问题研究》,载《东方法学》2021年第5期。

③ 支付宝:《支付宝隐私权政策》,载支付宝网站:https://render.alipay.com/p/c/k2cx0tg8,2022年3月1日最后访问。

④ 裴炜:《个人信息大数据与刑事正当程序的冲突及其调和》,载《刑事法前沿》2019年第11期。

的数据也区分一般数据和敏感数据，但是实践中侦查机关对收集使用到的数据的区分甄别工作往往被忽视，一旦涉及种族、政治理念、宗教信仰等的敏感数据泄露、非法提供或滥用可能危害人身和财产安全，极易导致个人名誉、身心健康受到损害或歧视对待。①

《数据安全法》中对于公安机关、国家安全机关等刑事司法机关的规定在第6条第3款："公安机关、国家安全机关等依照本法和有关法律、行政法规的规定，在各自职责范围内承担数据安全监管职责。"第35条："公安机关、国家安全机关因依法维护国家安全或者侦查犯罪的需要调取数据，应当按照国家有关规定，经过严格的批准手续，依法进行，有关组织、个人应当予以配合。"《数据安全法》确实比较直接地规定了公安机关、国家安全机关在数据安全保护方面的监管职责和保护义务，但是仅有的两个原则性条款规定，在实践中很难满足实施的要求，进一步的细化规则需要有相应的配套文件支撑。

综观刑事司法领域关于数据安全保护问题的规定，例如《刑事诉讼法》中对技术侦查措施原则性的实施要求，2016年《最高人民法院、最高人民检察院、公安部关于办理刑事案件收集提取和审查判断电子数据若干问题的规定》、2019年公安部《公安机关办理刑事案件电子数据取证规则》中的条款，整体上体现出立法者对数据安全问题的重视和对数据安全保护的原则精神，但是相关的规定笼统、零散，无法满足海量数据收集使用背景下对刑事司法领域的数据保护要求。②

四、《个人信息保护法》

2021年8月20日，第十三届全国人民代表大会常务委员会第三十次会议通过了《个人信息保护法》，该法分为总则、个人信息处理规则、个人信息跨境提供的规则、个人在个人信息处理活动中的权利、个人信息处理者的义务、履行个人信息保护职责的部门、法律责任、附则八个章节。《个人信息保护法》的出台翻开了我国个人信息立法保护的历史章节，也是数据合规进程题中应有之义，为了理解和贯彻这部法律，现对其相关的立法背景、规范对象、适用范围、亮点内容和

---

① 董贞良：《GB/T 35273—2017〈信息安全技术个人信息安全规范〉解读》，载《中国质量与标准导报》2018年第6期。

② 郑曦：《刑事司法中的数据安全保护问题研究》，载《东方法学》2021年第5期。

实施展望进行解读。

(一)立法背景

随着数字时代的到来,个人信息价值凸显,个人信息安全风险与日俱增,个人信息贩卖、隐私泄露等安全事件屡见不鲜,给国家安全和个人隐私安全带来了重大的安全隐患。为加强个人信息安全保护,国际上诸多国家和地区纷纷建立个人信息保护制度,相继完成个人信息保护相关立法,例如,欧盟的《通用数据保护条例》、美国各州出台的《消费者数据保护法》、阿根廷和越南的《个人数据保护法》等。[①] 据统计,截至2021年11月,全世界已经有128个国家和地区通过立法保护个人信息和隐私,数字经济全球化发展大背景下,个人信息保护专门立法是大势所趋。从国际社会来看,高水平个人信息保护立法的国家在国际数字经济发展合作中相对更易取得信任,数据跨境流动等关键议题更能寻求建立紧密合作关系。[②]

我国一直以来高度重视网络空间领域的法治建设工作,党中央、国务院多次对加强个人信息保护工作提出明确要求:"保障个人信息安全,维护公民在网络空间的合法权益。"[③]我国通过《民法典》《电子商务法》《刑事诉讼法》等法律,针对性地制定了相应法律条款保护个人信息,然而,个人信息安全事件频发、数字经济营商良莠不齐。长期以来,我国互联网领域主流的商业模式大多采用"前端免费,后端盈利",即前端并非企业真正的盈利模式,通过前端的"免费"吸引客流,从而实现后端盈利,伴随信息通信技术的发展,很多企业的盈利模式也从线上广告逐渐转变为基于大数据的定向推送和精准营销,用户个人信息成为企业获利的核心价值源。[④] 由于个人信息的价值不断提升,企业对于个人信息保护没有统一规范化标准,保护能力层次不齐,导致用户个人信息在收集使用过程中问题频发。在国际和国内双重大环境的影响下,制定专门的法律法规强化保护个人信息已经刻不容缓。2018年9月,《十三届全国人大常委会立法规划》发

---

① 宋志刚:《〈个人信息保护法〉主要亮点及核心内容》,载 http://www.360doc.com/content/21/0908/17/69545939_994675377.shtml,2022年3月5日最后访问。

② 于晓洋、何波:《我国〈个人信息保护法〉立法背景与制度详解》,载 http://ed99c38030755784e692c0cdcb2ed481.3be401a9.libvpn.zuel.edu.cn/kcms/detail/10.1321.G2.20211223.0948.002.html,2022年3月5日最后访问。

③ 张纵华:《维护公民在网络空间的合法权益》,载《人民法院报》2019年9月26日。

④ 王志勤:《良法善治深入推进App个人信息保护治理工作》,载《人民邮电》2021年4月28日。

布,《个人信息保护法》被作为第一类立法项目列入其中,此后,制定《个人信息保护法》先后被明确列入《全国人大常委会2020年度立法工作计划》和《全国人大常委会2021年度立法工作计划》。[①]《个人信息保护法(草案)》经过三次审议后,2021年8月20日全国人大常委会最终表决通过了《个人信息保护法》,并规定于2021年11月1日起生效实施。

(二)规范对象

个人信息的概念和范围在我国多部法律中发生过变化(见表2-3),其中《个人信息保护法》第4条规定:"个人信息是以电子或者其他方式记录的与已识别或者可识别的自然人有关的各种信息,不包括匿名化处理后的信息。个人信息的处理包括个人信息的收集、存储、使用、加工、传输、提供、公开、删除等。"《个人信息保护法》第1条的规定又指明了本法立法目的在于保护个人信息权益,规范个人信息处理活动,促进个人信息合理利用。个人信息和个人信息处理的界定成为《个人信息保护法》规范对象和边界、开展个人信息保护工作的逻辑起点。

1. 个人信息的界定

表2-3 个人信息的概念和范围在我国多部法律中发生过的变化

法律名称	具体内容	颁布日期
《全国人民代表大会常务委员会关于加强网络信息保护的决定》	国家保护能够识别公民个人身份和涉及公民个人隐私的电子信息	2012年12月
《网络安全法》	个人信息是指以电子或者其他方式记录的能够单独或者与其他信息结合识别自然人个人身份的各种信息,包括但不限于自然人的姓名、出生日期、身份证件号码、个人生物识别信息、住址、电话号码等	2016年11月
《个人信息保护法》	个人信息是以电子或者其他方式记录的与已识别或者可识别的自然人有关的各种信息,不包括匿名化处理后的信息	2021年8月

① 于晓洋、何波:《我国〈个人信息保护法〉立法背景与制度详解》,载 http://ed99c38030755784e692c0cdcb2ed481.3be401a9.libvpn.zuel.edu.cn/kcms/detail/10.1321.G2.20211223.0948.002.html,2022年3月5日最后访问。

从学理上分析,我国对个人信息的界定主要存在"识别说"和"关联说"两种主要理论,"识别说"是一种较为传统的理论,将"是否可以识别个人身份"作为界定个人信息和非个人信息的标准,"关联说"则是判断相关性,即在已知特定个人的情况下,知道该特定个人进一步的相关信息。①

2012 年《全国人民代表大会常务委员会关于加强网络信息保护的决定》采用的就是"识别说"的描述方式,2016 年《网络安全法》在此基础上通过概括和列举的方式加强描述,但本质上也属于"识别说"的界定方式。② 但是,随着数据进一步海量增长,个人信息的潜在范围不断延长,加之个人信息的属性动态变化,传统的"识别说"难以适应多元的保护场景,我国采取了"识别说"和"关联说"相结合的模式,在 2021 年《个人信息保护法》中加入了"与已识别或者可识别的自然人有关的各种信息",进一步扩展了个人信息的范围边界。

2. 个人信息处理的界定

个人信息处理的在《个人信息保护法》中被定义为包括个人信息的收集、存储、使用、加工、传输、提供、公开、删除等。这种开放式的列举方式,某种程度上是对欧盟《通用数据保护条例》的重要参考,该条例第 4 条第 2 款将处理界定为:"针对个人数据或个人数据集合的任何一个或一系列操作,无论该等操作是否采用自动化方式,例如收集、利用、排列或组合、限制、删除或销毁。"无论是《个人信息保护法》还是欧盟《通用数据保护条例》都是基于技术实践构建和区分出具体的信息处理的行为,以此逻辑概括列举信息处理活动,同时,两部法律都将因个人或为家庭事务处理个人信息的一般个人信息处理排除在法律调整之外。

(三)适用范围

《个人信息保护法》是个人信息保护领域的一个综合性法律,既调整公法主体,也调整私法主体。在公法领域也包括适用制止刑事犯罪活动、维护公共安全为目的的个人信息处理活动。大数据时代的到来,互联网的开放性和全球性以及数据的流动性特征,使信息处理活动不再局限于境内,信息处理者通过境外公司存储、使用个人信息等行为也使得《个人信息保护法》的适用范围不能再局限

---

① 何波:《试论个人信息概念之界定》,载《信息通信技术与政策》2018 年第 6 期。

② 于晓洋、何波:《我国〈个人信息保护法〉立法背景与制度详解》,载 http://ed99c38030755784e692c0cdcb2ed481.3be401a9.libvpn.zuel.edu.cn/kcms/detail/10.1321.G2.20211223.0948.002.html,2022 年 3 月 5 日最后访问。

于中国境内。

《个人信息保护法》第3条第1款规定，在中华人民共和国境内处理自然人个人信息的活动，适用本法，即我国《个人信息保护法》以“属地管辖”为原则。

《个人信息保护法》第3条第2款规定：“在中华人民共和国境外处理中华人民共和国境内自然人个人信息的活动，有下列情形之一的，也适用本法：（一）以向境内自然人提供产品或者服务为目的；（二）分析、评估境内自然人的行为；（三）法律、行政法规规定的其他情形。”故《个人信息保护法》也兼采“属人原则”，适用于“以向境内自然人提供产品或者服务为目的”或“分析、评估境内自然人行为”等处理境内自然人个人信息的活动。

（四）亮点内容

1. 明确“告知—同意—撤回同意/拒绝”的处理规则

《个人信息保护法》第14条规定：“基于个人同意处理个人信息的，该同意应当由个人在充分知情的前提下自愿、明确作出。法律、行政法规规定处理个人信息应当取得个人单独同意或者书面同意的，从其规定。个人信息的处理目的、处理方式和处理的个人信息种类发生变更的，应当重新取得个人同意。”

第15条规定：“基于个人同意处理个人信息的，个人有权撤回其同意。个人信息处理者应当提供便捷的撤回同意的方式。个人撤回同意，不影响撤回前基于个人同意已进行的个人信息处理活动的效力。”

第16条规定：“个人信息处理者不得以个人不同意处理其个人信息或者撤回同意为由，拒绝提供产品或者服务；处理个人信息属于提供产品或者服务所必需的除外。”

《个人信息保护法》明确了个人信息处理的前提条件及要求，即获得“充分知情前提下的同意”。这个规定不仅要求被告知者同意，更要求充分的知情，且这种同意并非永久的不可撤销，被告知者享有对个人信息处理的“撤销权”。规定同时也对撤销同意后，撤销前信息处理者处理活动的效力，以及撤销后被告知者的权利作出了安排。

2. 明确个人在个人信息处理活动中的多项权利

《个人信息保护法》第44条到第50条规定了个人在个人信息处理活动中的各项权利，包括对个人信息处理的知情权、决定权、规则解释权、拒绝权等；在个人信息处理过程中享有的更正补充权、删除权等；以及对信息处理者所掌握的个人信息享有查阅复制权、继承行使权、信息转移权等。[①] 赋予个人在个人信息处理活动中充分的权利是对个人信息保护创新探索的关键一步。

3. 明确敏感个人信息的认定与保护规则

《个人信息保护法》第 28 条给出了敏感个人信息的定义,即敏感个人信息是一旦泄露或者非法使用,容易导致自然人的人格尊严受到侵害或者人身、财产安全受到危害的个人信息,包括生物识别、宗教信仰、特定身份、医疗健康、金融账户、行踪轨迹等信息,以及不满十四周岁未成年人的个人信息。这个定义采用了“个人信息被泄露或者非法使用 + 危害后果 + 列举式”的立法技术,同时也将不满十四周岁未成年人的个人信息直接涵盖在敏感个人信息中重点保护。[②]

《个人信息保护法》对于敏感个人信息的处理活动作出了更加严格的限定,在《个人信息保护法》第 44 条到第 50 条规定的充分知情 + 同意的前提下,还要求了只有在具有特定的目的和充分的必要性,并采取严格保护措施的情形下,个人信息处理者方可处理敏感个人信息。处理敏感个人信息还需要个人的单独同意。个人信息处理者处理不满十四周岁未成年人个人信息的,应当取得未成年人的父母或者其他监护人的同意。

4. 确立了涉及不当自动化决策的处理规则

针对“用户画像”“大数据杀熟”“算法推荐”等涉及个人信息自动化决策的问题,《个人信息保护法》确立了算法自动化决策治理的基本框架:第一,个人信息处理者在利用个人信息进行自动化决策,应当保证决策的透明度和结果公平、公正,不得对个人在交易价格等交易条件上实行不合理的差别待遇;第二,通过自动化决策方式向个人进行信息推送、商业营销,应当同时提供不针对其个人特征的选项,或者向个人提供便捷的拒绝方式;第三,通过自动化决策方式作出对个人权益有重大影响的决定,个人有权要求个人信息处理者予以说明,并有权拒绝个人信息处理者仅通过自动化决策的方式作出决定。

5. 明确个人信息跨境规则

数字经济时代,个人信息的跨境流动不可避免,由于各国的个人信息保护法律制度存在差异,个人信息跨境规则也有所不同。我国《个人信息保护法》第 38

---

① 邓和泽:《解读〈个人信息保护法〉四大影响》,载《计算机与网络》2021 年第 22 期。

② 王春晖:《〈个人信息保护法〉的十大核心要点解析》,载《中国电信业》2022 年第 1 期。

条明确了个人信息处理者向境外提供个人信息的基本条件，包括：(1)依照本法第40条的规定通过国家网信部门组织的安全评估；(2)按照国家网信部门的规定经专业机构进行个人信息保护认证；(3)按照国家网信部门制定的标准合同与境外接收方订立合同，约定双方的权利和义务等。《个人信息保护法》第39条规定了个人信息跨境的“告知与单独同意”，第41条、第42条规定了相应的限制或禁止性措施。

6. 明确了信息处理机构合规责任

《个人信息保护法》对于信息处理机构，包括但不限于互联网企业等合规责任进行进一步明确。《个人信息保护法》第51条的规定要求个人信息处理者综合考虑处理目的、处理方式、个人信息种类等因素，对个人信息实行分级分类管理制度。《个人信息保护法》第52条规定个人信息处理者处理个人信息达到一定数量的，应当指定个人信息保护负责人，承担专门的保护、监督义务。《个人信息保护法》第54条规定信息处理机构应当建立个人信息保护合规审计制度，第58条规定强调重要互联网平台、用户数量巨大、业务类型复杂的信息处理机构除了要建立常规审计制度，还要求成立主要由外部成员组成的独立机构进行监督。《个人信息保护法》第55条、第56条规定信息处理机构应当建立个人信息保护影响评估制度，对敏感数据、利用个人信息自动化决策等信息进行记录，个人信息保护影响评估报告和处理情况记录应当至少保存三年。

(五)实施展望

《个人信息保护法》的落地实施奠定了我国个人信息保护法治的制度基础，开启了我国个人信息保护发展的新篇章。《个人信息保护法》坚持个人信息保护与信息收集利用平衡、秉持风险区分化治理理念、兼顾个人信息安全与跨境流动需求，对我国及全球个人信息保护法治发展意义重大。但是我国目前为止，没有独立存在的个人信息监管机关，而是由国家网信部门、国务院有关部门和县级以上地方人民政府有关部门按照相关规定对个人信息进行管理、监督、保护，[①]《个人信息保护法》执法的实践中可能会存在职能部门不明晰、维权难等问题。《个人信息保护法》中赋予的个人对个人信息的复制查阅权、信息转移权等多项权利具体的行权方案暂不明晰，《个人信息保护法》通过法律授权的方式，大量

① 王利明、丁晓东：《论〈个人信息保护法〉的亮点、特色与适用》，载《法学家》2021年第6期。

授权国家网信部门、国务院有关部门等履行个人信息保护职责的部门制定相关的保护规则和标准，预示着未来在本法的实施过程中，也依赖于大量的配套制度出台以细化落实。[①]

① 葛鑫、刘明辉：《〈个人信息保护法〉亮点解读与实施展望》，载《通信世界》2021年第23期。

第二章　数据安全及个人信息保护执法现状

一、执法主体与监管体系

（一）我国网络与数据执法主体

随着我国网络安全和数据保护法律体系构建已逐渐呈现出整体布局、逐步细化的态势，我国网络和数据主管机构也得以变迁，从最初工业和信息化部的单一监管到工业和信息化部和国家互联网信息办公室的协同监管，再到如今多部门多格局的共同管理。

1.“一轴两翼多级格局”的执法主体架构

自2015年开始，《网络安全法（草案）》几经公布，就多次明确了“国家网信部门负责统筹协调网络安全工作和相关监督管理工作。国务院电信主管部门、公安部门和其他有关机关依照本法和有关法律、行政法规的规定，在各自职责范围内负责网络安全保护和监督管理工作”。正是基于该规定，我国网络与数据主管的“一轴两翼多级格局”初步形成。①

所谓一轴，是指国家互联网信息办公室，负责统筹协调网络安全工作和相关监督管理工作。2011年5月成立的国家互联网信息办公室在2014年经历了重组后，增强了自身在网络监管方面的职能，从网络运行安全到内容安全，从业务准入到监管合规都成为国家互联网信息办公室的监管内容。无论是宏观的制度设立，还是微观的行政执法，作为中国互联网主要监管机构，国家互联网信息办公室自成立以来发布的规范性法律文件数不胜数，参与的执法行动也不胜枚举。通过这一系列立法与执法行动，基本确立了国家互联网信息办公室在互联网领

---

①　黄春林：《网络与数据法律实务：法律适用及合规落地》，人民法院出版社2019年版。

域监管的轴心地位。

所谓两翼,是指工业和信息化部和公安部,两部下面分别设置了网络安全管理、保卫局。自公安部加强网络安全保卫工作后,工业和信息化部在互联网监管领域职能有所削弱,如 2018 年 3 月,《深化党和国家机构改革方案》第 16 条规定,为维护国家网络空间安全和利益,将国家计算机网络与信息安全管理中心由工业和信息化部管理调整为由中央网络安全和信息化委员会办公室管理。但公安部的网络与数据监管职能得到强化,一个典型的实例就是《网络安全法》第 21 条从立法层面确立网络安全等级保护制度,这成为公安部监管互联网的重要抓手,随后更新升级了等级保护 2.0,其重点推进的《网络安全等级保护条例(征求意见稿)》也于 2018 年 6 月 27 日公布,等级保护 2.0 系列标准公布后也引起了社会的广泛重视,至此,公安部形成了从法律、法规、部门规章到标准的立体化监管体系。

所谓多级,是指不同部委根据相应的职能,分别主管相应业务的"互联网+",例如,游戏归中共中央宣传部主管,视听节目归国家广播电视总局主管,网络表演音乐等归文化和旅游部主管,互联网金融归中国人民银行或中国银行保险监督管理委员会主管,等等。

2. 当前执法机构的分工与职责

发展至今,经过不断的调整和部门重组,我国网络和数据执法机构也相对明确,从单一监管到多头监管的现象都逐步减少,各部门各司其职,分工负责网络治理和数据安全保护工作。

(1)国家互联网信息办公室

国家互联网信息办公室全面负责中国互联网监管,其职能包括落实互联网信息传播方针政策和推动互联网信息传播法制建设,指导、协调、督促有关部门加强互联网信息内容管理等。2014 年重组之前的管理偏向宏观政策指导,重组之后加进了监督管理执法等功能,具体包括全国互联网信息内容管理工作和监督管理执法。①

改组后,国家互联网信息办公室主任兼任中共中央宣传部副部长、中央网络

---

① 国发〔2014〕33 号通知:为促进互联网信息服务健康有序发展,保护公民、法人和其他组织的合法权益,维护国家安全和公共利益,国务院授权重新组建的国家互联网信息办公室负责全国互联网信息内容管理工作,并负责监督管理执法。

安全和信息化委员会办公室主任。由于之前成立的中央网络安全和信息化领导小组的办公室也设在国家互联网信息办公室，国家互联网信息办公室同时加挂中央网络安全和信息化领导小组办公室的牌子。

随着中央网络安全和信息化领导小组、国家互联网信息办公室的成立，各省（区、市）互联网信息办公室逐渐成立，地方上的网络信息管理职能之前通常放在各地的对外宣传办公室，2014 年以后，互联网信息办公室逐渐从对外宣传办公室独立出来，省一级的对外宣传办公室升格为正厅级机构。新成立的网络监管体系也由此构成了我国网络的管理系统。

此外，互联网信息办公室在积极发挥宏观政策制定发布及微观行政执法工作中，也创设了“约谈”这一特色的行政行为，以避免单纯地一罚了之、以罚代管的执法状态。2015 年 4 月，国家互联网信息办公室在实践和进一步研究的基础上发布了《互联网新闻信息服务单位约谈工作规定》，据此规定实施约谈的情况分为 9 种：未及时处理关于互联网新闻信息服务的投诉、举报情节严重的；通过采编、发布、转载、删除新闻信息等谋取不正当利益的；违反互联网用户账号名称注册、使用、管理相关规定情节严重的；未及时处置违法信息情节严重的；未及时落实监管措施情节严重的；内容管理和网络安全制度不健全、不落实的；网站日常考核中问题突出的；年检中问题突出的；其他违反相关法律法规规定需要约谈的情形。概括来说是 8 种情况，最后一条是“兜底条款”。[①] 依据该工作规定，约谈情况将记入网站日常考核和年检档案。未按要求整改，或经综合评估未达到整改要求的，将给予警告、罚款、责令停业整顿、吊销许可证等处罚；网站被多次约谈仍然存在违法行为的，依法从重处罚。

（2）工业和信息化部

工业和信息化部负责互联网准入及产业发展促进，其下设常见部门及其职责为：

①信息通信管理局：依法对电信和互联网等信息通信服务实行监管，承担互联网（含移动互联网）行业管理职能。具体职责主要包括：负责电信和互联网业务市场准入及设备进网管理，承担通信网码号、互联网域名和 IP 地址、互联网信息服务备案、接入服务等基础管理及试办新业务备案管理职能，推进三网融合，

① 窦锋昌：《全媒体新闻生产：案例与方法》，复旦大学出版社有限公司 2018 年版，第 240 ~ 244 页。

监督管理电信和互联网市场竞争秩序、服务质量、互联互通、用户权益和个人信息保护,负责信息通信网络运行的监督管理,组织协调应急通信及重要通信保障。我们经常会碰到的ICP备案、内资跨地区增值电信业务许可即由该局负责。

②信息通信发展司:研究分析信息通信业发展形势;统筹提出并组织实施相关行业规划;协调公用通信网、互联网、专用通信网的建设,推动网络资源共享;推动宽带发展;建立普遍服务补偿机制;推动信息通信业深化改革;拟定电信业务资费政策;审查信息通信业固定资产投资项目;提出新一代宽带无线移动通信网国家重大科技专项指南;负责信息通信建设监管政策;推进信息通信业对外合作的相关项目。

③网络安全管理局:组织拟订电信网、互联网及其相关网络与信息安全规划、政策和标准并组织实施;承担电信和互联网行业网络安全审查相关工作,组织推动电信网、互联网安全自主可控工作;承担建立电信网、互联网新技术新业务安全评估制度并组织实施;指导督促电信企业和互联网企业落实网络与信息安全管理责任,组织开展网络环境和信息治理,配合处理网上有害信息,配合打击网络犯罪和防范网络失窃密;承担电信网、互联网网络数据和用户信息安全保护管理工作;等等。

(3)公安部等其他部门

除了国家互联网信息办公室和工业和信息化部以外,公安部也承担了重要的网络联网备案、网络安全等级保护、涉网刑事案件侦查等工作。市场监督管理局则负责互联网企业设立、消费者权益保护、广告与竞争合规等工作,其他各部委则根据其职能监管相应业务领域的数据安全。

此外,广东、成都、贵州、西安等部分省市还设立了专门的大数据管理局,隶属于市政府、经济和信息化委员会、市工业和信息化委员会等部门,主要职能包括研究、协调和制定地方规范、标准等工作。

(二)我国网络与数据监管体系

选择合理恰当时机实施有效监管可以起到事半功倍的效果,是合理构建监管体系的重要考虑因素。近年来,随着以科技化、数据化驱动的监管手段进一步成熟,中国网络与数据领域监管从强调准入逐步过渡到强调事中、事后合规监管和分业、分层合规监管,全生命周期综合监管雏形初步形成。

1. 分业监管

所谓分业监管，是指根据监管机构职能，将网络与数据监管根据业态划分为网络安全、内容合规和业务合规，分别由不同的机构或职能部门负责。例如，我国医疗机构的法定监管主体，是国务院卫生行政部门及县级以上地方人民政府卫生行政部门。①

以网络安全监管为例，关键信息基础设施安保制度和网络安全等级保护制度，就是典型的分层监管策略。立法层面，《关键信息基础设施安全保护条例》第4条规定，关键信息基础设施安全保护坚持综合协调、分工负责、依法保护，强化和落实关键信息基础设施运营者主体责任，充分发挥政府及社会各方面的作用，共同保护关键信息基础设施安全。公安部出台的《贯彻落实网络安全等级保护制度和关键信息基础设施安全保护制度的指导意见》也明确关键信息基础设施安全保护工作需职能分工，坚持分等级保护、突出重点。根据网络（包含网络设施、信息系统、数据资源等）在国家安全、经济建设、社会生活中的重要程度，以及其遭到破坏后的危害程度等因素，科学确定网络的安全保护等级，实施分等级保护、分等级监管，重点保障关键信息基础设施和第三级（含第三级）以上网络的安全。《数据安全法》第6条第1款也规定："各地区、各部门对本地区、本部门工作中收集和产生的数据及数据安全负责。"

2. 分层监管

所谓分层监管，是指采取分级合规，综合利用评估、测评、认证及行业推荐性标准等多层次监管手段，从而充分发挥有限监管资源优势，增强监管措施的引导性。

《数据安全法》第21条明确规定："国家建立数据分类分级保护制度，根据数据在经济社会发展中的重要程度，以及一旦遭到篡改、破坏、泄露或者非法获取、非法利用，对国家安全、公共利益或者个人、组织合法权益造成的危害程度，对数据实行分类分级保护。国家数据安全工作协调机制统筹协调有关部门制定重要数据目录，加强对重要数据的保护。关系国家安全、国民经济命脉、重要民生、重大公共利益等数据属于国家核心数据，实行更加严格的管理制度。各地区、各部门应当按照数据分类分级保护制度，确定本地区、本部门以及相关行业、

① 熊雪晨等：《我国医疗机构监管的现况、问题和解决建议》，载《中国医院管理》2019年第11期。

领域的重要数据具体目录,对列入目录的数据进行重点保护。”

3. 全生命周期综合监管

生命周期原指生命体的生老病死过程,后来逐步泛化,在政治、社会、经济等领域均有所使用。数据同样具有生命周期属性,从中择取重要环节实行监管操作是有效审查的前提。无形数据进入分享、交易等流通环节之后,即体现出与有形生物类似的生命周期特征。传统的数据生命周期通常可以划分为收集、存储、处理、传输、交换、销毁六个阶段。①

所谓全生命周期综合监管,是指对传统的数据生命周期实行综合监管,通过梳理出的关键时机实施监管措施细节,达到全方位、高效能、细粒度的监管目的。

数据收集作为生命周期的“源头”,是数据生成与持续更新的最重要保障,包括提取、导入、导出、迁移等实际操作。《网络安全法》第 41 条明确要求网络运营者收集个人信息时明示使用目的、方式与范围,并必须征得被收集者同意。

数据存储和处理通常是在企业组织内部完成,具体涉及网络运营者和数据收集者、处理者的应尽义务,涵盖整合、更新、编辑、脱敏、清洗、转换、转型、引用、汇总、挖掘、报告、检索等诸多操作。

数据的传输和交换分别指组织内部以及与外部的流通过程,涉及发布、共享、接口等方面的安全措施,必要时可针对关键信息采用加密方式。《网络安全法》第 42 条中将“经过处理无法识别特定个人且不能复原的”作为禁止向他人提供个人信息的例外,采集得到的未加工或粗加工的原始数据很难直接跨境流动,一般均为脱敏之后的数据结果或数据产品。

数据的销毁是数据生命周期的最后一环,对数据安全的影响也不可小觑。主流的数据销毁技术包括数据删除、数据清除、物理销毁三种。其中,数据删除的常规方法主要有删除和格式化,但实际上两者都是可通过技术手段再次恢复数据的,故而安全系数不高。数据清除和物理销毁则可以更大限度保护重要数据的安全性。②

① 罗文华:《基于生命周期的数据跨境流动程序性与实质性监管》,载《中国政法大学学报》2021 年第 5 期。

② 王建锋:《数据销毁:数据安全领域的重要分支》,载《计算机安全》2006 年第 6 期。

二、数据安全及个人信息保护的执法现状

(一)我国数据安全重点执法领域

1. 中央层面

2019 年《中央网信办、工业和信息化部、公安部、市场监管总局关于开展 App 违法违规收集使用个人信息专项治理的公告》显示，近年来，移动互联网应用程序(App)得到广泛应用，在促进经济社会发展、服务民生等方面发挥了不可替代的作用。同时，App 强制授权、过度索权、超范围收集个人信息的现象大量存在，违法违规使用个人信息的问题十分突出，广大网民对此反应强烈。落实《网络安全法》《消费者权益保护法》的要求，为保障个人信息安全，维护广大网民合法权益，中共中央网络安全和信息化委员会办公室、工业和信息化部、公安部、市场监督管理总局决定，自 2019 年 1 月至 12 月，在全国范围组织开展 App 违法违规收集使用个人信息专项治理。专项治理内容主要集中在以下方面：第一，App 运营者收集使用个人信息时要严格履行《网络安全法》规定的责任义务，对获取的个人信息安全负责，采取有效措施加强个人信息保护。第二，全国信息安全标准化技术委员会、中国消费者协会、中国互联网协会、中国网络空间安全协会，应当根据法律法规和国家标准编制相应专项治理评估要点，组织专业机构对 App 隐私政策、个人信息收集等相关内容进行评估。第三，加大对违规违法收集使用个人信息行为的监管和处罚力度。第四，公安机关开展打击整治网络侵犯公民个人信息违法犯罪专项工作，依法严厉打击针对和利用个人信息的违法犯罪行为。第五，开展 App 个人信息安全认证，鼓励 App 运营者自愿通过 App 个人信息安全认证，鼓励搜索引擎、应用商店等明确标识并优先推荐通过认证的 App。2019 年 4 月，国家市场监督管理总局办公厅印发通知，决定于 2019 年 4 月 1 日至 9 月 30 日，在全国范围内部署开展“守护消费”暨打击侵害消费者个人信息违法行为专项执法行动，重点打击侵害消费者个人信息违法行为，营造安全放心消费环境。

2020 年公安部“净网 2020”专项行动全面开展，严打涉疫情“网络水军”及侵害公民个人信息违法犯罪。为配合新冠肺炎疫情防控工作，全国公安机关网安部门依法严厉打击网上侵害公民个人信息犯罪活动。此外，全国公安机关网安部门开展专项情报会战，发现并向刑侦等部门推送大批违法犯罪线索。全国

公安机关网安部门配合有关部门抓获利用疫情实施网络诈骗嫌疑人，网上制售假冒伪劣口罩、防护服等嫌疑人，网上非法贩卖珍贵野生动物嫌疑人等。

2021年《中央网信办、工业和信息化部、公安部、市场监管总局关于开展摄像头偷窥等黑产集中治理的公告》显示，近年来，不法分子利用黑客技术破解并控制家用及公共场所摄像头，将智能手机、运动手环等改装成偷拍设备，出售破解软件，传授偷拍技术，供客户"偷窥"隐私画面并借此牟利，已形成黑产链条，严重侵害公民个人隐私，人民群众对此反映强烈。本次专项治理内容主要集中在以下几个方面：第一，互联网平台应当严格履行信息发布审核的主体责任，全面清理平台上发布的涉摄像头破解教学、漏洞风险利用、破解工具售卖，偷拍设备改装等摄像头偷窥黑产的相关违法有害信息。第二，摄像头生产企业要严格按照数据安全、信息安全等有关规定和标准提升产品安全能力等。第三，电商平台要严格履行主体责任，全面开展排查，对平台上的假冒伪劣摄像头做清理、下架处理。第四，公安机关依法打击提供摄像头破解软件工具、对摄像头设备实施攻击控制、获取买卖公民隐私视频等违法犯罪活动，严惩违法犯罪分子。第五，网信、工信、公安、市场监管等部门加强监管和执法，对于不落实主体责任的社交软件、网站、论坛、视频监控云平台、电商平台等互联网平台和企业，依法依规严厉进行处罚。

2021年，全国网信系统进一步加大执法力度，依法查处各类违法违规案件，取得显著成效。据统计，全国网信系统全年共依法约谈网站平台5654家，警告4445家，罚款处罚401家，暂停功能或更新3008家，下架移动应用程序1007款，会同电信主管部门取消网站许可或备案、关闭违法网站17,456家，移送相关案件线索4728件。国家互联网信息办公室专项治理内容主要体现在以下几方面：第一，依法严处网上各类违法违规行为，维护清朗网络空间。在国家互联网信息办公室的统一领导下，各级网信部门结合开展"清朗·商业网站平台和'自媒体'违规采编发布财经类信息专项整治""清朗·'饭圈'乱象整治""清朗·互联网用户账号运营乱象专项整治行动""清朗·打击流量造假、黑公关、网络水军"等"清朗"系列专项行动。第二，重点查处严重违法违规平台，形成有效震慑。国家互联网信息办公室指导各级网信部门，综合运用执法约谈、责令整改、处置账号、移动应用程序下架、暂停功能或更新、关闭网站、罚款、处理责任人、通报等多种处置处罚手段，对严重违反有关互联网信息内容管理法律法规的网站平台，依法予以严处。第三，积极开展数据安全、个人信息保护等领域执法，切实保障人民群众合法权益。综合指导各级网信部门，根据《数据安全法》《个人保护法》的规定，依法开展数据安全、个人信息保护等领域执法。

2022 年，工业和信息化部直属科研事业单位中国信息通信研究院正式启动"数据安全合规治理（DSCG）专项行动"。该行动以企业数据安全合规体系建设为目标，运用科学的方法和手段，帮助企业系统地分析内部机构人员、制度保障、数据资产管理、数据安全防护能力等各维度存在的合规性问题，并指导企业进行数据安全组织、管理、技术三大方面的合规性建设，建立健全企业数据安全组织体系和管理制度，提出安全技术措施实施方案，并为完成治理的企业颁发数据安全合规治理（DSCG）证书。

2. 地方层面

2019 年 4 月，四川省市场监督管理局接国家市场监督管理总局《关于开展"守护消费"暨打击侵害消费者个人信息违法行为专项执法行动的通知》，开展"守护消费"暨打击侵害消费者个人信息违法行为专项行动，重点打击违规违法收集个人信息、泄露个人信息等侵害消费者个人信息的违法行为。2019 年 8 月，江苏省市场监督管理局根据市场监督管理总局等八部委联合部署开展 2019 网络市场监管专项行动（"网剑"行动）的要求，联合省互联网信息办公室、省发展和改革委员会、省工业和信息化厅、省公安厅等部门，在全省范围内开展 2019"网剑"行动，突出 6 项重点任务：(1)严格规范电子商务经营者主体准入；(2)严厉打击网上销售假冒伪劣产品；(3)严厉打击不正当竞争行为；(4)深入开展互联网广告整治；(5)严厉打击侵犯消费者权益和公民个人信息行为；(6)依法打击其他各类网络交易违法行为。

2020 年 4 月，浙江省全省启动"亮剑 2020"综合执法行动，对个人信息非法买卖从重处罚。本次执法行动重点查处侵害消费者个人信息、虚假宣传、违法广告、价格欺诈等各类侵害消费者权益的违法行为，严厉打击重点领域侵害消费者权益的违法行为，保护消费者合法权益和人身财产安全。2020 年 8 月，浙江金华市市场监督管理局开发区分局三江市场监督管理所开展"亮剑 2020"暨打击侵害消费者个人信息违法行为专项行动，聚焦家装、建材、房产销售、课外培训等侵害消费者个人信息违法行为多发高发、人民群众反映较为强烈的领域进行重点检查，重点查处以下违法行为：(1)未经消费者同意，收集、使用消费者个人信息的违法行为；(2)泄露、出售或者非法向他人提供所收集的消费者个人信息的违法行为；(3)未经消费者同意或者消费者明确表示拒绝的，向其发送商业性信息的违法行为。

2021年8月，湖北网信执法重拳出击，开展“清朗·暑期未成年人网络环境整治”“‘饭圈’乱象治理”等专项行动，加大《未成年人网络保护条例》普法宣传力度。2021年10月，河北省沧州市委互联网信息办公室深入开展网站清理整治工作，通过制定违法违规网站核查处置的实施办法和工作指南，夯实网络执法管理机制，督促全市各地网信部门积极落实属地管理责任，注重严查和严防并重，全面清理、查处僵尸网站、低俗色情、网络赌博等有害信息的网站。2021年11月，海南省互联网信息办公室针对人民群众反映强烈的App非法获取、超范围收集、过度索取权限等侵害公民个人信息的违法违规现象，依据《网络安全法》《App违法违规收集使用个人信息行为认定方法》《常见类型移动互联网应用程序必要个人信息范围规定》等法律和规定，组织对省内用户量大、与民生密切相关的App收集使用个人信息情况进行技术检测，并根据检测结果通报整改存在违法违规收集使用个人信息的App运营主体。2021年12月，浙江省App违法违规收集使用个人信息专项治理工作组组织对实用工具类、网络社区类、网上购物类等常见类型且公众大量使用的部分App的个人信息收集使用情况进行检测，并对存在问题的App进行点对点通报，责令违规App限期整改。

2022年1月，辽宁省委互联网信息办公室组织开展为期1个月的“清朗·2022年春节网络环境整治”专项行动，专项整治工作主要围绕五个方面：(1)集中整治网络暴力、散布谣言等问题；(2)持续开展整治，严防“饭圈”乱象反弹反复；(3)加大炫富拜金、封建迷信等治理力度；(4)从严整治“网红儿童”“软色情”等问题；(5)加强重点页面版面生态问题治理。2022年1月，安徽网信系统持续清理整治互联网违法和不良信息，不断加大网上各类违法违规网站账号处罚力度，会同省通信管理局依法查处73家违法违规网站，协调有关平台依照用户服务协议关闭或禁言违法违规账号436个，清理各类违法和有害信息1822条。2022年2月，江苏省连云港市委互联网信息办公室抓好平台建设，提升技术管网治网效能，主要发力点在建立基础资产数据库、整合行业监管资源、打造应急处置矩阵。

(二)我国企业数据应用违规主要分布场景

通常来说，影响企业数据安全和个人信息保护的成因很多，主要的外部攻击和内部数据违规应用都会给数据安全和个人信息造成风险。本节将结合我国近年来中央和各地方开展的企业数据安全和个人信息保护专项治理、《2020 年中国互联网网络安全报告》、互联网平台企业向社会公开《依法合规经营承诺》等内容和数据，分析我国企业内部数据处理者在数据的收集、存储、传输、使用、共享、销毁等全生命周期过程中的主要违规分布场景。

1. App 违法违规收集个人信息

2020 年，国内主流应用商店可下载的在架活跃 App 达到 267 万款，根据国家计算机网络应急技术处理协调中心（CNCERT/CC）全年累计监测发现：未脱敏展示公民个人信息事件 107 起，个人信息非法售卖事件 203 起，累计监测并通报联网信息系统数据库安全事件 3000 余起。

2. 恶意程序

2020 年，CNCERT/CC 发布的《2020 年中国互联网网络安全报告》显示，全年捕获恶意程序样本数量超过 4200 万个，其中流氓行为类占比近 50%，见图 2-1，日均传播次数为 482 万余次，境外来源主要是美国、印度等，境内来源主要是河南省、广东省、浙江省等。通过自主捕获和厂商交换新增获得移动互联网恶意程序数量约为 303 万个，同比增长 8.5%，其中信息窃取类、资费消耗类、流氓行为类，位居前三。

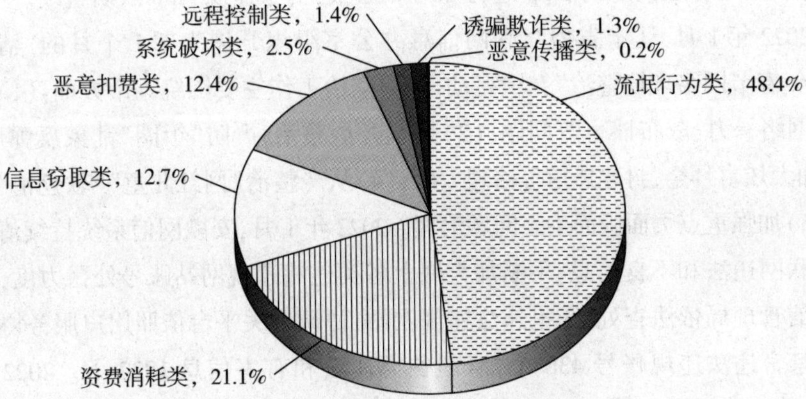

图 2-1　2020 年移动互联网恶意程序数量占比按行为属性统计

2020 年累计协调国内 569 家提供移动应用程序下载服务的平台下架恶意 App 2333 个，自 2014 年保持逐年下降趋势，见图 2-2。

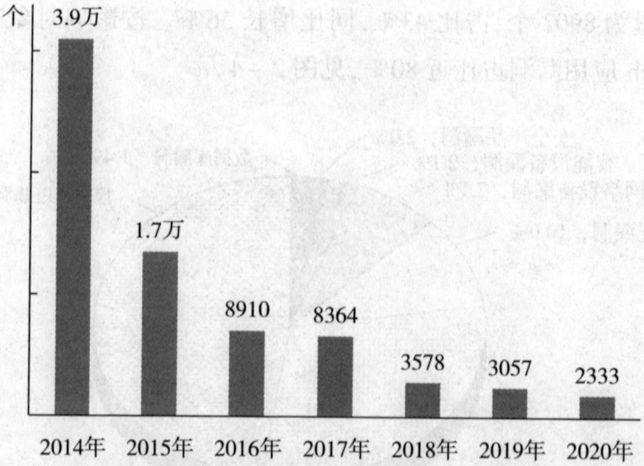

图 2－2　2014—2020 年恶意 App 下架数量

2020 年捕获的联网智能设备恶意程序样本数量约 341 万个,同比上升 5.2%,根据抽样监测发现境内联网智能设备被控端 2929.7 万个,感染的恶意程序家族主要为 Mirai/Gafgyt/Pinkbot 等,其中以 P2P 传播模式控制的感染端 2299.7 万个。

3. 安全漏洞

2020 年,CNCERT/CC 发布的《2020 年中国互联网网络安全报告》显示,国家信息安全漏洞共享平台(CNVD)收录安全漏洞数量共计 20,704 个,继续呈现上升趋势,见图 2－3。其中,高危漏洞数量为 7420 个,占比 35.8%,同比增长 52.1%,

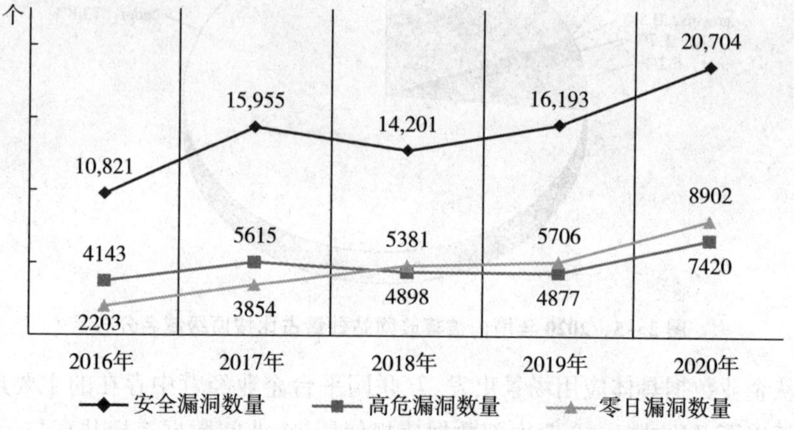

图 2－3　2016—2020 年 CNVD 收录的安全漏洞数量对比

零日漏洞数量为8902个，占比43%，同比增长56%。按影响对象来分，应用程序漏洞和Web应用漏洞占比近80%，见图2－4。

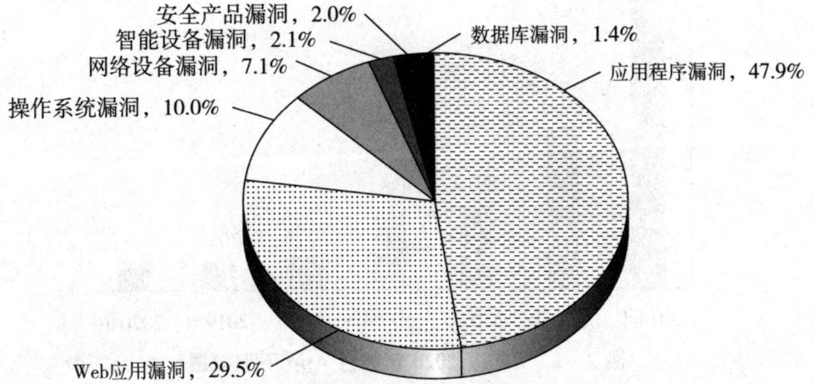

图2－4　2020年CNVD收录的安全漏洞数量占比按影响对象分类统计

4.网站安全

2020年，CNCERT/CC通过监测发现约20万个针对我国境内网站的仿冒页面，同比增长约1.4倍，大部分为关于"ETC在线认证"网站、网上行政审批等利用社会热点的仿冒网页，从域名来看，除.com以外，域名为.net的较多，见图2－5。我国境内被篡改的网站约10万个，同比减少45.9%。

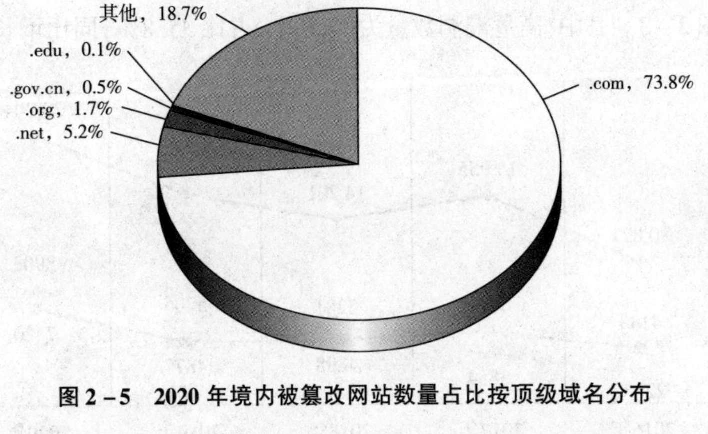

图2－5　2020年境内被篡改网站数量占比按顶级域名分布

从企业数据具体应用场景出发，互联网平台企业经营中存在的主要违规情况包括以下几个方面：企业内部数据违规使用、企业间数据违规共享与计算、用户隐私数据泄露。根据《网络数据安全管理条例》《个人信息保护法》的规定，结合2021年市场监督管理总局会同中共中央网络安全和信息化委员会办公室、税务总局召开的互联网平台企业行政指导会的整改要求，以下几个方面属于企业数据应用违规“重灾区”：

(1)平台规则

《网络数据安全管理条例》第43条提出了平台规则征求意见的要求，规定互联网平台规则、隐私政策制定或者对用户权益产生重大影响的修订，应当以公开方式征求意见，征求时长不得少于30个工作日。但是，实践中，平台与用户签订服务协议时往往处于不平等的地位，平台全权制定的规则可能导致权利滥用，甚至侵害用户基本权益，尤其是在数据收集使用授权方面。

(2)个人信息

工业和信息化部多次发布的通告显示，在互联网用户个人信息保护监管领域，即使是头部的知名企业也存在“未经用户同意收集个人信息和误导用户同意收集使用个人信息”“未明确告知用户收集、使用信息的目的、方式和范围”等情况。大部分的企业具备技术和能力实现个人信息保护，但是，因为用户个人信息通常是大数据和云计算的基础资源，企业为了商业竞争，违法违规收集使用个人信息，增加了个人信息泄露、犯罪发生的风险。

(3)算法合规

《网络数据安全管理条例》第43条要求平台运营者应当建立与数据处理相关的算法策略披露制度，及时披露制定程序和裁决程序。但是，算法披露和商业秘密之间的合规义务和商业价值难以平衡，企业在涉及算法披露问题上，其披露的内容和方式不能完全满足公众的需求，算法不合理应用带来的“信息茧房”“算法歧视”等问题难以解决。

(4)公平竞争

欧盟委员会指出，高度集中的多边平台通常由一个或极少数大型数字平台相当自主地设定商业条件。这在某种程度上，提高了数字市场的准入门槛，限制了消费者的自主选择权，排斥正当竞争，造成垄断和资本的无须扩张。根据2021年市场监督管理总局会同中共中央网络安全和信息化委员会办公室、税务总局召开的互联网平台企业行政指导会的整改要求，目前，平台经济领域确实存在强迫实施“二选一”等突出问题。

三、数据安全及个人信息保护执法典型案例

(一)非法侵入计算机系统执法案例

1. 网络安全从业者非法入侵计算机系统

2019年5月,广州警方破获一起非法实施网络攻击、侵犯公民个人信息的网络违法犯罪案件。犯罪嫌疑人涉嫌多种网络黑客犯罪行为,包括提供用以非法侵入、控制他人计算机信息系统程序、工具,非法侵入他人计算机信息系统,非法获取计算机信息系统的数据和非法交易个人信息等。据悉,该案主要犯罪嫌疑人为某安全公司从业者,网络攻防技术较强,利用工作上的便利资源从事网络黑产犯罪活动。该案涉案金额达200万元,非法获取公民信息上千万条。

【案例评析】网络安全从业者不仅拥有专业技术,还掌握所支撑服务行业和单位的大量网络、系统和数据的基础信息,一旦踏入网络黑产行业,势必给网络安全带来严重风险。因此,对网络安全从业岗位人员的培训不容忽视,从业者所在单位和被服务的单位应当加强对员工的法制教育引导。

2. 停车场计算机信息系统遭破坏

2018年,广州市某停车场管理员报案称其收费室电脑在夜间会“自动操作”,在无人使用的情况下“自己删除”相关停车收费数据。经取证分析,警方发现该信息系统被恶意装入“远程控制软件”,使得犯罪分子可远程控制收费室电脑,对停车收费资金数据进行删改等操作。

经深入侦查,发现此案为该停车场物业管理公司财务经理、收费室管理员以及收费系统运维公司经理互相勾结共同作案。上述3人利用职务之便,在停车场智能收费电脑以及个人手机安装了远程控制软件,盗取物业公司资产。据统计,该犯罪团伙共计侵吞停车费约30万元。

【案例评析】网络为办公提供极大便利的同时,也滋生了新的犯罪渠道。本案中公司对网络安全监管不到位,加之企业内部员工对业务流程、管理漏洞熟悉,更易实施犯罪行为。因此要建立健全日常工作业务相关信息系统的管理制度,落实对业务系统操作行为的监督管理。

(二)非法获取个人信息执法案例

1. 超范围采集个人信息

2019年5月,警方工作中发现北京淘金者科技有限公司旗下一款产品牛股王App,存在超范围采集用户个人信息及手机权限的情况。经现场检查,牛股王App在获取读取手机状态和身份、发现已知账户、拦截外拨电话、开机时自动启动四项权限中存在超范围采集用户个人信息的情况。对此,朝阳警方依据《网络安全法》第41条、第64条,对该公司给予行政警告处罚。

【案例评析】本案为北京市公安局网安部门首次适用《网络安全法》对涉嫌超范围采集用户个人信息的公司开展行政执法,对企业平台收集使用个人信息的适度性、必要性起到警示作用。

2. 违规收集个人信息

2019年5月9日,广东省佛山市南海区市场监督管理局接到群众举报,反映佛山市某设计制作有限公司未经消费者同意,收集、使用消费者个人信息。经查,该公司未经业主同意,擅自收集多个楼盘的业主信息499条,采取添加业主微信的方式向其推销装饰装修业务。佛山市南海区市场监督管理局依据《消费者权益保护法》的相关规定,对该公司予以行政处罚。

【案例评析】消费者的个人信息受《消费者权益保护法》保护,违规违法收集消费者的个人信息虽然未用于犯罪活动,仍然构成侵权,提示企业杜绝未经消费者同意擅自收集其个人信息的行为。

3. 泄露个人信息

2019年7月12日,美国联邦贸易委员会(FTC)与Facebook就2018年剑桥分析公司丑闻达成约50亿美元的和解协议。该罚款金额是FTC对科技公司规定的最高罚款金额。据悉,FTC以3－2的投票批准这项和解协议,结束调查。这份和解协议的通过,可能意味着结束其针对Facebook不当处理用户个人信息的广泛调查。

据报道,FTC针对Facebook的调查始于2018年3月,彼时,Facebook被曝超过8700万用户资料在未获得用户授权的情况下遭第三方数据分析公司非法收集用于大数据分析,从而精准对用户推送广告甚至假新闻,成为Facebook史上最大规模的一次数据泄密事件。

【案例评析】网络大数据的发展已势不可挡,对全球的大数据巨头公司的数据保护和监管迫在眉睫，先行立法在此过程中异常重要。另外，必须强调保护个人信息隐私并非绝对禁止数据的收集和使用，而要平衡数据保护和数据利用之间的关系，对个人而言，也要理智看待数据隐私。任何发展中的事物都有相对性，数据隐私也不例外，个人隐私不是绝对的，个人信息的保护也是相对的。

4. 非法买卖个人信息

2021 年 5 月至 7 月，违法行为人刘某、张某某分别利用其办理手机通信业务的便利，在客户不知情、未许可的情况下，将客户手机号及验证码发到非法微信群中供他人注册账号，从中非法获利。截至案发时，违法行为人刘某、张某某分别通过微信群向他人非法出售用户个人信息 80 余条、60 余条，获利 662 元、627 元。济南市公安局钢城区分局对两名违法行为人作出没收违法所得并处 1000 元罚款的处罚决定。

【案例评析】公民个人信息在工作生活中易受到不法分子的侵害，犯罪分子一旦将个人信息利用到违法犯罪活动中，追查难度大、程序复杂，因此公民应当加强风险防范意识。同时公民个人信息受法律保护，任何单位、组织或个人违反国家有关规定，非法买卖、向他人提供或违规披露公民个人信息的，都将受到法律的追究。

5. App 隐私合规治理

2019 年 9 月 4 日，工业和信息化部官网显示，针对媒体公开报道和用户曝光的“ZAO” App 用户隐私协议不规范，存在数据泄露风险等网络数据安全问题，工业和信息化部网络安全管理局已于 9 月 3 日对北京陌陌科技有限公司相关负责人进行了问询约谈，要求其严格按照国家法律法规以及相关主管部门要求，组织开展自查整改，依法依规收集使用用户个人信息，规范协议条款，强化网络数据和用户个人信息安全保护。同时，要进一步加强新技术新业务安全评估，切实采取有效措施，积极防范自有业务平台被利用实施电信网络诈骗等风险隐患。

【案例评析】App 侵害用户隐私权的典型表现主要分为以下几种：一是未在隐私政策等公示文本中逐一列明 App 所集成第三方 SDK 收集使用个人信息的目的、方式和范围；二是未经过用户阅读并同意隐私政策，提前申请获取终端权限；三是 App 在用户未使用相关功能或服务时，提前申请开通通讯录、定位、短信、录音等权限；四是未提供有效的注销账号功能，且在隐私政策和相关界面上没有注销指引。结合《个人信息保护法》的相关规定,在原先的隐私权保护要求上,个人信息处理从"同意"进一步规范为"知情+同意",体现了我国对个人信息隐私保护趋于严格。

(三)企业不履行数据合规义务执法案例

1.不履行网络安全保护义务

2020年10月,桂林市公安局网安支队在工作中发现,桂林市阳朔县某旅游有限责任公司因未采取防范计算机病毒和网络攻击、侵入的技术措施,导致黑客利用网站漏洞植入涉赌违法有害信息,在社会上造成不良影响。

经查,该公司网站ICP备案到期后未注销,同时一直未到公安机关备案,未落实网络安全负责人,未落实网络安全监测职责、联网备案制度和网络安全等级保护制度,致使网站内容被黑客篡改成涉及赌博的违法有害信息。

根据调查结果,阳朔县公安局网安大队依据《网络安全法》第21条、第59条之规定,对桂林市阳朔县某旅游有限责任公司予以警告处罚,并责令限期整改。

【案例评析】企业作为自己网络安全的第一责任人,应当履行网络安全保护义务。网络运营者提供的产品、服务具有公共属性,其安全状态关系着整个社会的安全和稳定,一旦遭到侵害就会威胁到社会公共安全。因此,《网络安全法》中明确了网络运营者的网络运行安全义务、网络产品和服务安全义务等,企业应当自觉遵守。

2.未落实实名登记信息

2019年6月,警方工作中发现北京奇客创想科技股份有限公司旗下的7k7k应用分发平台为用户提供信息发布、与用户签订协议或者提供服务时,未要求用户提供真实身份信息。针对此情况,海淀警方对该平台开展现场安全检查,立即约谈该公司主要负责人,发现该平台有130款App开发者信息不完整,违反了《网络安全法》第24条之规定。海淀警方依据《网络安全法》第61条给予该公司责令限期整改的行政处罚。

【案例评析】根据《网络安全法》的规定,网络运营者必须履行的核心义务之一就是实名制。本案中,企业未落实实名制义务,在无形中会为违法犯罪活动提供土壤,降低违法成本。国家互联网信息办公室出台的一系列针对互联网服务的规范性文件中都明确了实名制管理的原则,即前台自愿,后台实名,充分考虑了实名管理和个人隐私的平衡。因此,企业应当遵守《网络安全法》的规定,履行实名制义务。

3. 未落实信息审核制度

2019 年 3 月，警方工作中发现“互动百科”网存在网络招嫖类违法信息，公司审核措施落实不到位，违反了《网络安全法》第 47 条之规定。经调查，该公司曾于 2018 年 8 月 30 日因相同原因被海淀警方给予过责令限期改正的处罚，逾期未改。海淀警方依据《网络安全法》第 68 条之规定对该公司罚款 10 万元。

【案例评析】网络信息的传播速度快、范围广，网络产品和服务不能损害公民合法权益、存在公共安全缺陷，更不能危及国家安全，这是对网络产品和服务的基本要求。为了应对复杂、多样的网络安全问题，企业必须严格遵守《网络安全法》中的规定，履行信息审查义务，对法律、行政法规禁止发布或传输的信息停止传输，采取消除等处置措施。

4. 未落实互联网安全技术措施

2020 年 11 月 6 日，公安机关网安部门工作发现，某单位信息系统遭受勒索病毒感染，已感染病毒的系统内存储的数据被加密锁定，无法正常读取，造成危害网络安全的后果。

经查，造成系统遭受感染的原因是：一是该系统运维单位技术部员工为方便操作，私自开启了部分高危端口，开启的端口未采取任何网络安全保护技术措施；二是该系统直接与互联网互通，数据库、服务器直接暴露于互联网，且未采取有效的网络安全技术防护措施。

根据《网络安全法》有关规定给予该单位罚款 3 万元的处罚，给予技术部负责员工罚款 5000 元的处罚。

【案例评析】本案中技术企业技术人员为了“省事”私自开放高危端口且未采取任何网络安全技术措施，导致企业信息系统遭受破坏，造成危害网络安全的后果。企业的信息系统的规模无论大小，技术人员和运营人员都应当按照《网络安全法》等相关法律法规的要求，开展网络安全工作，履行网络安全保护义务，避免信息系统遭到破外，引发数据安全问题。

5. 违反计算机信息系统安全等级保护制度

广州警方在日常工作中发现，广东亿 × 电子商务有限公司某信息系统于 2015 年 7 月上线运行，并于 2016 年 2 月 6 日完成了等保备案（二级），但其后一直没有依法开展等级测评。为此，相关办案人员前往该公司开展调查。经查，该公司对相关的法律、法规制度不了解，误认为做完等级保护备案就完成了等保工作，因此，在备案后未进一步开展信息安全等级保护测评。随后，广州警方依法给予该公司警告处罚，并责令限期改正。

【案例评析】本案反映出部分企业在落实信息安全等级保护的过程中存在认知错误，误认为取得了公安机关提供的备案证，就等于具备了等级保护级别，在实际运行过程中，未真实启动测评流程，没有实质落实安全防护技术措施和管理制度。也有部分企业将“备案证”当作是“资质”，为参与招标活动增加筹码，对于法律要求的各项网络安全保护措施和制度故意不执行。因此，企业要加强网络安全保护意识，明确等级保护的目的，切实履行《网络安全法》等法律、法规要求，将各项安全保护技术措施和安全管理制度落到实处。

6. 未按规定留存网络日志

广东 × 教育科技有限公司 IP 疑似频繁主动发起网络攻击。经查，使用该 IP 的相关系统未启用杀毒软件和防火墙，导致服务器被黑客控制后发起网络攻击，网络安全系统日志留存时间不足 6 个月。依照《互联网安全保护技术措施规定》相关规定，警方对该公司处以警告，并责令限期改正。

【案例评析】本案中涉事企业“重应用、轻安全”，自认为业务量小，租用的带宽不大，网络安全设施能免则免，且不落实法律、法规要求的安全防护和日志留存措施。这个案件提示我们网络安全无小事，企业应当以数据安全和个人信息安全为基础，开展技术创新和数据应用。

第三章　数据安全及个人隐私保护的司法实践

一、数据类民事纠纷及刑事犯罪增加

从公开可检索到的相关数据来看，自2017年至今，数据和信息类的违法犯罪比率逐年激增，同时也反映出刑事处罚的力度在不断加大。以“侵犯公民个人信息”和“帮助信息网络犯罪活动”为例，综合年度数据和地域数据，2017年至2022年，呈现出如下分布情况：

（一）侵犯公民个人信息的民事纠纷及刑事处罚

自2019年后，侵犯公民个人信息纠纷数量逐年递增，且主要集中于江浙沪等经济发达的城市，根据公开检索，如北京地区相关民事案件24件，陕西省相关民事案件15件，青海省相关民事案件12件，山东省相关民事案件11件，湖南省相关民事案件10件。这也从一定程度上反映了侵犯公民个人信息的情况成为当今数字经济时代发展的普遍衍生现象，随着《个人信息保护法》和《数据安全法》的相继出台，未来此类纠纷可能还会呈现不断增长的趋势。

就刑事犯罪来说，侵犯公民个人信息罪案件高发地区主要为江苏、浙江、河南、广东、福建等地。总体来看，侵犯公民个人信息罪主要案发于江浙沪等东南沿海发达省份和河南省等人口大省，2017年至2020年，对此类犯罪的裁判数量呈现增长态势，2021年的裁判案件数虽有所回落，但是仍然保持较高数量。以上数据表明大数据时代侵犯公民个人信息的行为仍然十分猖獗，但是和2021年裁判数量的回落也从另一个角度表明整个社会的个人信息保护意识正在树立（见图2－6）。

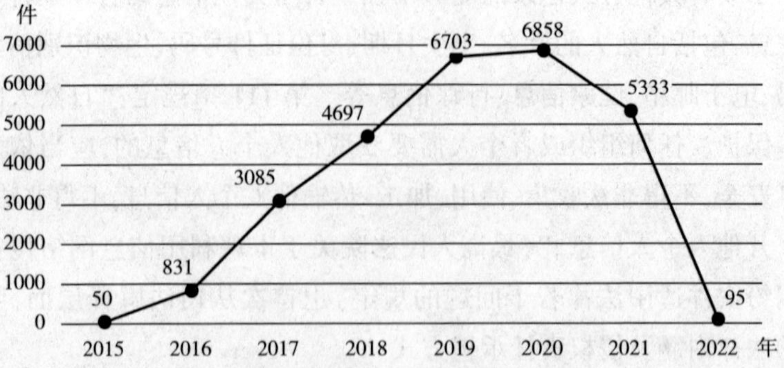

图 2-6　侵犯公民个人信息罪案件裁判年份

(二)帮助信息网络犯罪活动罪的刑事处罚

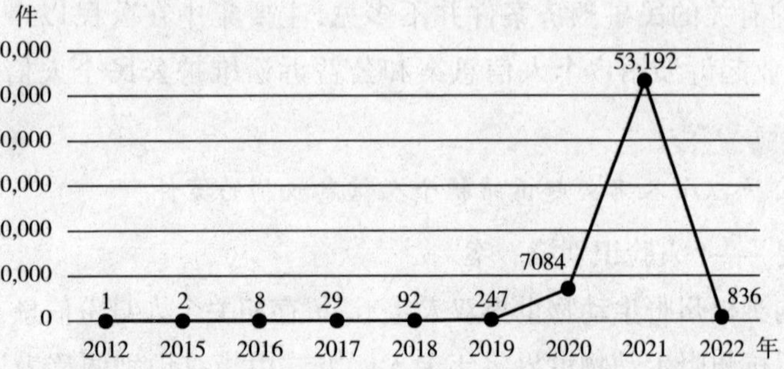

图 2-7　帮助信息网络犯罪活动罪案件裁判年份

从总体来看,帮助信息网络犯罪活动罪主要案发于河南、湖南、福建等省份,其中河南省该类案件最高,已近万起。且 2019 年之后,此种犯罪数量呈爆发式增长态势。从地域来看,经济越发达的地区,此种罪名的发生率越高;从时间来看,随着信息技术和数字经济的发展,利用信息网络的手段进行的犯罪成为高发现象,与之伴随的为他人利用信息网络犯罪提供技术支持、广告推广等帮助的行为也层出不穷。

二、个人信息保护的民事纠纷典型案例

当前关于数据安全保护的民事纠纷大多集中在个人信息保护方面。2013 年修正的《消费者权益保护法》第 14 条首次明确了消费者享有个人信息受保护的权利。2020 年出台的《民法典》第 1034 条对个人信息进行了界定,即个人信

息是以电子或者其他方式记录的能够单独或者与其他信息结合识别特定自然人的各种信息，包括自然人的姓名、出生日期、身份证件号码、生物识别信息、住址、电话号码、电子邮箱、健康信息、行踪信息等。第111条规定："自然人的个人信息受法律保护。任何组织或者个人需要获取他人个人信息的，应当依法取得并确保信息安全，不得非法收集、使用、加工、传输他人个人信息，不得非法买卖、提供或者公开他人个人信息。"《最高人民法院关于审理利用信息网络侵害人身权益民事纠纷案件适用法律若干问题的规定》也首次从司法解释层面，明确了个人信息的法律内涵及侵权责任承担方式。

理论上，个人信息保护涉及的主要问题除了个人信息的界定，还包括对个人信息的收集①、处理、存储、分享、转让、删除及账户注销等。

尽管法律层面上的权利基础和救济路径已经早有规定，但是目前关于个人信息保护有关的民事救济案件并不多见，主要集中在公民以个人名义起诉维权案、企业起诉涉用户个人信息案和公益诉讼维护公民个人信息权利案这三类。

（一）公民以个人名义起诉维护个人信息权利的案件

1. 概要——"人脸识别第一案"

郭某购买杭州野生动物世界双人年卡，留存相关个人身份信息，并录入指纹和拍照。后杭州野生动物世界将年卡入园方式由指纹识别调整为人脸识别，并要求郭某进行人脸激活，双方协商未果，遂引发纠纷。杭州市富阳区人民法院一审判决：杭州野生动物世界赔偿郭某合同利益损失及交通费；删除郭某办理年卡时提交的包括照片在内的面部特征信息。杭州市中级人民法院认为，鉴于其指纹识别闸机停止使用，原约定入园方式无法实现，亦应删除郭某的指纹识别信息。二审在原判决的基础上增判杭州野生动物世界删除郭某的指纹识别信息。②

---

① 如《网络安全法》第41条规定，网络运营者收集、使用个人信息，应当遵循合法、正当、必要的原则。合法、正当原则具体指：(1)不得欺诈、诱骗、强迫个人信息主体提供其个人信息；(2)不得隐瞒产品或服务所具有的收集个人信息的功能；(3)不得从非法渠道获取个人信息；(4)不得收集法律法规明令禁止收集的个人信息。

② 人民法院报发布2021年度人民法院十大案件之五：郭某与杭州野生动物世界服务合同纠纷上诉案——人脸识别纠纷第一案，浙江省杭州市中级人民法院二审民事案件。

2. 人脸识别的法律风险和合规要求

(1)敏感个人信息的收集

人脸识别中所采集的个人信息是一种个人生物识别信息,属于《信息安全技术个人信息安全规范(征求意见稿)》中定义的个人敏感信息。① 因此,网络运营者使用人脸识别技术,需要遵从《民法典》中敏感个人信息的处理规则,遵守用户同意、数据合规使用、透明性、数据安全保护措施、隐私设计、准确性和用户权利、问责制度等原则。

(2)识别错误和盗刷的法律责任

人脸识别固然以生物特征作为判断要素,但仍然存在被盗刷的可能。据报道,国内某支付平台的人脸识别系统存在重大漏洞,黑产人员只要在黑市上买到公民的身份证照片、持证照、手机号码、银行卡号等信息,就可以通过修改账户密码和换绑手机账号的权限,刷走账户上的所有余额,平台用户由此损失 28 万元,支付平台为此承担了赔偿责任。②

(3)技术安全的合规要求

现行的国家标准中,《信息安全技术远程人脸识别系统技术要求》《生物特征识别防伪技术要求第 1 部分:人脸识别》《公共安全人脸识别应用图像技术要求》《安全防范视频监控人脸识别系统技术要求》《信息技术生物特征识别数据交换格式第 5 部分:人脸图像数据》等规定都对人脸识别提出了具体的技术要求。企业在采用人脸识别产品时应当注意审查产品的安全性、技术合规性。

(二)企业起诉涉用户个人信息的案件

1. 概要

2021 年 2 月,字节跳动向北京知识产权法院起诉腾讯涉嫌垄断,声称自 2018 年 4 月起,腾讯旗下产品微信、QQ 以"短视频整治"为由,开始了对字节跳动旗下抖音等产品长达 3 年的持续封禁和分享限制,限制用户分享来自抖音的

① 《信息安全技术个人信息安全规范(征求意见稿)》第 3.2 条规定,个人敏感信息是指一旦泄露、非法提供或滥用可能危害人身和财产安全,极易导致个人名誉、身心健康受到损害或歧视性待遇等的个人信息,具体包括身份证件号码、个人生物识别信息、银行账号、通信记录和内容、财产信息、征信信息、行踪轨迹、住宿信息、健康生理信息、交易信息、14 岁以下(含)儿童的个人信息等。

② 《盗刷 28 万,某支付平台"人脸识别"现重大漏洞》,载凤凰网 2018 年 1 月 17 日,https://tech.ifeng.com/a/20180117/44849795_0.shtml。

内容，构成了《反垄断法》所禁止的市场支配地位滥用行为。

腾讯回应称，字节跳动的相关指控纯属失实，系恶意诬陷。字节跳动旗下多款产品，包括抖音通过各种不正当竞争方式违规获取微信用户个人信息，破坏平台规则，已被法院多个禁令要求立即停止侵权，字节跳动及相关公司还存在诸多侵害平台生态和用户权益的违法违规行为，腾讯将继续提起诉讼。

2. 互联网企业收集、使用、流转用户信息的法律风险及合规要求

就腾讯所指控的抖音违规获取用户信息而言，依据相关法律，用户个人信息的获取和使用必须遵循“合法、正当、必要”原则和三重授权原则，抖音可能侵犯了开放平台共享数据的安全，更直接侵犯了用户合法权益。而从双方公开的声明来看，用户个人信息数据的归属和流通问题很可能会成为争议的焦点之一。在互联网领域，超级平台可以凭借汇聚大量的用户数据形成竞争和垄断壁垒，当其对用户的数据流动和跳转进行限制时，需要提供法律层面的合理理由。腾讯称屏蔽抖音是因其违规抓取微信用户信息、存在许多违规行为，但该等理由是否充分合理仍然值得探讨。

对于互联网企业而言，数据是互联网公司的重要资产，平台有责任维护自己的数据安全，也有权利保障用户的个人隐私不受侵犯，此种合规成本对于维护本公司声誉和避免遭受商业诉讼尤为重要。

（三）公益诉讼维护公民个人信息权利的案件

1. 检察院提起的公益诉讼维护公民个人信息权

2020 年 4 月，田某用手机号码在 58 同城注册账号，并绑定其 163 邮箱。后田某在 58 同城发布虚假兼职信息，有兼职意向的求职者向田某的 163 邮箱投递个人简历。2020 年 5 月至 6 月，田某明知案外人购买个人简历系用于非法用途，仍在收到求职者个人简历后，以每条 0.2～1.8 元不等的价格，多次向案外人出售 2 万余条个人简历。案外人以微信、支付宝转账方式向田某支付 9512.7 元。当地人民检察院在履行职务中发现田某非法收集、买卖自然人的个人信息，可能造成不特定多数人的个人信息泄露，侵害众多个人的权益，依法向法院提起民事公益诉讼。

经审理，法院认为自然人的个人信息受法律保护，任何组织、个人不得侵害自然人的个人信息权益。任何组织或者个人需要获取他人个人信息的，应当依法取得并确保信息安全，不得非法收集、使用、加工、传输他人个人信息，不得非

法买卖、提供或者公开他人个人信息。田某非法收集、买卖自然人的个人信息，使不特定自然人的个人信息安全处于潜在的风险中，对不特定多数自然人的精神造成损害，亦使社会公共利益受损。遂判决田某在国家级新闻媒体上向社会公众进行书面道歉，并赔偿损失 9512.7 元。①

2. 消费者协会提起民事公益诉讼维护公民个人信息权

近年来，广东、吉林、江苏、重庆等地消费者协会均提起过民事公益诉讼以维护公民的个人信息权。

例如，2020 年 10 月，广东省某区人民检察院在履行职责中发现，谭某某等人通过买卖交换等方式非法获取使用公民个人信息，造成公民个人信息泄露，侵犯公民个人隐私，侵犯了众多消费者合法权益，损害社会公共利益。广东省消费者委员会经调取研究相关证据材料了解后，确认新众拓公司在经营活动中违法收集买卖消费者个人信息，侵害了众多不特定消费者的合法权益。为维护广大消费者合法权益，维护社会公共利益，现就新众拓公司的违法行为依法提起消费民事公益诉讼。②

又如，2020 年 7 月，被告重庆扬啟营销公司通过其经营的微信公众号“扬啟策划推广”发布文章《重庆已购进口白虾顾客名单》，其中包含 10,979 名消费者的住址、电话、姓名、身份证号等个人信息的 Excel 表格。重庆市消费者权益保护委员会认为，消费者个人信息受法律保护，被告作为微信公众号的经营者，在新冠肺炎疫情这一突发公共卫生事件的特殊时期，擅自对外公布消费者个人信息，其行为危及众多消费者人身、财产安全，构成了对众多不特定消费者个人信息安全的社会公共利益的侵害，严重破坏了安全放心的消费环境和诚信经营的市场秩序，损害了社会公共利益，故对被告侵犯众多消费者合法权益的行为特提起消费民事公益诉讼。③

---

① 江苏省常州市中级人民法院发布 2021 年度十大典型案例之二：田某个人信息保护民事公益诉讼案。

② 广东省消费者委员会诉江门市新众拓工程有限公司等案，广东省江门市中级人民法院(2021)粤 07 民初 39 号民事判决书。

③ 重庆市消费者权益保护委员会诉重庆扬啟企业营销策划有限公司等案，重庆市第一中级人民法院(2021)渝 01 民初 308 号民事调解书。

三、数据安全刑事典型案例及合规要点

(一)侵犯公民个人信息罪

1. 犯罪构成

我国《刑法》第 253 条之一规定:“违反国家有关规定,向他人出售或者提供公民个人信息,情节严重的,处三年以下有期徒刑或者拘役,并处或者单处罚金;情节特别严重的,处三年以上七年以下有期徒刑,并处罚金。违反国家有关规定,将在履行职责或者提供服务过程中获得的公民个人信息,出售或者提供给他人的,依照前款的规定从重处罚。窃取或者以其他方法非法获取公民个人信息的,依照第一款的规定处罚。单位犯前三款罪的,对单位判处罚金,并对其直接负责的主管人员和其他直接责任人员,依照各该款的规定处罚。”

关于本罪的认定问题,《民法典》[①]《网络安全法》[②]《最高人民法院、最高人民检察院关于办理侵犯公民个人信息刑事案件适用法律若干问题的解释》均对个人信息作出规定,其中,《最高人民法院、最高人民检察院关于办理侵犯公民个人信息刑事案件适用法律若干问题的解释》对提供公民个人信息以及以其他方法非法获取公民个人信息等罪名认定和量刑问题均作出具体规定。[③]

2. 案例解析侵犯公民个人信息罪的合规要点

2016 年 1 月起,柯某某通过有偿方式获取了大量包含房屋门牌号码及业主

---

① 《民法典》第 1034 条规定,自然人的个人信息受法律保护。个人信息是以电子或者其他方式记录的能够单独或者与其他信息结合识别特定自然人的各种信息,包括自然人的姓名、出生日期、身份证件号码、生物识别信息、住址、电话号码、电子邮箱、健康信息、行踪信息等。

② 《网络安全法》第 76 条规定,个人信息,是指以电子或者其他方式记录的能够单独或者与其他信息结合识别自然人个人身份的各种信息,包括但不限于自然人的姓名、出生日期、身份证件号码、个人生物识别信息、住址、电话号码等。

③ 《最高人民法院、最高人民检察院关于办理侵犯公民个人信息刑事案件适用法律若干问题的解释》第 1 条规定,《刑法》第 253 条之一规定的“公民个人信息”,是指以电子或者其他方式记录的能够单独或者与其他信息结合识别特定自然人身份或者反映特定自然人活动情况的各种信息,包括姓名、身份证件号码、通信通讯联系方式、住址、账号密码、财产状况、行踪轨迹等。第 3 条规定,向特定人提供公民个人信息,以及通过信息网络或者其他途径发布公民个人信息的,应当认定为《刑法》第 253 条之一规定的“提供公民个人信息”。未经被收集者同意,将合法收集的公民个人信息向他人提供的,属于《刑法》第 253 条之一规定的“提供公民个人信息”,但是经过处理无法识别特定个人且不能复原的除外。第 4 条规定,违反国家有关规定,通过购买、收受、交换等方式获取公民个人信息,或者在履行职责、提供服务过程中收集公民个人信息的,属于《刑法》第 253 条之一第 3 款规定的“以其他方法非法获取公民个人信息”。

姓名、电话等非公开内容的业主房源信息,并在自主运营的网站售卖获取的二手房租售房源信息。经审查,法院认为柯某某构成侵犯公民个人信息罪。[①]

2019 年 11 月,枣庄无琼电子商务有限公司为电话销售黑枸杞,该单位负责人杜某将含有公民个人电话、住址等共计 13.06 万余条公民个人信息提供给被告人李某,作为交换被告人李某提供给对方 12.68 万余条内含公民个人电话、住址等的公民个人信息。法院认为,被告单位及负责人均违反了国家有关规定,通过交换方式非法获取公民个人信息,情节特别严重,行为已构成侵犯公民个人信息罪。[②]

无论是个体还是法人,随着 2021 年相继出台的《数据安全法》和《个人信息保护法》,我国已明显加强数据安全治理和个人信息保护,司法机关也会更加严厉打击侵害公民个人信息、侵害数据权属的各类不法行为,故而,行业主体应当依照合法、正当且必要的原则,在取得个人知情同意前提下收集个人信息,企业主体也需要对数据合规和隐私保护制定规章制度,对员工加强相关培训工作。

(二)拒不履行信息网络安全管理义务罪

1. 犯罪构成

我国《刑法》第 286 条之一规定:"网络服务提供者不履行法律、行政法规规定的信息网络安全管理义务,经监管部门责令采取改正措施而拒不改正,有下列情形之一的,处三年以下有期徒刑、拘役或者管制,并处或者单处罚金:(一)致使违法信息大量传播的;(二)致使用户信息泄露,造成严重后果的;(三)致使刑事案件证据灭失,情节严重的;(四)有其他严重情节的。单位犯前款罪的,对单位判处罚金,并对其直接负责的主管人员和其他直接责任人员,依照前款的规定处罚。有前两款行为,同时构成其他犯罪的,依照处罚较重的规定定罪处罚。"

关于本罪的认定,主要疑难问题在于对违法信息的认定,尽管我国《网络安

---

① 柯某某侵犯公民个人信息案,上海市金山区人民法院(2018)沪 0116 刑初 839 号刑事判决书。

② 枣庄无琼电子商务有限公司、杜某、李某侵犯公民个人信息案,江苏省南京市栖霞区人民法院(2020)苏 0113 刑初 175 号一审刑事判决书。

全法》[①]《电信条例》[②]都作出了具体的规定，但通常从公安部"净网行动"的通报来看，违法信息还包括有偿删帖，虚假刷单，非法提供支付结算等内容。那么，任何导致违法信息大量传播的是否都构成本罪呢？从本罪的犯罪构成来说，应当将违法信息的范围限定在法律、行政法规规定的范围之内。

2. 案例解析拒不履行信息网络安全管理义务罪的合规要点

2009 年，被告人许某某因在自营网站上发布了大量的违法信息，被当地互联网信息办公室多次约谈并责令限期整改，并被当地公安局予以警告、责令停止联网和停机整顿，但许某某均拒绝整改，也不履行行政处罚。为逃避监管，许某某授意其聘请的网站管理人员杨某某联系租用国外的服务器，并先后十六次将被关闭的网站通道重新申请域名开通。2017 年 8 月，许某某因网站发布违法文章被拘传到案。人民法院经审理认为其网站 8 篇贴文存在损害国家荣誉和利益，或者侮辱、诽谤他人，侵害他人合法权益等情况，依法应当认定为违法信息。结合涉案 8 篇违法信息的发布时间、特定时间段增加的浏览阅读量、总浏览阅读量等情况综合分析，足以认定许某某在当地互联网信息办公室于 2016 年 8 月 18 日责令整改而拒不整改之后，已经造成违法信息大量传播的危害后果，许某某的行为已构成拒不履行信息网络安全管理义务罪。[③]

拒不履行信息网络安全管理义务罪的法律风险通常具有行政违法的前提性，故而，企业和互联网个体运营者需要结合自身的业务特点，合理制定网络安全和数据保护有关的制度和工作细则，对于当地政府对数据安全相关的合规指引需加强学习，慎重对待行政机关的调查、约谈、责令关停等程序，重视行政违法处罚的严重性，必要时可聘请专业的法律人士介入进行合规审查。

---

① 《网络安全法》第 12 条第 2 款规定，任何个人和组织不得利用网络从事危害国家安全、荣誉和利益，煽动颠覆国家政权、推翻社会主义制度，煽动分裂国家、破坏国家统一，宣扬恐怖主义、极端主义，宣扬民族仇恨、民族歧视，传播暴力、淫秽色情信息，编造、传播虚假信息扰乱经济秩序和社会秩序，以及侵害他人名誉、隐私、知识产权和其他合法权益等活动。

② 《电信条例》第 56 条规定："任何组织或者个人不得利用电信网络制作、复制、发布、传播含有下列内容的信息：（一）反对宪法所确定的基本原则的；（二）危害国家安全，泄露国家秘密，颠覆国家政权，破坏国家统一的；（三）损害国家荣誉和利益的；（四）煽动民族仇恨、民族歧视，破坏民族团结的；（五）破坏国家宗教政策，宣扬邪教和封建迷信的；（六）散布谣言，扰乱社会秩序，破坏社会稳定的；（七）散布淫秽、色情、赌博、暴力、凶杀、恐怖或者教唆犯罪的；（八）侮辱或者诽谤他人，侵害他人合法权益的；（九）含有法律、行政法规禁止的其他内容的。"

③ 许某某拒不履行信息网络安全管理义务案，四川省泸州市中级人民法院（2019）川 05 刑终 41 号刑事裁定书。

(三)非法侵入计算机信息系统罪/非法获取计算机信息系统数据罪

1. 犯罪构成

我国《刑法》第285条规定,违反国家规定,侵入国家事务、国防建设、尖端科学技术领域的计算机信息系统的,构成非法侵入计算机信息系统罪,处三年以下有期徒刑或者拘役。违反国家规定,侵入前款规定以外的计算机信息系统或者采用其他技术手段,获取该计算机信息系统中存储、处理或者传输的数据,或者对该计算机信息系统实施非法控制,情节严重的,构成非法获取计算机信息系统数据、非法控制计算机信息系统罪,处三年以下有期徒刑或者拘役,并处或者单处罚金;情节特别严重的,处三年以上七年以下有期徒刑,并处罚金。

在主客观构成犯罪因素判断上,通常认为,只要是以非法侵入方式或其他技术手段,违反他人意志,获取他人计算机信息系统中存储、处理或者传输的部分或全部数据的,都应属于本罪的“获取”,至于获取之后是否利用该数据从事其他违法行为,不影响本罪的成立。① 至于非法性的认定问题,通常认为,行为人通过绕开管理权限或技术措施,在经授权的情况下实施了获取(复制、抓取)他人网站数据的行为,如采用植入病毒、直接删除、修改数据等都存在非法性。而本罪中的数据,包括信息、文字、图片、影音资料、专有的程序或者软件等。

对于本罪的情节严重判断,依据《最高人民法院、最高人民检察院关于办理危害计算机信息系统安全刑事案件应用法律若干问题的解释》第1条规定,非法获取计算机信息系统数据或者非法控制计算机信息系统,具有下列情形之一的,应当认定为“情节严重”:(1)获取支付结算、证券交易、期货交易等网络金融服务的身份认证信息10组以上的;(2)获取第(1)项以外的身份认证信息500组以上的;(3)非法控制计算机信息系统20台以上的;(4)违法所得5000元以上或者造成经济损失1万元以上的;(5)其他情节严重的情形。

2. 案例解析非法侵入计算机信息系统罪及非法获取计算机信息系统数据罪的合规要点

2018年3月至2019年2月27日,被告人苗某某多次采用破坏计算机信息系统的方式更改了26名考生的国家二级运动员资格,具体是将“国家二级运动员技术等级综合管理系统”中登记的国家二级运动员的身份信息删除、修改成

① 张明楷:《刑法学》(第6版),法律出版社2021年版,第1372~1373页。

其已收取费用但不具备资格条件人员的姓名等信息,并将更新后的信息录入国家运动员数据库,在国家运动员技术等级综合查询网上公布。经审理认定行为人以谋取非法利益为目的,违反国家规定对计算机信息系统中存储的数据进行破坏,后果特别严重,行为已构成破坏计算机信息系统罪。①

2017 年至 2019 年,阮某某、林某某等四人在网上购买木马软件,再向一些漏洞网站植入木马病毒和违法广告等获利,构成非法获取计算机信息系统数据罪。②

2020 年 10 月,赵某某利用自己事先偷存的账户密码非法侵入双子新约 App 平台上被害人王某的账户,将王某存储在网络平台账户内的虚拟货币转入自己的个人账户,经鉴定被盗虚拟货币在窃取当日的网络平台交易价格为人民币 537, 374 元,情节特别严重,其行为经二审法院改判,认为构成非法获取计算机信息系统数据罪,判处有期徒刑四年,并处罚金人民币 20, 000 元。③

非法侵入计算机信息系统罪属于行为犯,意味着行为人只要违反国家规定,故意实施了侵入国家事务、国防建设、尖端科学技术领域计算机信息系统的行为,原则上就构成犯罪,应当立案追究。而非法获取计算机信息系统数据罪则通常是企业法人或个体在未经授权情况下擅自获取他人网络数据信息并以此谋利,故而在数据合规大背景下,网络运营者特别是互联网企业在进行广告投放、获取用户信息数据时需在用户须知的前提下以合法方式收集用户数据信息。

(四)掩饰、隐瞒犯罪所得、犯罪所得收益罪/帮助信息网络犯罪活动罪

1. 犯罪构成

我国《刑法》第 312 条规定,掩饰、隐瞒犯罪所得、犯罪所得收益罪:明知是犯罪所得及其产生的收益而予以窝藏、转移、收购、代为销售或者以其他方法掩饰、隐瞒的,处三年以下有期徒刑、拘役或者管制,并处或者单处罚金;情节严重的,处三年以上七年以下有期徒刑,并处罚金。单位犯前款罪的,对单位判处罚金,并对其直接负责的主管人员和其他直接责任人员,依照前款的规定处罚。

---

① 苗某某破坏计算机信息系统案,河北省沧州市运河区人民法院(2020)冀 0903 刑初 10 号一审刑事判决书。

② 阮某某、林某某、廖某某、李某非法获取计算机信息系统数据案,广西壮族自治区北海市铁山港区人民法院(2019)桂 0512 刑初 188 号刑事判决书。

③ 赵某某盗窃案,辽宁省大连市中级人民法院(2021)辽 02 刑终 258 号二审刑事判决书。

《刑法》第 287 条之二规定，帮助信息网络犯罪活动罪：明知他人利用信息网络实施犯罪，为其犯罪提供互联网接入、服务器托管、网络存储、通讯传输等技术支持，或者提供广告推广、支付结算等帮助，情节严重的，处三年以下有期徒刑或者拘役，并处或者单处罚金。单位犯前款罪的，对单位判处罚金，并对其直接负责的主管人员和其他直接责任人员，依照第 1 款的规定处罚。有前两款行为，同时构成其他犯罪的，依照处罚较重的规定定罪处罚。

在犯罪构成方面，两种罪名存在很多的差异，目前公认理论是，帮助信息网络犯罪活动行为一般发生在上游犯罪实施犯罪活动过程中，属于附属于上游的网络信息犯罪的辅助手段和帮助方法；掩饰、隐瞒犯罪所得活动则发生在上游犯罪既遂以后，属事后帮助行为。在处罚上，帮助信息网络犯罪活动罪法定最高刑期是三年有期徒刑，而掩饰隐瞒犯罪所得罪法定最高刑期则是七年有期徒刑。这种区分背后的原因是两种行为侵犯的法益和行为对象不同：掩饰隐瞒犯罪所得罪侵犯的法益是司法机关的正常活动，但是帮助信息网络犯罪活动罪侵犯的法益是国家对信息网络的管理。

在数据安全方面，依据《最高人民法院、最高人民检察院关于办理危害计算机信息系统安全刑事案件应用法律若干问题的解释》第 7 条规定，明知是非法获取计算机信息系统数据犯罪所获取的数据，而予以转移、收购、代为销售或者以其他方法掩饰、隐瞒，违法所得 5000 元以上的，应当依照《刑法》第 312 条第 1 款的规定，以掩饰、隐瞒犯罪所得罪定罪处罚。

近年来，随着互联网的发展，帮助信息网络犯罪活动罪已成为刑事犯罪的主要罪名之一。本罪的几种常见违法情形包括：为其犯罪提供互联网接入、服务器托管、网络存储、通讯传输等技术支持；为其犯罪提供广告推广、支付结算等帮助；等等。实践中，构成本罪还需要满足行为人主观“明知他人利用信息网络犯罪”的要件，但如何认定“明知”存在一定困难，依据《最高人民法院、最高人民检察院关于办理非法利用信息网络、帮助信息网络犯罪活动等刑事案件适用法律若干问题的解释》第 11 条规定，“为他人实施犯罪提供技术支持或者帮助，具有下列情形之一的，可以认定行为人明知他人利用信息网络实施犯罪，但是有相反证据的除外：(一)经监管部门告知后仍然实施有关行为的；(二)接到举报后不履行法定管理职责的；(三)交易价格或者方式明显异常的；(四)提供专门用于违法犯罪的程序、工具或者其他技术支持、帮助的；(五)频繁采用隐蔽上网、加密通信、销毁数据等措施或者使用虚假身份，逃避监管或者规避调查的；（六）为他人逃避监管或者规避调查提供技术支持、帮助的；（七）其他足以认定行为人明知的情形”。

2. 案例解析掩饰、隐瞒犯罪所得罪及帮助信息网络犯罪活动罪的合规要点

2019 年 3 月，东莞市高云网络科技有限公司的股东兼主管田某非法侵入淘宝（中国）软件有限公司网站系统获取淘宝客户包括手机号码、近期搜索、推荐商品、浏览商品等记录在内的信息数据，以提供给自己公司创建和运营的网站用户付费使用。2019 年 6 月，广州店有客网络科技有限公司法定代表人潘某某明知东莞市高云网络科技有限公司非法获取淘宝数据，仍以人民币 8000 元购买数据，将该数据提供给自己公司创建的网站的用户付费使用。经审查，认定东莞高云网络科技有限公司及其法定代表人田某犯非法获取计算机信息系统数据罪，广州店有客网络科技有限公司及其法定代表人潘某某犯掩饰、隐瞒犯罪所得罪。①

2018 年，林某在自己成立的小湖科技（深圳）有限公司研发虚假证券类 App 软件，2020 年 11 月，该公司开发出“联昌证券”App 软件，并将该 App 软件以 21 万元价格卖给境外诈骗团伙，为境外诈骗团伙实施诈骗提供技术服务。后诈骗团伙利用该公司开发的“联昌证券”App 软件先后成功实施诈骗 22 起，共骗得 22 名被害人共计 764.8438 万元。经审理，小湖科技（深圳）有限公司及其法定代表人和公司技术、客服人员均构成帮助信息网络犯罪活动罪。②

近年来，因利用虚拟货币交易来实现网络赌博和电信诈骗赃款转移的犯罪行为兴起，帮助信息网络犯罪活动罪成为公安侦办重要罪名。提供互联网接入、服务器托管、技术运维服务、支付结算等企业为了避免落入本罪，我们建议企业应当设置专岗专员，建立合理合法的审查流程，加强对客户端的资质审查，尽到最大的审慎义务。

---

① 东莞市高云网络科技有限公司、田某非法获取计算机信息系统数据案，广东省广州市海珠区人民法院（2020）粤 0105 刑初 380 号一审刑事判决书。

② 小湖科技（深圳）有限公司、林某某等帮助信息网络犯罪活动案，湖北省荆门市掇刀区人民法院（2021）鄂 0804 刑初 222 号刑事判决书。

第三篇

技术篇

接上一篇章，2021 年作为数据合规元年见证了《数据安全法》《个人信息保护法》相继发布，包括上海、浙江、安徽、深圳、广东、山东在内的多地跟进出台了地方性条例。其中，技术在数据合规中的保驾护航作用日益凸显。《数据安全法》中"支持数据开发利用和数据安全技术研究""推进数据开发利用技术和数据安全标准体系建设"也确立了技术在数据安全中的地位。

数据自产生之后就会进入"存储—传输—计算"的循环之中，其中每一个环节下的数据风险都不容小觑，数据安全、隐私泄露、数据侵权等问题如影随形。尤其是伴随数据被列为第五大生产要素，数据在流通共享过程中的合规重要性日益凸显，数据合规治理也已经成为监管方面的规定动作，企业作为参与数据要素流通市场的主要主体，不得不直视数据合规这一刚性需求。

然而，数据合规并非是靠单维方案能解决的问题，数据合规治理的应有之道，是需要全面搭建一体适用于各种数据类型、融汇技术治理、组织治理与生态治理、法制监管的多维体系，进而迈上数据大合规的战略风控新高度。

在此过程中，技术方案作为必选项，在数据合规中扮演的角色就是帮助各数据领域中的参与者打造符合自身特点的数据使用策略。企业可以根据自身业务特点和需求，选择不同的技术组合，在实现数据增值的过程中满足监管的合规性要求，保护自身商业机密的同时也降低了法律风险。当然，一切的前提是企业至少需要了解技术。

本篇将从数据合规中包括隐私计算、区块链等相关技术的基础概念，分析各项子技术在数据合规各个环节中发挥的主力作用和保障机制，并结合在数据合规环节的各应用场景，解析数据合规场景下的关键技术如何携手实现数据合规。

第一章　数据合规的关键技术图谱

在用户隐私保护和数据安全意识日渐增强，相关法律制度业已落地的今日，企业间直接将原始数据进行明文共享，势必造成隐私泄露的安全风险和法律风险。因此，在数据共享以打破“数据孤岛”僵局和创造更大社会价值的过程中，隐私计算和区块链作为加密技术的应用前沿，致力于为企业数据合规的刚需提供成熟的解决方案。

本章将就隐私计算和区块链技术的分类、原理、应用等方面给出简单介绍，帮助读者了解技术的基本概念，把握技术合规的关键技术图谱，为企业把握数据合规方向提供指引。

一、隐私计算

隐私计算是现代密码学发展至今的产物，其主要目的是保护数据隐私安全。

2016 年李凤华等学者提出，隐私计算是面向隐私信息全生命周期保护的计算理论和方法，是隐私信息的所有权、管理权和使用权分离时隐私度量、隐私泄露代价、隐私保护与隐私分析复杂性的可计算模型与公理化系统。①

最初数据安全的主要问题在于存储状态下的数据隐私，在此过程中，保护硬盘数据的对称密码应运而生。伴随互联网时代进入加速期，数据传输中的安全也引起了社会的广泛关注，由此推动了传输层通信协议来保护信道安全。

同样地，在渗透攻击日益泛滥、数据共享需求激增的今日，隐私计算技术在保护数据计算环节中，接续发挥着保护隐私安全的作用。从多方安全计算、同态加密等确保数据隐私安全，到联邦学习实现人工智能算法模型的联合计算，再到区块链助力数据确权和溯源，技术加持下的数据合规治理如虎添翼。

---

① 李凤华、李晖、贾焰等：《隐私计算研究范畴及发展趋势》，载《通信学报》2016 年第 4 期。

目前，隐私计算的技术主要包含联邦学习、安全多方计算、机密计算、差分隐私和同态加密等。[①] 在本章节中，将进行逐一介绍，帮助把握隐私计算中关键技术的要点和应用价值。

(一)密码学解决方案

1. 安全多方计算

安全多方计算(Secure Multi-Party Computation)的概念首创于姚期智院士1982年发表《安全计算协议》[②](*Protocols for Secure Computations*)一文。文章开篇就提出了日后著名的"姚氏百万富翁"问题：两个百万富翁希望比较财富几何的同时不向对方透露任何身家信息，他们该如何交流？直观而言，该问题即不存在可信第三方的情况下，不泄露信息的同时完成数据计算并得到结果。

(1)安全多方计算的解答

姚院士在文中给出的解决方案是：通过生成随机数，运用公开密钥与私有密钥的加密后进行比较，同时避免了实数域的有序性和加减的可逆性带来多余信息的泄露。

这一问题日后也成为密码学协议研究的方向之一：如何在一个互不信任的多用户系统中，让各用户保障各自数据安全不泄密的同时进行网络协同计算。

当前商用领域的大多数安全多方计算方案都是基于具有通信量优势的秘密共享技术，其基本原理是：将需要计算的函数转换成算术电路，利用秘密共享实现加法和乘法两个基础运算，理论上就可以对整个算术电路进行计算。

进入20世纪后，由于协议层面的大幅度改进，通信频次较低的安全多方计算应用逐渐变得现实可行，具体应用包括分布式投票、隐私竞标和拍卖、数据库检索等。

(2)安全多方计算的场景

安全多方计算的应用场景通常聚焦于具体问题和假设，以下列举其二：

①安全拍卖

在一场安全拍卖中，有两个规则贯穿始终：竞价者无法获知其他竞价方的出

---

① 中国信息通信研究院、阿里巴巴集团安全部、北京数牍科技有限公司、腾讯研究院、智联出行研究院、中国工商银行：《隐私保护计算与合规应用研究报告2021》，2021年。

② Yao A. C., Protocols for secure computation, Foundations of Computer Science, 1982. SFCS' 08. 23rd Annual Symposium on. IEEE, 1982.

价和不能通过任何计算一个竞价的方式获知其他相关竞价的信息。前者被称为“隐私性”,后者被称为“不可延展性”,前者并不必然推出后者。

可以想象到,假如在一次投标中,较早竞标方的出价被较晚竞标方获知,在价高者得的规则之下势必处于弱势地位。同样地,任何竞标方一旦能够通过某种计算方式了解其他竞标者的出价,势必胜券在握。显而易见地,在这些情景下,交易公平并未得到保障。而安全多方计算就能够发挥其所长,通过密码学加密函数助力拍卖的计算结果安全和出价的信息安全。

②黑名单安全查询

黑名单在商业公司和跨国机构的业务开展中发挥着至关重要的风险控制作用。通过对包括交易和信用在内的记录数据汇总和共享,能够帮助共享的机构和企业进一步完善风险管理体系。

然而,跨机构、跨行业明文共享的黑名单势必危害用户隐私,同时也泄露了企业的商业机密。因此,安全多方计算的协议帮助实现隐私数据的交集查询获取、密文计算,同时提供恶意软件的识别等辅助服务,为企业机构实现数据价值增值的同时,完善对内对外的数据合规体制建设。

2. 同态加密

同态加密(Homomorphic Encryption)是一类具有特殊代数结构的加密算法,这种算法可以使加密数据在无须解密和解密密钥的情况下即可完成计算。

发展历程上,公钥密码发明和应用之初,其利用底层运算的基本性质,在公钥密码系统上建立了部分同态运算。2009 年,第一个全同态加密方案诞生,这使得同态加密从概念转化为协议,从理论上提供了在密文上计算任意给定任务的可能,即全同态加密提供了一种保护输入和输出数据隐私安全的计算方案。

(1)同态加密技术原理与特点

从数学原理出发,我们可以把任意一种加密算法看作一种映射加密:明文→密文,那么同态即是指对于任意的明文 a,b,其对应密文加密(a),加密(b)的计算结果加密(a)○加密(b),解密之后即是明文的计算结果解密[加密(a)○加密(b)]=a·b。如果这里的明文运算是加法,即解密[加密(a)⊕加密(b)]=a+b,那么称之为加法同态,如果这里的明文运算是乘法,即解密[加密(a)⊗加密(b)]=a×b,那么称之为乘法同态。根据运算类型,同态加密可分为加法同态(Paillier 同态加密)、乘法同态(RSA 同态加密)以及二者都满足的全同态加密(Gentry 同态加密)。如果一种同态加密支持一种算术运算,如加法或者乘法,则称之为单同态(Singly)或者部分同态(Partially)。如果能够进行两种运算,则称之为全同态(Fully)。

从结果上而言,对加密计算后的结果再解密,和直接对未加密数据计算的结果一致。每个参与方的输入数据都通过同态加密后发送给计算方,计算方在本地基于密文进行计算,将计算结果返回各需求方并解密获得真实的计算结果。由于各参与方的输入都是加密后进行计算,可以保证各参与方输入的隐私性。

这一特性使得同态计算成为密码学安全的云存储或者计算服务的重要工具,同时也是更高层次密码学算法或者协议的重要组成模块。

目前,所有具有应用价值的同态加密方案都是基于带错误学习(LWE)或环上带错误学习(RLWE)的密码学算法的。因此,这些底层密码算法的安全性直接关乎这些同态加密方案的安全性。迄今为止,根据对带错误学习算法和环上带错误学习算法的广泛研究,给定参数下的密码算法是可抗传统和量子计算机攻击的。同时与之前的公钥密码不同,这些密码算法的安全性是可证的。因此有充分的理由相信这些同态加密方案是安全的。

(2)同态加密的应用场景

同态加密的数据经历了“原文(原始信息)—明文(信息编码后的数据)—密文(经过加密算法后的数据)”的过程,因此同态加密会带来较高的计算和开发开销和信息扩张,理想应用场景是作为一个相对较小但关键的加密计算组件,并且其功能很难或者不可能使用其他方法来实现。

同态加密的一个典型应用是医疗领域的数据分析。一方面,医疗体系中的患者数据因个人信息保护制度而处于严监管之下;另一方面,包括 AI 诊疗等医疗科技的发展需要更多诊疗数据的支撑。同态加密技术在此情景中提供了很好的技术解决路径:通过直接在加密数据上开展模型训练和预测,在无须获取涉及患者隐私数据的情况下即可实现医疗数据的价值增值,为医疗科技的突破,尤其是医疗模型的构建、人工智能在医疗领域的突破,提供数据合规的技术保障。

另一个同态加密技术应用与安全多方计算相类似,位于隐私数据求交集和检索的情景下,同态加密尤其适用于较小数据集的共享。

3. 零知识证明

零知识证明(Zero Knowledge Proof)是一种密码学协议,允许一方(证明方)

将一个论断证明给另一方(验证方)。证明本身建立在证明方的某些隐私信息上,但证明过程不会将隐私信息泄露给验证方,且可以使得验证方相信论断的正确性。

(1)零知识证明的简明原理

简单而言,零知识证明要求证明者向验证者进行证明"我知道"问题的解但又不透露解;验证者完成验证后会确信对方知道解,但是无法获得任何解的信息。通常零知识证明的两方之间需要进行交互通信,属于一种"交互式证明系统"。实际的设计里,出于通讯效率的考虑,可以将各类零知识证明系统转成非交互式。零知识证明目前主要还是用来做认证相关的场景。

举一个直观的例子,如图3-1所示,如果有一个没有岔路的入口和出口很接近的环廊,环廊中间有一扇只能用钥匙开启的门,Bob看到Alice从入口进入环廊且从出口走出,那么Alice就完成了一次在没有展示给Bob钥匙的情况下,证明其拥有钥匙的零知识证明。进一步地,如果一个公司需要证明其资产状况良好,则可以利用零知识证明在公司过往和现在交易数据上进行一次模型分析来说服贷款方,而不会泄露敏感数据。

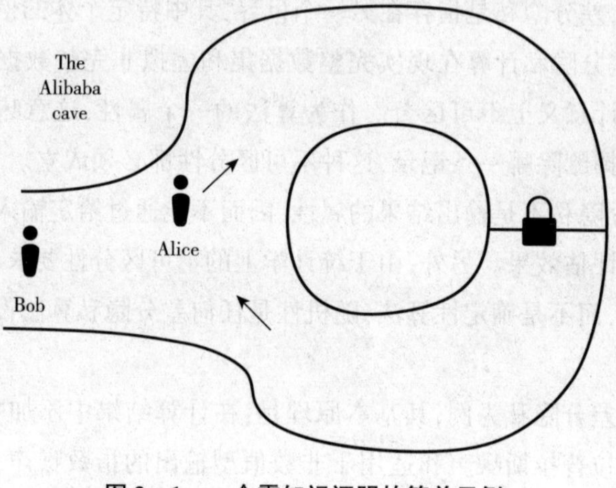

图3-1　一个零知识证明的简单示例

(2)零知识证明的用武之地

由于零知识证明的证明尺度仅仅需要几百个字节的恒定大小,证明者和验证者之间的数据通信量很小,验证过程也十分有效快速,通常仅需要几毫秒时间。但通信过程迅速的同时,在零知识证明的证明过程中却开销巨大往往可能比明文计算慢几个数量级。

因此,零知识计算系统的主要优点是证明方的工作量大幅减少,在实际应用中,如果证明者计算能力是系统“瓶颈”,则应该使用这类协议。还有一些零知识系统专用于特定类型的论断,这类系统在对应的应用中会比直接使用通用零知识证明系统效率更高。

近年来,很多软件公司在自己的产品内提供了零知识证明系统,比如微软的身份识别框架(U-Prove)和国际商业机器公司(IBM)的身份混合器(Dentity Mixer)。在加密数字货币领域,零知识证明的第一个主要实际应用是 Zcash 项目,零知识证明可以为数字货币转账提供隐私保护。另外,有关零知识证明技术和构造的标准化也正在推进。

4. 差分隐私

差分隐私是 Dwork 等在 2006 年针对数据库隐私问题提出的一种严格的、可量化的隐私定义和技术,[①]被《麻省理工科技评论》选为 2020 年全球十大突破性技术之一。

(1)差分隐私的原理

直观而言,差分隐私是指存在另一个世界,其中特定个体的信息已从数据集中删除,那么差分隐私计算在现实完整数据集和虚拟非完整数据集上分别运算后的结果在统计意义上不可区分。作为算法的一个属性,这意味着无论数据集是什么以及选择删除哪一条记录,这种不可区分性都必须成立。

因此,差分隐私不是输出结果的属性,因而不能通过给定输入数据集查看算法输出来直接评估效果。另外,由于统计学上的不可区分性要求,差分隐私一定是概率性算法,而不是确定性算法,随机性是任何差分隐私算法设计中必不可少的组成部分。

以中心化差分隐私为例,其基本原理是:在计算结果中添加噪声,如适用于数值型输出的拉普拉斯噪声和适用于非数值型输出的指数噪声,使得修改数据集中单条记录不会对统计结果造成显著的影响,从而保证攻击者在拥有背景知识的情况下,也无法推断出该记录对应的敏感信息。

差分隐私具有两个重要的优点:一是提出与背景知识无关的隐私保护模型,

---

① Dwork C., "Calibrating noise to sensitivity in private data analysis", *Lecture Notes in Computer Science*, 8, 2012, pp. 265－284.

实现攻击者背景知识最大化假设;二是为隐私保护水平提供严格定义和量化评估方法。

(2)差分隐私的应用

差分隐私的两个著名应用是它在 Google Chrome 和 Apple 的 iOS /OSX 中的使用,以保护隐私的方式收集使用情况统计信息。这些应用程序遵循差分隐私的本地模型,在该模型中,每个用户的数据都是私有化的,在运行了差分隐私算法后,再将其发送到集中式服务器进行分析。例如,Chrome 使用这种方法来发现经常访问的页面,以改善其缓存和预取功能,而 iOS 使用它来发现文本应用程序中经常使用的单词和表情符号,以改善输入键盘辅助功能中使用的模型。此外,微软还宣布采用差分隐私本地模型来从运行其操作系统的设备中收集遥测数据。

在差分隐私的监管模型中,较为有名的案例是美国人口普查局,其在发布 2020 年人口普查中使用差分隐私。研究表明在没有差分隐私保护的情况下,从不同粒度级别的人口普查统计结果中,有时也可能恢复出有关个人的准确信息。

差分隐私专注于输出隐私,即防止通过观察输出数据而获取输入数据信息。在数据提供方是唯一进行查询的参与方并且仅发布受差分隐私保护的统计结果时,差分隐私技术可以很好地保护数据。但是,在多个用户可以进行查询的情况中,数据提供方需要建立隐私预算来防止多次查询或者恶意查询导致的隐私泄露。

(二)联邦学习

联邦学习(Federated Learning)为隐私计算提出了新的生态模式创新,最早由 Google AI 团队在 2016 年提出,主要为解决安卓手机终端用户在本地更新模型的问题;中文名称“联邦学习”则由杨强教授最先提议使用,体现“君子和而不同”,在促进多方合作的同时保存独立性。

2018 年起,联邦学习就成为隐私计算发展的一个重要方向。联邦学习强调一种开放、平等、包容的 AI 合作生态,是突破领域和算法限制的分布式机器学习的新范式,以在助力不同机构在满足用户隐私保护、数据安全保护、符合政府法规的基础上,可以进行跨机构间数据联合使用和联合建模为目的。

联邦学习的基本原理为:在企业或机构各自数据不出本地的前提下,通过基于密码学机制下的参数交换,建立虚拟的共有模型。这个共有模型的性能和传统方式将各方数据汇聚在一起与使用机器学习方法训练出来的模型的效果基本一致。通过这种方式,可以从技术上有效解决数据孤岛问题,让参与方在不泄露各自拥有的用户数据的基础上,实现联合建模和 AI 协作,加速隐私计算在不同场景的应用与落地。

1. 联邦学习的分类

参与共同建模的企业定义为参与方,根据多参与方之间数据分布在行业特征和用户重叠度上的不同,如表 3－1 所示,联邦学习可以分为三类:横向联邦学习、纵向联邦学习和联邦迁移学习。

表 3－1 联邦学习分类

	特征重叠少	特征重叠多
用户重叠少	联邦迁移学习	横向联邦学习
用户重叠多	纵向联邦学习	—

具体而言,横向联邦学习是基于本地数据计算后更新统一模型参数的样本联合,适用于用户重叠较少但行业特征基本一致的场景,如 γ 地区的银行 B_γ 与 θ 地区的银行 B_θ 之间;纵向联邦学习则是基于用户数据的交集进行各自模型的计算,需要通过协作得到与己相关的模型参数,适用于具有较多重合用户的不同行业之间,如在 γ 地区的银行 B_γ 与商超 S_γ 之间;联邦迁移学习则以深度神经网络为基础模型,实现跨行业、跨地区的计算。

从本质上而言,如表 3－2 所示,集中学习的区别在于算法的模型和用户数据的交并集差别,体现的都是数据不出本地的思想模式。

表 3－2 联邦学习各分类特征

模型分类	基本特征	实施过程	场景举例
横向联邦学习	基于样本的分布式模型训练	各参与方模型统一,利用本地数据训练模型,之后返回给服务器需要更新的参数,服务器统一更新模型	γ 地区的银行 B_γ 与 θ 地区的银行 B_θ 之间
纵向联邦学习	交叉用户在不同业态下的特征联合	各参与方只能得到与自己相关的模型参数,预测时需要双方协作完成	同在 γ 地区的银行 B_γ 与商超 S_γ 之间
联邦迁移学习	以深度神经网络为基础模型的场景	与纵向联邦学习相似,只是中间传递结果不同	γ 地区的银行 B_γ 和 θ 地区的商超 S_θ 之间

2. 联邦学习的技术特性

联邦学习在本质上也是一种分布式的机器学习的技术，但同时与传统的分布式机器学习在关注重点和解决问题上有所差别。

(1)数据不出私域

传统的分布式机器学习解决的主要是模型训练效率的问题。在模型训练之前，依旧需要数据汇总的过程，即来自不同数据节点的多元数据汇总之后形成数据集，再进行数据划分或是模型划分。在这一过程中，通常需要一个中心式的节点来调配数据的分布和计算资源，以便更高效的进行分布式的模型训练，中心节点处于主导地位，计算节点受中心节点的控制。而联邦学习主要解决的是不同来源的数据合作，以及数据安全、隐私保护的问题。整个模型训练的过程中，不同来源的数据不会直接融合汇聚到某一个节点，原始数据的计算均是在本地节点进行，各个节点对本地自有的数据拥有完全的自治权限，节点与节点之间是一种更加平等的关系，即使是有协调方的联邦学习机制，协调方也无法直接或间接操作计算节点上的原始数据。

(2)密码学破圈应用

为了实现"数据不出私域"的思想，与安全多方计算的算法层面破局类似地，联邦学习的主要技术创新在于打破了分布式机器学习的中心化思维模式，开创了基础加密技术在去中心化生态模式下的应用，因此在过程中我们也能看到熟悉的同态加密等技术的身影。

(3)安全性全链覆盖

传统的分布式机器学习通常是在局域网内部，数据的安全性是通过系统的软硬件防护措施来保证。而联邦学习往往是跨网络之间的交互，需要耗费大量的网络传输资源。因此，联邦学习的模型训练过程既依赖于网络的稳定性，又对数据安全提出更高的要求。即使是模型训练过程传输的中间计算结果，往往也是需要通过其他的隐私计算技术，如同态加密、安全多方计算等来确保中间结果的安全性。

(4)高算力需求

正是跨网络之间的交换以及大量密码学技术的应用，导致了模型训练效率的差异。相较传统的单机模型训练，分布式的机器学习主要目的在于大幅提升模型的训练速度，无须考虑数据的安全性问题；而联邦学习的主要目标在于数据安全的保护，是以牺牲模型训练效率为代价，数据的大量加解密操作，以及密态计算及通信消耗，导致了联邦学习的模型训练效率大大低于传统的机器学习单机训练速度。

3. 联邦学习的应用

联邦学习经过近三年的快速发展，相关的联邦学习平台相继推出，国际上谷歌（Google）的基于分散式数据的机器学习 TFF（Tensorflow Federated Framework）和脸书（Facebook）的隐私保护深度学习通用框架 PySyft 是主流的联邦学习平台。在国内，微众银行和百度在金融和医疗领域的技术布局也同样瞩目。

（1）海外科技巨头布局深度学习框架，加速技术进步

谷歌（Google）的联邦学习主要是侧重设备上的数据集的协同机器学习模型，致力于实现数据不离开本地设备的情况下实现跨设备的训练共享的机器学习模型。在 TFF 的应用中，谷歌（Google）将联邦学习模式简化，并推广到联邦计算、联邦分析等方面，实现开发者的多种分布式机器学习算法使用和实验平台的开发。除此之外，开发者还可以将现有的机器学习模型应用到 TFF 框架之下，执行包括人联合训练或联合模型评估的基本任务，节省了研究算法细节的重复性、末端性劳动。

2019 年，脸书（Facebook）与网络安全服务公司 Openminded 联合开发了隐私保护深度学习通用框架 PySyft。作为首个应用于构建安全和隐私保护的开源联邦学习框架，以加速隐私保护技术的研究为目标。该框架能够支持在谷歌和脸书的深度学习框架中使用联邦学习、安全多方计算、同态加密等技术实现隐私数据与模型训练解耦。

（2）国内联邦学习相关方案应用持续落地

金融和医疗领域作为数据隐私性最强的两大领域，企业和机构对于数据的合规性需求更为迫切。联邦学习作为能够便捷解决数据孤岛与数据共享之间矛盾的合规方案，帮助实现了数据价值的最大化。

Fate 是微众银行旗下的联盟学习开源项目，提供了一种基于数据隐私保护的安全计算框架，为机器学习、深度学习、迁移学习算法提供强有力的安全计算支持。安全底层支持多种安全多方计算机制，目前，Fate 已经应用于计算机视觉、交通违章保险、小微企业信用风险管理、跨银行反洗钱等场景。

百度的 PaddleFL 是飞桨旗下的基于 PaddlePaddle 的开源联邦学习框架，提

供诸多联邦学习策略，以及其在计算机视觉、自然语言处理、推荐算法等领域的应用。此外，PaddleFL 还将提供传统机器学习训练策略的应用，例如多任务学习、联邦学习环境下的迁移学习。从应用场景来看，其已经应用于联合营销、智能医疗、智能质检等场景。

国内提供联邦学习平台产品的主要厂商还包括平安科技的蜂巢、京东数科的联邦模盒、富数科技的 Avatar 联邦学习平台、光之树的云间联邦学习平台、数牍科技的隐私计算平台、翼方健数的翼数坊、锘崴科技的锘崴信隐私计算平台、同盾科技智邦 iBond 平台等。

(三)可信执行环境

如果"百万富翁问题"是基于不存在可信任第三方的假设，那么可信执行环境则是在现实环境中"自告奋勇"地承担起了这一角色。不同于安全多方计算，可信执行环境(Trusted Execution Environment)并非通过对数据进行加密处理实现保护，而是通过硬件方式提供了隐私输入保护能力，结合现代处理器中的专用硬件和硬件对应的驱动软件来提供隐私计算的功能。

1. 可信执行环境的实现原理

在实现原理上，通过将系统的硬件和软件资源划分为两个执行环境——可信执行环境和普通执行环境，将二者互相隔离，有独立的内部数据通路和计算所需存储空间。普通执行环境的应用程序无法访问可信执行环境，即使在可信执行环境内部，多个应用的运行也是相互独立的，不能无授权互访。其主要运作机制是防止相同处理器上的任何其他进程访问或者观察隐私计算所在进程的内存或执行状态，包括操作系统或者高权限程序。简单而言，即将所有数据和运算放入与外界隔绝的黑箱中进行，仅在需要时与外部进行经过安全认证的交互。

2. 基于可信执行环境的机密计算

机密计算是指在基于硬件的可信执行环境中执行代码来保护数据应用中的隐私安全的技术之一。

其基本原理是：将需要保护的数据和代码存储在可信执行环境中，对这些数据和代码的任何访问都必须通过基于硬件的访问控制，防止它们在使用中未经授权被访问或修改，从而提高机构管理敏感数据的安全水平。基于可信执行环境的隐私保护方案不受算法和网络限制，其安全性完全依赖于可信执行环境自身的安全性,实际使用中需要信任 TEE 硬件厂商或平台服务商。

3.可信执行环境的实现形态

现阶段成熟且广泛使用的可信执行环境主要是 Intel 的 SGX(Software Guard Extensions)技术,在其 Skylake 处理器及其后续产品中都提供有该功能。SGX 虚拟化则是较新兴的技术,目前支持运行于 Intel 处理器上的基于内核的虚拟机 KVM(Kernel-based Virtual Machine)。ARM 的 Trustzone 和 Advanced Micro Devices(超微半导体)的安全处理器也提供可信执行环境功能。

软件层面上的产品就更广泛一些,从底层的基本支持库到隐私数据处理平台都有不同的产品。一些框架为应用开发者提供了更好的便利性和可移植性,例如百度的 Rust SGX SDK① 和安全计算平台(MesaTEE),Google 的开源机密运算开发框架 Asylo,Microsoft 的 Open Enclave SDK,多云安全公司(Fortanix)的 Rust Enclave 开发平台和 SGX Linux 内核库。除此之外,还有一些专用应用,例如,支持 SGX 的容器机制 SCONE②,用于开源区块链的 R3Corda③ 和基于 SGX 的隐私数据分析平台 SharemindHI④。

由此可以看到,几项技术解决方案之间各有利弊,适用于不同的应用场景,表 3-3 为隐私计算的各技术路径作出了简明总结。

---

① 来自百度安全实验室的开源项目,将 Rust 语言和 Intel SGX 技术进行结合,可通过该项目用 Rust 语言编写 Intel SGX 应用。

② SCONE 是一种用于 Docker 的安全容器机制,它使用 Intel SGX 可信执行支持来保护容器进程免受外部攻击。

③ Corda 是由 R3CEV 推出的一款分布式账本平台,其借鉴了区块链的部分特性,例如 UTXO 模型以及智能合约,但它在本质上又不同于区块链,并非所有人都可以使用这种平台,其面向的是银行间或银行与其商业用户之间的互操作场景。R3CEV 是一家总部位于纽约的区块链创业公司,由其发起的 R3 区块链联盟,至今已吸引了 42 家巨头银行的参与,其中包括富国银行、美国银行、纽约梅隆银行、花旗银行、德国商业银行、德意志银行、汇丰银行、三菱 UFJ 金融集团、摩根士丹利、澳大利亚国民银行、加拿大皇家银行、瑞典北欧斯安银行(SEB)、法国兴业银行等。

④ Sharemind HI(Sharemind Hardware Isolaiton,硬件隔离)是 Sharemind 公司开发的专用于数据安全的服务器,从硬件层创建了可信任执行环境,保障数据的安全性。

表 3 – 3　隐私计算技术路径对比

技术路径	主要特点及优劣势	应用场景
安全多方计算(SMPC)	理论导向,解决具体假设对应的具体问题	安全拍卖、黑名单共享
同态加密(HE)	应用性强,对数据存储要求高	适合相对较小但关键的加密计算组件,并且其功能很难或者不可能使用其他方法来实现,已落地于医疗领域
零知识证明(ZKP)	数据存储要求少,运算过程时间长	软件开发应用,包括微软的身份识别框架(U-Prove)和国际商业机器公司(IBM)的身份混合器(Dentity Mixer)
差分隐私(DP)	可能存在多次查询或者恶意查询导致的隐私泄露	本地隐私保护和监管统计
联邦学习(FL)	安全性全链覆盖、算力需求高	国内外均有布局框架,落地于金融、医疗领域
可信执行环境(TEE)	硬件解决方案,安全性高,但运维成本相应上升	适用于本地和远程鉴证

二、区块链

伴随着大数据时代对公开透明的交易环境的需求,区块链技术应运而生。区块链以密码学连接的记录,每个记录中都包含历史记录、时间戳、交易记录。[①] 被视为解决数据真实性、安全性与开放性问题的技术路径如图 3 – 2 所示。

① Morris, David Z. Leaderless, *Blockchain-Based Venture Capital Fund Raises $100 Million*, And Counting. Fortune, 2016 – 05 – 21.

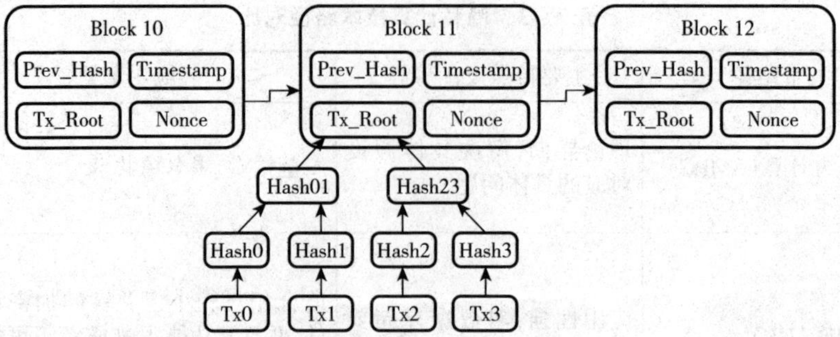

图3-2 区块链示意图①

区块链作为多节点参与的分布式技术，提供了一个集体维护的技术解决方案，因其“不可篡改”“可追溯”“公开透明”而营造了一个高度信任的环境。区块链模式成功的本质思想在于在“去中心化”的分布式存储下实现共识机制，而这一机制的保障基础正是加密技术。

在数据成为生产资料和市场资源的趋势下，通过共享数据训练模型来创造价值已经成为一种商业模式，而区块链所能够簿记的数据价值日益凸显，有望为“数据金矿”在人工智能、云计算、大数据等场景中的共享和流通提供便利条件。

（一）去中心化模式实现“不可篡改”

区块链技术最初的主要亮点在于通过密码学在分布式系统中的应用，实现了分布式信息发布与传输、分布式记账、分布式存储的功能。

不同于分布式数据库尽可能构建一个逻辑中心、将数据分散到各存储空间中的逻辑，区块链最初的核心愿景是建立一个去中心化、数据资产有权永久保护和自由转让的环境，承担簿记外部交易并保存的功能。

区块链通过密码学算法将系统中的节点信息存储到一个数据块，并生成该数据块的指纹用于连接下一个数据块和校验，因此需要系统中所有的参与节点来认定记录是否为真。这种去中心化的模式保证了区块链的不可篡改性，同时区块链所拥有的时间戳标记为数据打上了独一无二的标签，也为数据确权的实现提供助力。

随着数据资产化的发展，区块链中存储的数据价值成为资源对象，因此对数

① Matthäus Wander. *Bitcoin Block Data*, https://commons.wikimedia.org/w/index.php?curid=26816920.

据合规性的要求日益提升，区块链技术也亟待升级以应对在数据创造价值的过程中的“疑虑”，其中包括：(1)数据安全性问题；(2)链上存储成本问题；(3)链上数据的计算性能问题。其中，数据安全问题主要来源于对区块链攻击者能够控制全部节点的51%就可以对网络数据进行修改的担忧。链上存储成本主要来源于去中心化系统的运维，而计算性能则来源于分布式模式本身的限制。

因此，在去中心化模式创新的过程中，作为多学科融合而生的区块链技术的商业化之路上势必需要在原有学科基础上继续深化，或继续兼容并包其他技术学科。

(二)区块链赋能数据合规

在泛数据治理中，数据“三权分立”下的数据合规主要目的在于保护数据所有者隐私的同时，通过数据的流通、共享、交易，实现数据的价值增值。而在此过程中，在不可篡改和去中心化的基础上，区块链对于数据合规方面的数据确权和数据资产化环节提供了技术保障。

1. 数据确权

当前，许多数据不能上云的主要顾虑就在于数据确权问题——主要表现为对于存储云是否会将数据备份或泄露的担忧。同时，随着人工智能、物联网等新技术进入生活，除了数据上云、云计算之外的场景也对数据确权问题提出了急迫的解决需求。

由于所有区块链上的节点都完整地保留一份交易的历史记录，任何单个节点的修改都会被其他节点的备份所证伪，从而保证了整个系统的数据不可篡改。因此，区块链对于数据的确权意义在于，区块链能够将数据之间使用权的转移完整且不可篡改地进行记录，帮助实现在广泛交易中的数据确权问题。

区块链可以理解为一种“确权机器”，包括数据、虚拟商品等各类资产都可以通过“上链”实现提升效率与降低成本兼得的确权。

2. 数据资产化

2021年10月16日，广东省发布全国首张公共数据资产凭证。这也意味着数据实现了从资源到资产的转变。

数据资产不同于数据资源，其在数据确权的前提下，能够通过价值交换为所有者和使用者创造收益和增值。在数据进入市场的过程中，需要建立交易、流转、管控、追踪、溯源等全套机制。区块链技术不仅可以作为数据要素的载体，其可溯源、不可篡改的记账功能也使得数据资产化的过程和之后的流转变得可信可见可证。

首先，区块链的去中心化特点保护了数据存储的来源真实性和内容准确性，为数据的共享、交易、验证提供了基础的技术保障和信赖环境。

其次，区块链通过将数据存储于一个互相链接的数据块中，构建了一个完整的信任链条和证据链条，将数据资产的前世今生动态记录成为互相认证、不可篡改的档案记录，为数据资产市场化治理奠定基础。

最后，区块链支持部署的智能合约能够帮助在触发合约条款时立即执行而无须人为操作，为合约各相关方提供智能化服务，建立更加有效的合作机制，提升数据的配置效率。

（三）区块链与隐私计算

在流通日益高频、共享范围高速扩张的数据时代，区块链技术在数据的存储安全和共享安全的实现过程中，其加密技术也随之不断演变和发展。

《隐私计算：开启数据共享新商业模式》[①]总结了10年来区块链在加密技术上的迭代，主要分成三个世代：

第一代技术的典型代表是交易秘密的保护，通过零知识证明、环签名、保密转账等技术实现了交易的隐私保护，一个突出的特点就是其技术可以保护链上交易隐私。

第二代技术的典型代表是通过交易隐私保护的组合实现简单的功能。比如以太坊上有一些隐私协议，通过采用零知识证明技术，可以实现Mint功能。我们认为第二代技术是第一代的扩展，不过它们都只能实现交易隐私，如果涉及图灵完备的智能合约就无能为力了。

第三代技术有望将“隐私保护”的概念拓展成“机密保护”，在保护用户交易隐私的基础上，保护智能合约中的任何机密数据不被泄露。目前的智能合约技术，所有的数据都必须完全公开，“机密智能合约”（Confidential Smart Contract）有望可以如同以太坊的图灵完备智能合约一样，可以进行通用的计算，但不必暴露机密数据。这一类技术有两个主流路线，分别是全同态加密和可信执行环境。

---

① 燕丽：《隐私计算：开启数据共享新商业模式》，人民日报出版社2022年版。

因此，在第三代的区块链隐私计算方案中，我们可以看到区块链和与传统计算机安全或密码学的相互成就。在下一章节中，我们将着重讨论二者在应用场景中的协同。

第二章　技术协同,赋能数据合规治理

在数据合规要求下,如何在一个互不信任的多用户系统中,让各用户保障各自数据安全不泄密的同时进行网络协同计算?这是一个技术问题,也是一个法律问题,更是所有数据企业面临的现实问题。

其实在2021年,国家互联网信息办公室同相关部门起草的《网络数据安全管理条例(征求意见稿)》中,已着重强调从技术基础、组织管理、价值生态等诸多层面深度改造产业发展模式和企业治理架构,广泛重塑数字经济下的数据处理与流转利用规则。

在技术基础层面,《网络数据安全管理条例(征求意见稿)》指明,各类数据处理者应当按照有关法律、行政法规的规定和国家标准的强制性要求,建立完善技术保护机制,通过采取备份、加密、访问控制等必要措施,保障数据免遭泄露、窃取、篡改、毁损、丢失、非法使用,应对数据安全事件,防范针对和利用数据的违法犯罪活动,维护数据的完整性、保密性、可用性。数据处理者应当按照网络安全等级保护的要求,采用各种技术手段加强数据处理系统、数据传输网络、数据存储环境等安全防护,应当使用密码对重要数据和核心数据进行保护。这些明示的技术要求,足以显见技术基础已成为企业数据合规治理中不可或缺的"新基建"角色。

一、技术互补的携手融合,数据合规治理中的"新基建"

人工智能、大数据、云计算等应用场景已经遍布各行各业之中,本质上而言这些计算和分析技术都立足于大样本的数据,是"站在海量数据的肩膀上"眺望未来航向。随着数据相关法律的制定,数据合规处理已成为数据企业在开展相关数据业务的“命门”与“刚需”。

这根弦如何绷紧和绷好？对于企业来说仍然不得其法，如何进行技术选型，技术怎么用才能更好地赋能数据合规治理，是摆在面前的难题。

在具体应用场景中，隐私计算和区块链二者具有天然的理论连接，互相协作发展。区块链与密码学的关系非常紧密，密码学为区块链提供了信息不可篡改、可追溯、隐私保护和匿名性等安全能力，而密码学又是隐私计算的理论基础，加密算法是隐私保护的重要方法，数字签名保障了可认证性和不可抵赖性，二者的互促互进，能推动高效、低成本、大规模的数据交换、交易和价值分配。

（一）金融机构间横向联合风控中的合规共享

以客户隐私和风控安全为考量的前提下，金融机构各自为一个数据孤岛，合作伙伴之间无法直接共享黑名单或交易数据。但在区块链隐私计算协议的加持下，数据可用不可见条件下的联合共享，在数据合法合规满足保密需求和风控需求的同时，让不良资产和不良用户无处遁形，实现了更强有力的风控机制。

在具体技术上，联合风控适合采用全同态加密和可信执行环境计算方案。计算任务会在密文上进行搜索判定用户的征信模型特征，最终会输出征信成绩表示该用户的征信情况。在这类用例中，隐私计算区块链的最大价值是可用不可见，减少了信任成本。同样的数据合规使用场景还包括保险风控、中小微企业融资、金融营销等场景。

例如，某港股上市银行利用光之树产品启动了基于区块链和隐私计算技术的可信数据共享平台项目，利用区块链技术推动“开放银行”将数据层开放，打造一个各行各业数据共享的数据生态，并且在符合监管及数据安全要求下，实现数据授权、发布、分享完全线上化，且数据可追溯可审计，从而更有效地实现“用数不见数”的数据 API 新模式，实现数据价值的互补利用。

具体实施内容包括：该银行将天机安全计算平台部署在行内的生产环境中，用来管理包括总行、直销银行和征信机构等多方数据源，实现了严密的加密处理框架 + 区块链实时记账（资金、访问记录）提升多方信任 + 数据匹配搜索与撮合。经过第一阶段建设，该银行已经初步具备在去中心化环境下，实现数据安全接入、管理、优选等功能。

此外，光之树利用云间联邦学习平台、天机可信计算平台，为该银行安全引入了包括中小微商户物流、支付、发票等在内的数据。这些数据原来存在于不同的数据所有方，很难有合规且符合银行要求的数据能力输出方式。利用云间联邦学习，解决了银行“X值”合规引入的问题，并且可以使得银行建模人员能在数据可用不可见的前提下快速迭代模型，避免了过往数据建模过程中的诸多效率和合规问题。

(二)精准化营销

联合营销是可以利用流量渠道的数据与金融机构的数据进行有针对性的精准投放，实现用户增长或默客激活，同时保护各参与方数据不会外流。为了提高投放收益率，往往需要投放方和流量渠道方提供各种不同维度客户特征，常以跨特征联邦为主的方式建立营销模型。而在联合营销的整个过程中，需求投放方希望核心投放用户数据在三方渠道处是不可细数的，既能满足拉新需求又能保证核心资产安全。

目前，隐私计算赋能精准营销的场景在金融行业中已有落地。

某银行信用卡营销与联邦学习技术结合的应用案例中，银行信用卡业务通过与网络媒体合作进行信用卡拉新营销业务。媒体端拥有曝光、点击等转化数据，根据这些营销过程中沉淀在媒体端的转化数据，可以使用机器学习算法进行营销建模，为广告主推送更精准的数据包。在实际业务场景中发现，根据模型筛选推荐的数据包，用户的点击率得到提升，但是在银行广告主后端的进件、过审、核卡、发卡、逾期表现等方面都表现较差。对于银行来说，营销的ROI并没有得到提升，反而增加后端风控压力。这是因为在实际信贷场景中，兴趣更高的用户，往往信用水平较低，因此较难通过后续的风控审批。

从整个数据产业来看，联邦学习可以增加可用数据的总量，能很好地解决现存数据孤岛的问题；对企业自身而言，使用联邦学习能简单、合法且低成本地获取外部有效的数据信息，快速解决某些因数据量或数据维度不足而导致的困扰，而且也不会造成合作企业间数据或商业机密的泄露。规范数据使用可以在汇聚更多数据的基础上迎来数据价值挖掘的下一个爆发点，带动人工智能的数据基础设施进步，联邦学习和隐私计算未来会逐步成为人工智能的基础设施。

(三)卫生医疗数据应用开发平台

在医疗业务中，医疗数据的质量、隐私安全、治理管控等都是影响医疗市场秩序和医疗数字化发展的关键因素，其中病例数据作为医疗机构最需要保护隐私安全的数据，对医疗科研与病情推断具有极其重要的价值。但长期以来，医疗数据问题反复被提及却无破解之法，而隐私计算的出现成为医疗行业数据安全和价值释放的技术保障，有助于建立一个良性有序的医疗健康行业数据生态。

厦门市在2017年就提出要将信息孤岛进行互联互通，实现数据共享，运用大数据提升政府治理水平。基于此，翼方健数协助厦门实现医疗数据战略从顶层设计到底层实现的"落地"，实践大数据、大融合、大发展，构建了一个医疗数据应用开放的数据生态，包括：数据服务方，即搭建数据安全传递的桥梁；平台管理方，即需要维护数据生态的正常运转；第三方企业，提供数据AI应用模型或服务放入平台运行。

在整个数据生态运营过程中，数据来自厦门市卫生和健康委员会主持的数据收集工作，从厦门市各医疗机构全量采集健康医疗数据，和人口数据等第三方数据融合。平台通过需求方来带动数据生态的发展，个人、医药企业、保险公司、政府机关对于健康医疗数据都有需求，同时通过引入大量有能力的第三方服务机构来完成对于原始数据的处理、挖掘，满足不同的数据需求，成为数据需求方和数据提供方之间的桥梁，建立开放的数据生态，大大地提高了数据开发和使用的效率。并基于构建大数据能力平台实现向各种医疗场景展开落地应用。

与此同时，通过隐私计算技术，能够确保数据不离开平台，只输出数据价值，来协助数据所有者"共享"自己的数据而又不用担心数据被他人留存。翼方健数为数据使用者在使用前提供了充分的数据探查方式，确保用户能够找到所需的数据。平台允许对各种数据颗粒度的访问授权，最细可以达到数据单元级别。对科研工作来说，无疑解决了数据安全和数据应用的矛盾，让医疗数据价值最大化。另外，数据的使用者期望能够借助平台提升数据处理的工作效率，如实现迅速地找到所需要的数据，便捷地处理数据，以及和其他数据工作者高效地合作。

（四）移动终端构建个人信息保护的数据安全技术防御体系

OPPO在数据安全技术方面，以六层防御系统为基础，打造数据安全防御体系，运用AI、大数据等新技术，构建智能化数据安全防护能力，将安全活动贯穿产品全生命周期，为产品安全提供强有力的保障手段，为用户提供安全可靠的互联网产品和服务，共同保障用户个人信息安全。

第一层防御系统，移动端安全。OPPO通过为移动应用提供专业、高效、便捷的一站式应用安全解决方案，涵盖应用加固（含SDK加固）、移动端安全密钥管理、安全组件等安全与隐私保护能力，有效对抗多种反编译逆向攻击，提升移动应用安全指数。构建了端云协同、多产品联动的智能实时 App 安全隐私治理体系 OPPO 智能护盾，贯穿 App 的测试、上架、下载、安装、运行、升级、卸载、下架全生命周期，提供安全漏洞扫描、个人信息保护合规检查、恶意行为检测等服务，打造绿色安全的开发者生态，为手机用户提供全方位的安全隐私保护。

第二层防御系统，网络安全。OPPO 通过动态防火墙系统实现安全区域划分与隔离，根据不同区域以及业务需求，确定安全策路，并可以跟随业务扩容实现自动扩展。在互联网出口部署流量分析和流量清洗，实现网络恶意流量的检测及清洗，支持缓冲区溢出、SQL 注入、暴力猜测、DDoS 攻击、扫描探测、蠕虫病毒、木马后门、间谍软件等各类入侵攻击的检测和防御，为用户使用安全可靠互联网业务提供保障。

第三层防御系统，接入层安全。接入层采用统一接入网关，并结合 Web 应用防火墙，通过防御 SQL 注入、XSS 跨站脚本、常见 Web 服务器插件漏洞、木马上传、非授权核心资源访问等 OWASP 常见攻击，过滤海量恶意访问，避免 Web 应用服务和系统数据泄露，保障 Web 应用和服务的安全与可用性。

第四层防御系统，业务层安全。OPPO 提供业务安全风控服务，支持账号安全保护、虚拟财产保护、虚假流量识别等，提供多种业务风险场景下的安全保障，确保各类异常行为特征都能被及时发现和响应。

第五层防御系统，主机层安全。态势感知系统提供了基于环境动态、整体的洞悉信息资产安全风险的能力，能够主动的对信息资产环境进行风险探测，通过及时同步最新风险信息库，确保实时、准确识别安全风险。该系统并通过可视化技术，提供清晰的安全状态与趋势视图，为安全运营人员制定有效风险应对措施提供依据。主机入侵检测系统支持定期检测主机及核心软件的配置安全情况，实时监控主机异常登录、恶意程序、恶意链接、Webshell 等攻击风险，提升业务后台运行环境安全等级，降低业务数据泄露风险。

第六层防御系统，数据层安全。通过密钥管理服务，帮助业务/用户创建和管理密钥，保护密钥的保密性、完整性和可用性，满足多应用多业务的密钥管理需求，保障数据传输以及存储的机密性。基于 OPPO 数据分类分级标准，采用自定义的脱敏技术对敏感数据脱敏，保障用户数据安全。

同时，如图 3－3 所示，OPPO 采用大数据技术，将安全数据整合并不断进行沉淀，形成安全大数据：通过 AI 分析引擎，对海量安全数据进行深度挖掘分析，有效发现并感知威胁；整合安全能力，实现策略联动，对威胁作出更加智能的预警及处置，为互联网业务提供更加智能的安全防护能力。①

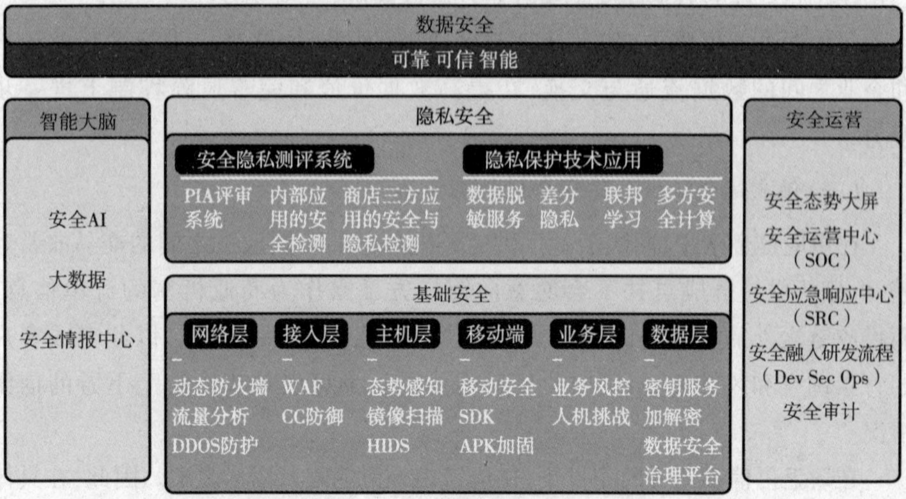

图 3－3　OPPO 数据安全技术防御体系

二、消除疑虑的情景需要

数据安全和合规意识在社会中逐渐成为广泛共识的同时，数据泄露相关事件的国内外媒体报道越发能够挑动人们敏感的神经，也让数据安全合规的疑虑在大众心中埋下的种子开始生根发芽。

2020 年 3 月，有媒体报道，微博用户信息在外网上公开被低价出售，包含用户手机号、密码等。对此，微博安全中心回应称，已加强安全策略，并上报给司法机关。

2020 年 4 月，Zoom 被曝出存在大量的隐私风险。据报道，Zoom 在没有通知用户的情况下向 Facebook 发送分析数据，数以万计的私人 Zoom 视频被上传至公开网页，任何人都可在线围观。

① 德勤咨询：《移动应用（App）个人信息保护白皮书》，载 http://www.100ec.cn/detail--6603281.html。

2020 年 4 月，在境外一家黑客论坛上，两位用户发帖声称出售国内银行数据信息，包含多家银行约 80 万条客户信息，包括电话、姓名、身份证号、家庭地址等。

以上只是隐私数据安全事件中的一瞥，实际上随着互联网科技深入生活，中心化设计和管理的数据库安全事件始终难以规避。

在数据合规保障中，隐私计算与区块链的协同能够进一步帮助行业内部和企业之间的数据流通与交换，在提高数据价值和完善风险控制上进一步发力。

（一）供应链金融纵向拓宽合规数据共享

在供应链金融中，同属于一个供应链链条中的不同成员之间的交易非常频繁，但显然供应链成员并不会愿意向第三方暴露作为商业机密的订单信息。而供应链之外的金融机构却需要了解供应链之内的部分信息，以此完成客户的背景调查和风控程序；同时供应链之中的厂商可能希望了解上下游的信用情况。

在缺乏可信第三方的条件下，供应链内外只能陷入僵局之中。因此，在具体技术上，通过隐私计算的可信计算技术与区块链技术的结合，能够将供应链内外的数据符合保密需求地联合在一起，以天为单位根据各环节供应商的本地信息计算出联合的公共信息，帮助供应商和金融机构可以按照真实、实时的公共信息制定策略，完成了安全且合规的数据共享。

图 3 –4 以某港口“仓单质押贷”项目为例，涉及 12 个不同行业的实体（如物流、仓库、银行、保险等），业务流转过程中的数据、单据数量巨大，且银行最核心的关注点是仓单真实性如何保证和快速校验的问题。该港口采用 IoT + 区块链 + 隐私计算的方案，实现了资产数字化—数字资产化的数字化转型闭环；保障核心企业/企业间数据协作的安全；通过智能合约保障无纸化实时同步数据，以及全供应链唯一账本；通过数据协作与流程简化，保障核心企业和企业间数据协作的安全。

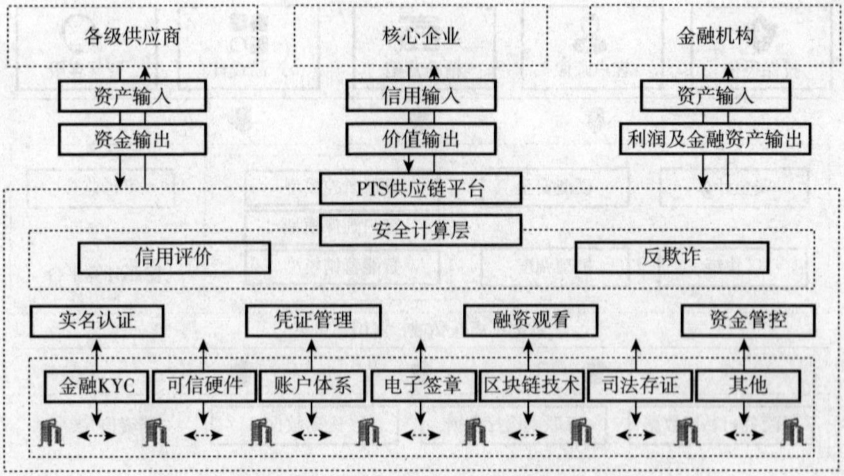

图3-4　基于IoT+区块链+隐私计算的供应链金融体系

(二)保险智能风控

在医疗保险行业,许多保险公司需要更加全面的客户信息来评估被保人的投保风险,同时也为客户提供最合适的保险方案。而随着数据监管变得更加严格,拥有数据的企业或者机构与需要数据的保险公司之间产生了一道无形的墙。如何在不打破这道墙的前提下建立连接数据的桥梁,进而实现扩大数据规模、提高投保风控模型的精度、优化保险产品的设计、对客户精准营销,最终建立完善的客户服务体系,这是目前整个保险行业需要面对的问题。

因此,借助一个安全合规的大数据联合分析平台,实现信息交流,这是对保险公司目前而言的最好方案。

如图3-5所示,锘崴科技基于锘崴信隐私计算平台构建的医疗保险智能风控系统,利用隐私计算技术,有效地聚合多渠道、多平台的数据源,为保险行业提供了一套行之有效的大数据联合安全分析解决方案。

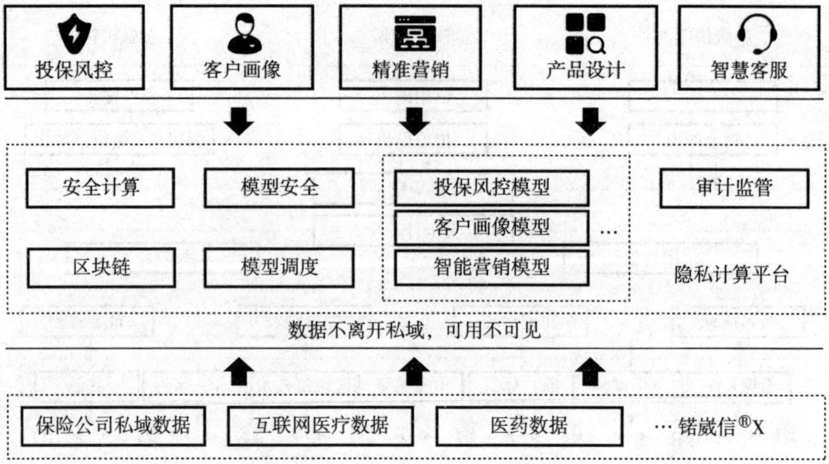

图 3-5 锘崴科技保险系统模型

(三)构建药物研究联合分析系统

利用大数据分析辅助药物研究已经在医药界达成广泛共识,尤其近年大数据技术的发展,对医药行业起到了很大的促进作用。大数据辅助新药研发,需要汇聚包括社区医疗数据、病人的随访数据、病人的消费习惯、使用偏好等方方面面的数据,这些分散的数据往往无法集中到一起,而且数据的使用也受到法律法规限制。

锘崴科技基于锘崴信隐私计算平台打造的大数据药物研究联合分析系统,图 3-6 结合了隐私计算和联邦学习技术,应用在新药研发、疾病管理以及药物追踪等多个场景中。系统采用隐私计算技术,融合了包括制药企业、医院、互联网医疗、医疗科研机构等多方数据源,在确保病例隐私数据安全的前提下,通过系统提供的高精度的医疗分析模型,实现对药物的相关研究。

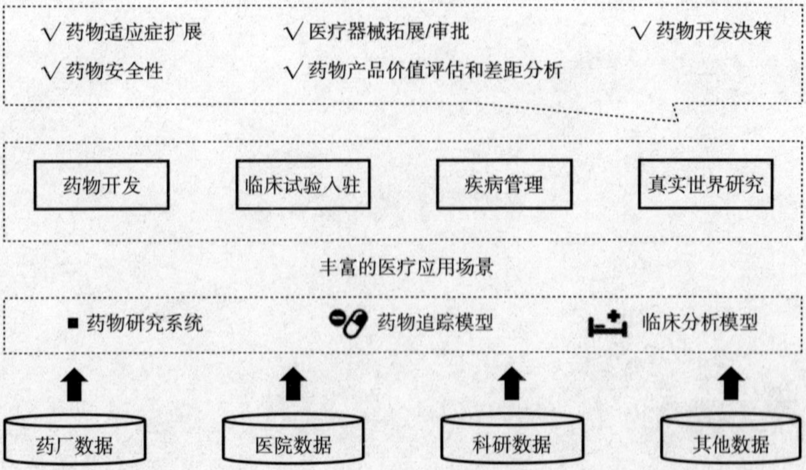

图 3－6　医药研究系统

在技术赋能的具体场景中，不难看到目前落地的企业数据合规主要集中于金融和医疗板块，但伴随数据合规要求的提升，其他大数据企业的数据合规要求紧随其后。而隐私计算与区块链结合的方案同时解决了数据安全存储的问题和在数据流通和共享中的泄密疑虑，因而，在未来企业内部数据合规、企业间数据交易流通中，以隐私计算和区块链为代表的技术解决方案势必能够在已有解决方案的基础上，进一步推广应用与生态，助力企业在合规的同时打开数据价值新蓝海。

第四篇

市场篇

“市场”通常具有两层含义，一是指商品交换的场所，二是一系列商品交换活动的总称。数据要素市场是指数据要素在交换和流通过程中形成的市场。2020 年 4 月，中共中央、国务院印发的《关于构建更加完善的要素市场化配置体制机制的意见》中，专门设立了“加快培育数据要素市场”章节，积极推动数据要素化和要素市场化进程。2021 年 3 月，《第十四个五年规划和 2035 年远景目标纲要》明确提出，“发展技术和数据要素市场”，“建立健全数据要素市场规则”。数据要素市场化配置的提出，意味着数据已不仅是一种产业或应用，而是成为经济发展赖以依托的基础性、战略性资源。数据要素市场化配置上升为国家战略，对发展数字经济、完善现代化治理体系将产生深远影响。然而，当前数据要素市场化的有效性评价机制尚不明确，市场最大化价值的发挥究竟是追求数据本身能够方便流转，还是数据价值能够有效挖掘，抑或能为数据产品或服务提供明确、合理的合规指引且有助于其顺畅交易，这是值得考虑的问题。

第一章 数据要素的市场化演进

数据要素的市场化演进，随着数据资源化、数据资产化和数据资本化的过程。从转化的过程来看，数据资源转化为数据要素的过程称为数据要素化。数据要素转化为数据资产的过程称为数据资产化。数据资产化的关键是数据要素需要进行会计确认计量，并确认能够带来经济收益。数据资源化是数据要素化的先行阶段，是激发数据价值的基础。数据资产化和数据资本化则是要素市场化的主要内容。其中，数据资产化本质是形成数据交换价值，初步实现数据价值的过程，数据资本化是数据要素价值在资本市场中的体现。[①] 在这个过程中，形成了数据流通市场、数据应用市场和数据资本市场。如图 4－1 所示。

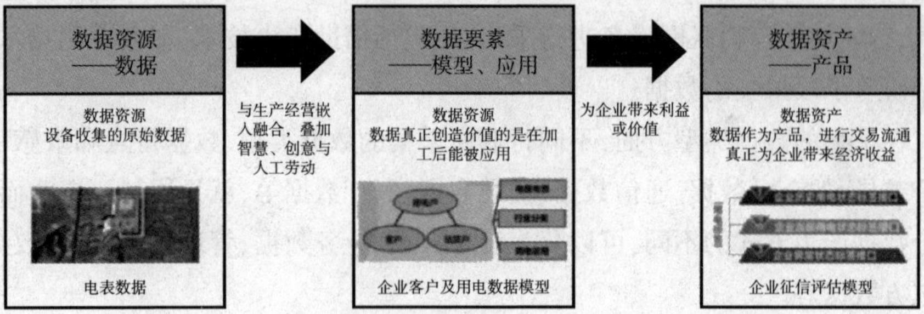

图 4－1 电力行业数据资源、数据要素、数据资产转换关系[②]

一、数据资源化

数据资源化是使无序、混乱的原始数据成为有序、有使用价值的数据资源的

---

① 孙克：《数据要素价值化发展的问题与思考》，载《信息通信技术与政策》2021 年第 6 期。

② 陈彬等：《南方电网数据资产管理体系白皮书》，载微信公众号"智慧城市行业动态"2021 年 12 月 25 日，https://mp.weixin.qq.com/s/ULg6Ck9_8uBCiMzTaXLNDw。

过程。[①] 推进数据资源化，是企业挖掘自身数据价值，赋能生产经营活动的前提，也是对外形成市场所需的数据相关产品和服务的基础，还可以推动数据成为有价值的商品。通常来说，数据资源化包括数据采集存储、数据质量管理、数据加工分析三个环节，是企业将自身数据转换形成有价值的商品或生产力过程中必不可少的处理活动。[②]

（一）数据采集存储

1. 数据采集

数据采集是根据需要收集数据的过程，是推进数据资源化的首要环节。企业在生产经营过程中，可能会针对不同来源、不同载体、不同类型的数据进行采集。

就数据采集来源而言，既包括在日常经营活动中产生的系统数据、设备数据和提供服务过程中采集的用户数据，也包括采集相关外部数据，如政府部门开放的公共数据、产业链上下游合作伙伴共享的业务数据、向数据经纪商购买的定制化数据、自身爬取的网络舆情数据等。

在采集数据的生成载体方面，包括通过 Excel、数据仓库、数据库、ETL 等技术进行储存和调取数据，也包括基于传感器、蓝牙、条形码、射频识别、摄像头、麦克风、智能终端等物联网设备进行采集，还包括借助爬虫技术、埋点检测技术、用户调研等手段采集的数据。

在采集的数据类型方面，不同行业所采集的数据类型、数据特点和敏感程度略有差异，如金融数据、通信数据、交通数据、医疗数据等，就具体某一企业而言，结合数据产生方式的不同，可以分为设备数据、业务数据、管理数据、用户数据和第三方数据等。

企业的数据采集活动，可以自主采集，也可借助市场力量，购买相应的数据采集服务帮助企业提升数据采集的效率和质量。当前，提供数据采集相关服务的市场主体主要包括数据采集设备提供商、数据采集技术和解决方案提供商。数据采集设备是推进采集数据资源的工具设施，数据采集设备提供商为数据采

---

① 中国信息通信研究院：《数据价值化与数据要素市场发展报告（2021）年》，载 http://www.caict.ac.cn/kxyj/qwfb/ztbg/202105/t20210527_378042.html，2022 年 1 月 9 日最后访问。

② 梁继、苑春荟：《数据生产要素的市场化配置研究——一个理论分析框架》，载《情报杂志》2022 年第 4 期。

集提供传感器、采集器等专用采集设备和智能设备。各地也高度重视数据采集设备相关产业的发展。例如，青海省提出：积极围绕大数据采集和应用，发展传感器、蓝牙、条形码、射频识别等数据采集设备产品制造和软硬件一体化、多样化智能终端产业。工业互联网领域的数据采集设备发展较为成熟，典型的企业如树根互联、航天云网等。数据采集技术和解决方案的推进采集数据资源的技术集合，数据采集技术和解决方案通过人工采集服务、系统日志采集系统、网络数据采集系统等方式为客户提供系统化的数据采集解决方案，如诸葛、神策、用友等企业。

2. 数据存储

企业完成数据采集后，需要对有价值的数据进行有效存储，以便进一步对数据进行加工和处理。在进行数据存储过程中，企业主要从数据敏感度、数据时效性、企业硬件水平等维度考虑，选择不同的数据存储服务。当前，数据存储主要采用云存储的方式，包括公有云、私有云以及混合云等。①

公有云是我国数据存储最大的平台，根据工信部《全国数据中心应用发展指引(2020)》(为工信部信发司编著，由工信出版集团、人民邮电出版社联合出版)数据，截至 2019 年年底，我国在数用数据中心机架总规模达到 314.5 万架，同比增长 39%，数据存储能力有了大规模提升。同时，公有云提供商已经从早期的阿里云、腾讯云等几家互联网公司，发展成为超过 60 家企业的供应商群体。但现阶段我国数据中心平均上架率仅为 53.2%，使用情况较差。

私有云主要服务于对数据安全性和时序性要求较高的企业，通过构建属于该企业的数据中心并设立防火墙，将数据存储在私有云或自建机房进行本地化部署，防止数据泄露，也避免了在流量峰值期间容易出现网络拥堵等性能问题。Gartner 预计，我国私有云市场将在 2023 年升至全球第一位，占据全球市场 25% 的份额。但企业私有云搭建和维护成本较高，且部署在私有云上的数据较难通过远程访问，因此私有云的广泛部署仍存在限制。未来，我国数据要素市场私有云存储仍主要集中在政府部门、大型企业及高新科技企业等主体。

混合云是公有云和私有云两种数据存储方式的结合。一方面，部分企业依

---

① 国家工业信息安全发展研究中心：《中国数据要素市场发展报告(2020—2021)》，载 http://www.myzaker.com/article/60938ec3b15ec0134e61c8d8。

数据分类分级选择混合云存储方式。企业可将核心业务及重要数据资源存放在私有云上，将次要及需要外部访问的数据存放在公有云上，提高数据资源的整体安全性能。另一方面，部分企业依时序需求选择混合云存储方式。例如，旅游服务企业或零售企业的数据存储需求会随业务淡季或旺季而产生周期性变化，当数据存储需求量较大时可由私有云切换为公有云存储方式。此外，公有云也可作为私有云的存储备份，当发生灾难性事件时将私有云数据转移至公有云，提高了数据存储的抗风险能力。混合云数据存储方式提高了数据存储的安全性和灵活性，降低了存储成本，但也提高了数据维护的复杂性。

此外，随着“东数西算”战略的落地，存储类数据中心将不断朝着存算合一的方向布局和发展。例如，《北京市数据中心统筹发展实施方案（2021—2023年）》明确提出，将冷数据、静态备份数据为主的存储类数据中心，替换为支撑数字经济、人工智能、区块链、工业互联网等前沿产业发展的计算型和人工智能算力型数据中心，鼓励发展商用型或混用型云数据中心。

（二）数据质量管理

1. 数据清洗

数据清洗是指对数据进行校验的过程，目的在于补齐缺失数据、删除重复数据、纠正错误数据，提升数据质量。采集生成的初始数据一般是由数据分析师设置某些筛选条件通过程序而非人工完成，由于初始数据采集不规范，非结构化数据多，数据冗余、无效、缺漏、错误、冲突、格式不统一等问题多见，导致后期仍需要人力协助进行数据清洗。在大数据产业发展初期，数据清洗产业仍保持重度人工投入的劳动密集型特征，主要集中在中西部地区，如内蒙古自治区提出将建设呼和浩特、乌兰察布、鄂尔多斯等大数据清洗加工基地。垂直领域 AI 为创业目标的公司，很难找到适合的数据清洗服务，从而不得不独立搭设数据服务部门，消耗大量精力和人力，也提升了“重新发明轮子”的创业门槛。

为此，推进数据清洗标准化和发展“AI + 数据清洗”成为重要方向。众多地方和行业组织积极发展数据清洗环节的规范方案和标准，编制相关地方标准或行业标准。众多技术平台企业也探索借助人工智能技术提升数据清洗效率和质量的方法，并开放数据清洗等技术能力，帮助中小企业结合自身数据特征、探索垂直领域个性化、定制化的数据清洗服务。例如，百度的 EasyData 智能数据服务平台可提供图片去模糊、图片去重、图片批量裁剪、图片旋转等功能，利用机器和人工双重检验,保证数据质量。

2. 数据脱敏

数据脱敏旨在兼顾数据安全与数据处理使用,在保证数据隐私性的同时,保证数据的可用性。数据脱敏价值在于帮助了共享、帮助了流通,在数据流动的状态下,对数据进行保护以充分发挥数据的价值。对比 Gartner 于 2018 年、2019 年分别发布的《数据脱敏市场指南》可以看出,企业对于数据脱敏或其他类似去识别技术的使用从 2017 年的 15% 增加到了 2018 年的 20%,预计将在 2022 年达到 50%。

数据脱敏技术的供给侧,主要包括三类企业。第一类是信息安全服务商,其从提供完整数据安全体系的角度出发,将数据脱敏作为其中关键一环提供给客户,一般主要服务于金融、电信等行业,如安全牛、谷安天下、安华金和等;第二类是满足自身需求的自研企业,主要包括运营商、通信服务商、大型互联网企业等,其从自身数据脱敏需求出发,量身定制适合自己的数据脱敏工具;第三类是通用数据脱敏工具开发商,这类企业瞄准数据脱敏技术的应用前景,致力于开发出满足市场需求的数据脱敏工具,产品可能会直接向企业出售,也可能同安全服务商合作,纳入数据安全解决方案中一同提供给客户。①

3. 数据标注

数据标注是指借助特定软件标注工具将图片、语音、文本、视频等数据内容打上特征标签,使计算机通过大量学习这些带有特征标签的数据,最终具备自主识别特征的一种行为。

数据标注行业主要有两种服务模式:一是数据外包形式,由数据标注公司完成人工智能项目的数据采集、数据标注;二是部署标注平台,由企业内部人员利用第三方数据标注平台完成标注,以互联网企业提供的数据标注平台服务为主。

根据美国调查机构 Grand View Research 的一项最新报告,全球数据标注工具市场规模在 2019 年的收入为 3.9 亿美元,预计 2020—2027 年复合年均增长率将达到 26.9%。目前全球已有比较成熟的数据标注企业,如 Appen、iMerit、Infolks,数据标注众包平台如 Playment、Scale AI、Clickworker。现有数据标注以人工标注为主,属于劳动密集型产业,语音标注、计算机视觉标注是主要的标注

① 王卓:《数据脱敏技术产品化现状及发展趋势》,载《保密科学技术》2021 年第 4 期。

需求，考虑到用工成本，除隐私数据外，欧美国家一般将标注工作转移至第三世界国家，马来西亚、泰国、印度等国家都有欧美数据标注企业分公司。随着机器学习不断完善，自动标注成为大趋势，Google、Microsoft 等互联网公司相继推出了自动标注系统，利用计算机来完成对部分数据的标注。我国中西部地区也注重发展数据标注产业，将其作为带动就业，发展人工智能、大数据产业的选择。山西省专门发布了《关于加快我省数据标注产业发展的实施意见》，积极发展数据标注等特色大数据产业基地，按照“龙头＋集聚”的路径，引进百度人工智能数据标注技术和平台能力，发展大数据标注产业。百度众测推出了数据标注开放平台，京东在山东设立了京东众智大数据标注助残基地。

（三）数据加工分析

1. 数据挖掘

数据挖掘是指从大量的数据中通过算法搜索隐藏于其中信息的过程。数据挖掘是实现初始数据价值增值的途径之一。与一般的数据分析不同，数据挖掘不再是为了分析目的而进行分析，而是通过挖掘发现未知的机会、知识。例如，金融机构利用大数据挖掘方法，引入有价值的外部数据，与行业内信息实现有效整合，进行贷款风险分析，量化企业的信用额度。能源企业利用大数据挖掘分析，提升能源统计、分析、预测等业务的时效性和准确度，指导监督能源消费总量控制。医疗机构通过汇聚医院电子病历、处方与医嘱、医学检验、医学影像等临床大数据资源，开展医疗大数据挖掘应用助力诊疗活动。电子商务企业通过开展电子商务大数据挖掘分析，面向用户提供按需、优质的个性化服务。

2. 数据建模

数据建模是指通过建立数据科学模型的手段解决现实问题的过程，使得数据最终可以以可视化的方式呈现。数据建模可用于支持某种商业流程或生产流程，通过数据建模优化原有流程，提高各部分效率，或者重构原有流程，减少步骤。工业互联网领域的数据建模场景多样且需求巨大。《国务院关于深化“互联网＋先进制造业”发展工业互联网的指导意见》提出，要强化业务场景数据建模、深入挖掘数据价值，突破建模分析等关键技术。但当前通用型的数据建模产品和技术还未成熟和普及。

二、数据资产化

数据资产化是数据资源转变为具有经济价值的资产，有效商品化后进入市场进行流通和消费的过程。数据资产化以扩大数据资产的应用范围、显性化数据资产的成本与效益为方向，使数据资源的潜在价值借助市场供需机制得以充分释放，促使数据供给端与数据消费端之间形成良性反馈闭环。[①] 数据确权登记、数据资产评估和定价是数据资产化的三个关键点。

（一）数据确权登记

1. 数据产权问题

明晰产权是数据要素相关产品和服务进入市场进行流通的前提。当前，社会各界对“数据产权”的讨论十分广泛，但对于具体的内涵仍未能形成清晰、统一的认识。中共中央、国务院发布的《关于构建更加完善的要素市场化配置体制机制的意见》明确要求，“根据数据性质完善产权性质”，“建立健全数据产权交易和行业自律机制”。“产权”的概念源于经济学，旨在说明如何以特定和可预期的方式来影响资源的配置及相应的产出。数据产权制度则是调整主体与主体之间关于数据使用的利益关系的制度。[②]

但由于数据涉及主体身份的多重性和数据利益结构的交织复杂性，使得长期以来数据产权问题难以厘清。[③] 现阶段，主要通过债权、比照知识产权或者纯粹经济利益的方式对涉及数据产权的相关纠纷进行处理，数据产权问题仍有待进一步探讨。也有观点提出，应以数据应用为先弱化数据产权归属，若将产权赋予某个数据主体，就会产生排他性，不利于数据的开发利用或更多的创新或技术进步，也不能达到促进更好的隐私保护的效果。

2. 数据资产登记

厘清数据产权的难题短期难以破解，为此部分地方探索通过登记发放权利凭证的方式对相关数据主体的财产权益予以肯定。在公共数据方面，2017 年

---

① 孔艳芳、刘建旭、赵忠秀：《数据要素市场化配置研究：内涵解构、运行机理与实践路径》，载《经济学家》2021 年第 11 期。

② 李晓东：《数据的产权配置与实现路径》，载《人民论坛》2022 年第 2 期。

③ 汪琼欣：《数据要素市场化背景下数据产权界定研究》，载《河北科技师范学院学报（社会科学版）》2021 年第 2 期。

《贵州省政府数据资产管理登记暂行办法》明确，贵州省成为全国首个出台政府数据资产管理登记办法的省份，为推进政府数据资产管理添加了保障。2021年10月，广东省率先发放了全国首张公共数据资产凭证，前瞻性、创新性地提出了“以凭证承载资产、以凭证声明权益、以凭证治理数据、以凭证保障合规”的数据资产凭证解决方案。

同时，各地也在探索面向社会的数据资产登记服务。2015年7月，中关村数海数据资产评估中心经国家工商总局批复在北京成立，以数据资产登记确权、数据资产盘点、数据资产整合、数据资产评估等为主要业务，新建数据资产产权制度，以产权效益最优化为原则，结合知识产权、虚拟财产权（资本利得权）和财产权（物权）进行登记和确权，并对数据资产实行分类管理，推动数据资产实行市场化运作。[①] 但目前，中关村数海数据资产评估中心相关业务已沉寂。2019年5月，南京数字资产登记结算平台在南京江北新区上线，该平台借助区块链、大数据、人工智能等技术为企业提供数字资产登记、披露等服务。[②] 2021年3月成立的北京国际大数据交易所也积极打造数据交易服务生态，引入数据资产登记机构为数据主体签发证书，北京市正在探索注册成立数据资产登记中心。

（二）数据资产评估

1. 数据资产评估的方法

狭义的数据资产评估指数据估值，即对数据价值的计量。有效对数据进行估值是将数据资源确认为数据资产、明确数据要素价值并支撑收入分配的重要基础。数据估值的目标是通过计量数据的经济效益、业务效益、投入成本等活动促进销售，获取利润。数据估值是影响交易成败的重要因素，是数据要素市场化过程中推进数据资产管理的关键环节，是数据资产化的价值基线。并非所有的数据都能够被资产化，大而杂的数据在未被认识和发现前只是作为资料存在，发现了数据资料的价值，但并未按照一定的流程进行处理，这时数据只是一项数据资源，未来可能有用的数据资源也不是数据资产。数据资产需要能够在一定时期“被反复地、连续地使用”，否则不能称之为资产。各方也在积极探索数据资

---

① 韩义雷、伍雄杰：《我国有了数据资产登记确权赋值机构》，载《科技日报》2015年7月21日。

② 葛勇：《全国首个数字资产登记结算平台落户南京江北新区》，载中国新闻网2019年5月17日。

产的价值评估方法。[①]

中国资产评估协会制定了《资产评估专家指引第9号——数据资产评估》,其指出,数据资产是由特定主体合法拥有或者控制,能持续发挥作用并且能带来直接或者间接经济利益的数据资源,同时列举金融、电信、政府数据等类型的数据资产特征。该指引提出了三类数据资产的评估方法,一是成本法,即根据形成数据资产的成本进行评估,但存在数据无实体性,成本难以分摊,尤其与IT成本进行分摊时,存在成本重复计量的问题;二是收益法,即通过预计数据资产带来的收益估计其价值,但数据资产的直接收益衡量依赖于数据交易市场发展,且风险大于收益,若考虑数据资产的间接收益,则难以将数据价值从所依附于具体业务或产品中剥离;三是市场法,即根据相同或者相似的数据资产的近期或者往期成交价格,通过对比分析,评估数据资产价值。但当前数据交易成交记录相对有限,市场上也缺少统一的交易市场和规则。[②]

财政部会计准则委员会为研究数据资产相关会计处理问题,探索数据资产分类、确认、计量和报告的可能性方案,分别面向投资者和会计报表编制者展开调查,力图结合实践经验尝试探索将数据资产纳入财务会计报表的相关路径。国家标准化管理委员会于2020年发布了《电子商务数据资产评估指标体系》(GB/T 37550—2019)国家标准,提出数据资产应用效果的分析,应通过考虑数据资产的使用对象、使用次数和使用效果进行评价。

德勤和阿里研究院在2019年发布的《数据资产化之路——数据资产的估值与行业实践》报告中,将数据资产价值影响因素分为质量、应用和风险维度。质量是应用价值的基础,质量维度包括数据的真实性、完整性、准确性、数据成本和安全性。应用维度强调数据价值发挥与应用场景的结合,不同应用场景下,数据所贡献的经济价值有所不同,应用维度包括数据的稀缺性、时效性、有效性、场景经济性。风险维度包括法律限制和道德约束,通常内容受法律限制少的数据类型有着较高的交易价值,但也可能因稀缺性而在黑灰市场中滋生。该报告还分析了数据资产的5种评估方式,包括市场价值法、多期超额利润法、前后对照法、权利金节省法、成本法,并将数据资产与无形资产进行对比,探索无形资产评估

① 黄向阳:《企业级数据资产评估:一个学习框架》,载《中国统计》2020年第12期。

② 中国资产评估协会:《资产评估专家指引第9号——数据资产评估》,载 http://www.cqicpa.org.cn/uploads/soft/200114/2020111402.pdf。

方法在数据资产中运用的可行性。但该报告仅以方法论的形式提出评估方法，未考虑相关方法的落地性。

2. 数据资产评估的企业实践

越来越多的企业开始重视数据资产的挖掘利用，但多数企业对于自用型数据资产未能够进行有效的会计计量，账面价值与实际价值出现巨大分歧。部分已经较为成熟的交易类型的数据资产只能以专利的形式记在无形资产条目，如同花顺、东方财富掌握的数据库资源等。为此，许多企业也在探索自身数据资产价值的认定方式。

2021 年 10 月，浦发银行发布《商业银行数据资产管理体系建设实践报告》，根据数据资产能否直接产生价值，将数据资产分类为基础型数据资产和服务型数据资产，并将数据资产写入资产负债表、现金流量表和利润表之外的第四张表——“数据资产经营报表”。2021 年 1 月，光大银行发布《商业银行数据资产估值白皮书》，系统研究了商业银行的数据资产估值体系建设，提出了成本法、收益法、市场法等货币化估值方法。①

2021 年，上汽集团旗下品牌智己汽车推出“用户数据权益计划”（Customer Share Option Plan，CSOP），即“原石谷”。智己汽车将用户数据视为企业和品牌发展的驱动力，在使用用户的数据之后，也将回馈相应的权益给用户。智己汽车的用户将通过“里程式开采”和“养成式开采”两大方式获取“原石”。用户的每一公里行驶里程所贡献的行驶数据，都会计入参与里程开采的数据池中。用户行驶里程越多，贡献的数据越多，用户的数据权益和收获的“原石”也就越多。用户在虚拟的“原石谷”中获得的“原石”可以在现实世界中用于升级汽车。以目前已经下定的“天使轮用户”为例，在车辆交付后每年正常行驶超过 5000 公里，所获得的“原石”可选择兑换下一代激光雷达融合智驾系统；或在正常行驶三年后，升级一块不低于 120 度电的下一代高阶能量电池。②

在相关商品交易过程中，也可以发现数据资产的价值。例如，在淘宝店铺转让案例中，淘宝店铺在经营中积累了大量的粉丝、消费者数据以及店铺经营成长数据，使得淘宝店铺成为一项不可忽视的“数据资产”载体。商家可以通过数据

---

① 仇兆燕：《〈商业银行数据资产估值白皮书〉发布》，载《中国银行保险报》2021 年 1 月 27 日。

② 《智己汽车“原石谷”上线》，载《上海汽车报》2021 年 8 月 29 日。

维系客户,进行精准营销,从而使得消费者数据逐步成为店铺销售量增长的重要驱动因素。店铺购买者也从过去只关注店铺情况本身逐渐转向更为关注店铺承载的消费者数据。

(三)数据资产定价

1.数据资产定价方法

与狭义的数据资产估值不同,数据估值和数据定价是两个递进层次的问题,分别对应的是数据价值与价格的计量。价格是商品的交换价值在流通过程中所取得的转化形式。当数据作为一种特殊的商品,其价值就需要用一定数据的价格来表现,以反映数据作为商品交换的本质。① 推进数据定价实践是实现数据交易活动顺利进行的关键。

早在2015年发布的《促进大数据发展行动纲要》就提出:“建立健全数据资源交易机制和定价机制,规范交易行为。”《“十四五”数字经济发展规划》也提出,鼓励市场主体探索数据资产定价机制,推动形成数据资产目录,逐步完善数据定价体系,探索建立数据资产登记制度和数据资产定价规则。

在数据资产定价的考量因素方面,《深圳经济特区数据条例》第63条提出:“鼓励数据价值评估机构从实时性、时间跨度、样本覆盖面、完整性、数据种类级别和数据挖掘潜能等方面,探索构建数据资产定价指标体系,推动制定数据价值评估准则。”2021年3月,南方电网发布《中国南方电网有限责任公司数据资产定价方法(试行)》,规定了企业相关数据资产的基本特征、产品类型、成本构成并尝试给出相关费用标准,为后续电力数据资产的高效流通做好准备。

在数据资产定价策略方面,探索有效的数据资产定价策略和方法是当前各大数据交易中介机构的重要工作之一。例如,《北京国际大数据交易所设立工作实施方案》提出:“形成价值评估定价模型,健全报价、询价、竞价、定价机制。”上海数据交易中心发布的《数据互联规则》规定的价格约束标准化要求指出,互联对象的计费方式,数据形式不同,相应的计费方式也不同,包括按次计费、阶梯式计费、包月计费、包月阶梯式计费等。数据互联采用多要素决策的价格体系和多供方参与竞价的价格形成机制。供应方可以参考平台发布的市场行情自主设

① 尹传儒、金涛、张鹏、王建民、陈嘉一:《数据资产价值评估与定价:研究综述和展望》,载《大数据》2021年第4期。

定并调整本方价格及相关数据互联要素中的价格影响因素。需求方根据自身需求情况，在数据互联服务平台竞价服务过程中进行择优选定。

2. 数据资产定价存在的障碍

理论上，数据资产定价可以通过数据成本定价、历史成交价定价、数据质量定价、预期效用定价等多种方法实现。但当前各类定价方法仍未能有效地将不同数据资产的价值差异定量化。按照数据采集、加工、存储、管理成本进行定价的成本定价法面临着数据易复制，产品形成过程中付出的成本难估量的障碍。根据同类同级数据的历史平均价进行定价的历史成交价定价法强调对历史数据的依赖，受限于市场成熟度。从数据类型、完整性、时间跨度、实时性、覆盖度、稀缺性等维度推进的数据质量定价法，面临各维度权重难分配的挑战。根据数据使用预期带来效用估量的预期效用定价法，买卖双方都难预估，数据价值的后续发挥受限于买方的处理能力。各类数据定价方法面临的障碍导致买卖双方价值认识不统一，使集合竞价、协议定价、卖方定价、拍卖定价、阶梯定价等各类定价策略也无法稳定实施。

为此，有观点提出，我国应尽快建立一套全国通行的大数据交易定价指标体系，包含大数据交易的基本价格指标和调整价格指标，基本价格指标包括数据要素产出、流转过程中的人力指标、物力指标、交易佣金指标等，调整价格指标包括大数据产品质量指标、数据历史成交价指标和数据效用指标等。有的学者指出，从长远来看，成熟的数据交易市场下，数据定价应重视模型建设，在其中综合考虑数据资源的增值性、风险性、异质性，设置基础价格、增值价值、异质性价值、风险溢价四个要素，为建立科学、规范、统一的交易体系提供支撑。

三、数据资本化

数据资本化是数据价值发挥的进一步深化，数据资产被打包成金融产品进入金融资本市场，使数据由货币性资产向可增值的金融资产转化。总体来看，数据资本化的运用实践方式包括基于数据资产价值的金融服务、数据资产作价出资入股、基于大数据分析的信贷融资服务、数据信托等。

（一）基于数据资产价值的金融服务

1. 数据资产金融创新服务的表现

数据资产价值日益凸显，将数据资产作为融资标的，围绕数据资产价值的金融创新活动也日益活跃。融资难一直是摆在大数据初创企业面前的难题,通过借助金融资本市场力量,数据资产的货币价值可以迅速变现,掌握大量数据资源的企业可以通过数据资产金融服务获取企业再生产所需资金,数据证券化等也可以将数据货币价值转换为权益价值。例如,《北京市国民经济和社会发展第十四个五年规划和2035年远景目标纲要》提出:“推进数据资产金融服务,探索数据资产质押融资、保险、担保、证券化。”数据资产的金融服务方式不断创新。银行等金融机构探索开展数据资产质押融资、数据资产保险、数据资产担保、数据资产证券化等金融创新服务,提供质押标的处置变现、风险代偿和评价估值服务。例如,数据信贷融资是用数据资产作为信用担保获得融通资金的一种方式。数据证券化是以数据资产未来所产生的现金流为偿付支持,通过结构化设计进行信用增级,发行可出售流通的权利凭证,获得融资的过程,数据证券化方式较为多样,包括IPO、重组并购、D-ABS(数据资产证券化)、D-ABN(数据资产支持票据)等。

2. 数据资产金融创新服务的实践

在数据资产融资方面,2016年4月,贵阳银行基于水文数据质押物,向贵州东方世纪科技股份有限公司发放100万元贷款,后者主营水利行业信息化和大数据应用服务,用于质押的水文数据涉及防洪减灾、水情测报、水利调度、气象信息等领域,这笔贷款在当时也被称为“数据贷”。2021年9月,杭州诞生了全国首批基于区块链的数据知识产权资产质押贷款。其中,蔚复来(浙江)科技股份有限公司将垃圾分类运营活动产生的环保测评数据,存至区块链存证平台,杭州银行科技支行通过数据资产质押形式,为其授信500万元,相关数据资源同步许可,用于其居民垃圾分类分析项目,企业顺利完成了数据资产的价值转化。[①] 随后,2022年3月30日,浙江省产品与工程标准化协会发布的数据知识产权质押相关团体标准《数据知识产权质押服务规程》正式实施。该标准的制定切实将中小微企业数据知识产权成果转化为实打实的企业核心资产,帮助企业开拓新的融资方式,实现数据知识产权价值的高效转化。

数据逐渐成为企业的核心资产,数据的安全问题也存在一定风险。为此,保

---

① 陈和秋:《全国首批基于区块链的数据知识产权质押诞生》,载《民主与法制时报》2021年9月15日。

险机构也创新推出围绕数据安全风险的相关金融保险服务。例如，2016 年，众安保险针对阿里云用户推出的数据安全综合险，即若因黑客攻击导致用户云服务器上的数据泄露并造成经济损失，众安保险将为投保用户提供最高 100 万元的现金赔偿。该数据安全险的赔偿标准基于用户的投保费用和实际损失进行界定，主要保障的是用户云服务器上存储的数据。比如，因黑客攻击导致数据公开给企业造成的直接经济损失，因黑客攻击导致数据在第三方网站、论坛、媒体公布给企业造成的品牌损失，因黑客攻击导致企业数据泄露，被最终用户索赔的损失等都在理赔范围内。[①] 2017 年，长安保险与华途股份签约发布了数据安全险，通过保险金融手段，推动数据安全领域在技术驱动和管理驱动之外，为用户提供更多的保障。

（二）数据资产作价出资入股

1. 数据资产作价入股的表现

数据金融化会极大地促进数据资产资本的形成。数据资产作价出资入股可以满足资本方和数据拥有方的各自需求。一方面，数据拥有方将数据作为财产作价后，以出资入股的形式与其他形式的财产结合，拥有方通过暂缓即时兑现数据价值获得部分股权，其本质是将数据的货币价值转换为股权价值。另一方面，众多数字经济业态的企业，除了货币资本的需求外，也有"数据资本"的融资需求，通过吸纳外部数据资产，为企业带来更丰富、更高质量的数据资源，有时还能借助外部的数据生态，帮助自身产品"接入"另一个生态之中，以获得更多、更广的用户流量和市场空间。

2. 数据资产金融创新服务的实践

微软在 2016 年以 262 亿美元收购拥有海量数据资产的领英，溢价超 50%，主要是看中被收购时领英拥有超过 4.33 亿名注册用户和 1.05 亿名月活跃用户。原脸书依托自身数据资产以高市值上市，上市市值超财报公布的资产价值逾 14 倍，巨大差额的背后是脸书未在账面体现的数据资产，即 8.45 亿名月活跃用户及其产生的行为数据。

我国也有数据资产作价出资入股的实践。2018 年，启迪公交（北京）科技股份有限公司注册成立，其共有四方发起人。其中，启迪科技城、融沛数据、北巴传

---

① 陈洁：《众安保险首推数据安全险》，载《浦东时报》2016 年 2 月 3 日。

媒三方均以现金出资,北京公交集团资产管理公司则以数据资产出资,作为注资的数据资产包含系统资产和数据资产两部分。其中的数据资产包含城市地面公共车辆 GPS 定位数据、调度数据、车辆 CAN 数据,以及相关的车辆、线路、场站基础数据的使用权和唯一收益权,使用期限暂定 20 年,数据资产所有权归北京公交集团所有。用于注资的系统数据资产通过具备公交资产公司和启迪科技城共同认可资质的评估机构进行资产评估,按照评估值及公交资产公司所持合资公司股比确定合资公司注册资本。经北京国融兴华资产评估公司出具的资产评估报告,北京公交集团资产管理公司拟出资数据资产的评估值为 9963.19 万元。

部分地方政府部门也在探索通过政务数据授权方式吸纳社会资本。例如,《西安市政务数据资源共享管理办法》第 30 条提出:"市大数据产业发展管理机构可以授权有关企业以数据资产形式吸收社会资本合作开发利用政务数据。"

不可否认,通过数据资产作价出资入股也存在一定障碍,数据资产的价值难以评估,数据后续开发利用可转换的价值不明确是其中的一个问题。例如,2016 年,中国联通开展了"联通沃 + 开放数据应用大赛",在针对创新成果的创业公司的孵化上,联通还提出了"数据入股"方案,即通过向创业公司提供相应脱敏数据的方式置换其部分股权。对于创业公司来说,联通提供的数据的确颇具含金量,但股权融资的成本相当高,且如若接受了联通的"数据入股",相应的产品与数据将会与中国联通高度依存,为此也会带来一些局限性,比如创业公司想要接入中国移动的数据。①

(三)基于大数据分析的信贷融资服务

1. 大数据信贷融资服务的表现

通过对特定数据的分析,可以判断特定主体的信用能力,进而辅助银行等金融机构作出信贷融资相关决策,如电力数据、税务数据、不动产数据、司法数据等。同时,金融领域大数据的应用,还可以助力金融机构开展精准营销、智能运营、智能投顾、监管科技、风险定价等活动。《中国银监会对政协十二届全国委员会第四次会议第 2906 号(财税金融类 202 号)提案的答复》(银监函〔2016〕71 号)提到,允许"运用互联网和数据挖掘技术,打造大数据信贷产品"。

---

① 李墨天:《除了创业比赛和孵化器,中国联通还想到了"数据入股"》,载 https://cn.technode.com/post/2016-07-06/chinaun/。

2. 大数据信贷融资服务的表现

国家电网为银行等金融机构提供的“电眼看信用”产品，即是通过分析企业电费缴纳年限、用电规模、购电费余额占比、用电活跃度、用电增长率五个维度的数据，构建基于电力数据的企业多维信用评估体系，进而为中小微企业提供相关的融资服务。①

2019年2月，河南首个信用大数据金融服务平台“信豫融”上线，平台汇集了市场监管、税务、不动产、社保、公积金、法院等部门31亿条社会信用数据，融合互联网数据和金融数据等多维数据源，建立“信用+融资”对接平台，支持银行、基金、保险等各类金融机构运用平台信用信息，加快研发适合民营企业融资信贷需求的新型金融产品。②

2021年，建行河北省分行通过引入土地确权、土地流转等数据，将卫星遥感引入农业领域，推出基于大数据和卫星遥感技术的涉农融资服务，通过分析处理卫星遥感影像、农产品指导价格等行内外多维度数据，打造“生姜贷”“金银花贷”等特色贷款产品，纾解农户和涉农企业融资难题。

（四）数据信托服务

1. 数据信托模式的内涵

数据信托过程中，数据持有者首先要将自己所持有的某一个数据资产包即数据资产作为信托财产设立信托；再进行信托受益权转让，委托方通过信托受益权转让获得现金收入；其次，受托人继续委托数据服务商对特定数据资产进行运用和增值，产生收益；最后，向社会投资者进行信托利益分配。2016年，美国耶鲁大学教授杰克·巴金（Jack M. Balkin）在隐私数据保护领域首次提出采用信托工具解释数据主体与数据控制人之间关系的主张。很快，数据信托就作为一种新型信托制度而被关注。2017年《英国人工智能产业发展报告》宣布投资1亿英镑用于人工智能研究，并建议利用数据信托制度建立数据投资治理架构，以确保数据交换是安全和互利的。

---

① 王磊、王敏楠：《电力大数据大有可为——国网大数据中心打造“1+N”智慧电眼数据产品体系，赋能电网服务社会》，载《亮报》2020年7月22日。

② 王烁：《河南省信用大数据金融服务平台上线——“信用+融资”为民企解难》，载《河北日报》2019年3月6日。

2. 数据信托模式的探索

2016 年 11 月，中航信托发行了我国首单基于数据资产的信托产品，总规模为 3000 万元，这也是我国数据信托业界的首创产品。在该产品设计中，委托人数据堂将自己所持有的数据资产作为信托财产设立信托，并通过信托受益权转让获得现金收入，受托人中航信托委托数据服务商对特定数据资产进行运用增值并产生收益，向社会投资者进行信托利益分配。2021 年 8 月 29 日，由中国电子信息行业联合会、中国信托业协会等发起的“数据资产信托合作计划”在北京启动，将进一步开展数据资产信托示范项目行业试点。[①]

总体来看，数据信托仍处于概念阶段，北京、江苏等数字经济发展先进地区在政策文件中提出支持发展数据信托，具体发展路径还处于探索阶段。一方面，在商业模式开发方面，数据信托仍有很多疑问与不解。尽管信托财产的独立性和安全性与大数据的商业使用要求具有天然契合性，但是在数据权属定性、数据风险定价与交易、商业模式设计、行业发展趋势等方面还需要更深入的探讨和实践。另一方面，在数据使用用途限制、安全性与隐私政策保护、法律及国别政策风险上，数据信托仍需要法定信托属性、数据信托的信托财产范围、信托中的信义义务的具体规制。数据信托的设立必须有数据主体所意欲达到的信托目的，无论是私益目的还是公益目的，数据信托的信托目的都必须明确、具体且符合法律规定。

四、主要的数据要素市场及相关市场活动

数据要素市场化是数据产品和服务进场交易的过程，围绕数据要素产品或服务形态的不同，数据要素市场可以分为数据流通市场、数据应用市场和数据资本市场，各个市场之间互有交织、相互影响。[②] 现阶段，数据要素市场中典型的经济活动包括数据交易、数据共享、公共数据商业性再利用、企业自有数据增值再利用、第三方数据增值服务等。如图 4－2 所示。

---

① 樊融杰：《“数据资产信托合作计划”发布》，载中国银行保险报网 2021 年 9 月 3 日。

② 童楠楠：《窦悦，刘钊因. 中国特色数据要素产权制度体系构建研究》，载《电子政务》2022 年第 2 期。

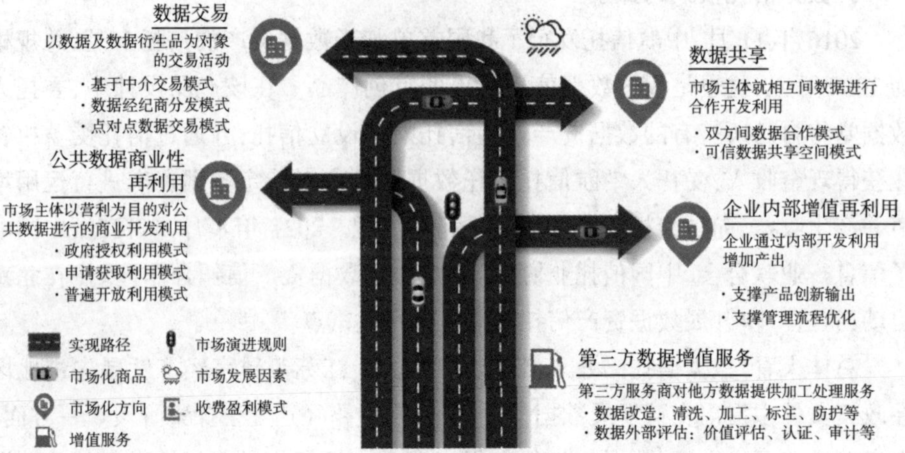

图 4－2　数据要素相关的市场活动

(一)主要的数据要素市场

1. 数据流通市场

数据资产流通市场即通过数据共享、数据开放或数据交易等流通模式，推动数据资产在组织内外部的价值实现形成的市场。数据共享、数据开放、数据交易的区别在于交换数据的属性与数据交换的主体范围。需要说明的是，并非所有的数据流通均以货币进行结算，在遵循等价交换的前提下，不论是传统的点对点交易模式，还是数据交易所的中介交易模式，由“以物易物”延伸的“以数易数”或“以数易物”同样存在。例如，工业互联网领域，国家“支持优势产业上下游企业开放数据，共建安全可信的工业数据空间”。

2. 数据应用市场

数据应用市场是围绕数据要素相关产品和技术应用的市场活动的集合。数据要素和大数据技术对各行各业具有深刻的融合渗透效应，因此，数据应用市场可以分为数据产品及数据技术服务市场、数据融合应用市场。前者是以数据作为劳动对象，旨在挖掘数据的价值和使用价值。例如，数据集和数据生成、采集、存储、加工、分析、服务、安全等关键环节大数据产品和服务。后者是以数据作为劳动工具，发挥数据及大数据技术的赋能和促进作用，即数据要素在垂直行业领域的融合应用。例如，围绕医疗、交通、金融、电力、信用、教育、就业、社保等领域，挖掘数据再利用融合应用场景。

3. 数据资本市场

数据资本市场即前述数据资本化进程中与数据相关的各类资本运作活动，包括基于数据资产价值的金融服务、数据资产作价出资入股、基于大数据分析的信贷融资服务、数据信托等。数据资本市场中，数据被打包成金融产品进入资本市场，推动资本集聚，促进资源合理配置。通过数据资本市场，融资者和投资人可以共同分享数据收益。从融资者角度来看，融资者在获得融资的同时也可保留数据自主权，持续对数据进行加工和应用。从投资者角度来看，数据资本化产品流动性较好，投资人无须考量发起人的经营状况，可直接投资高价值数据集合，若数据产品盈利，即可与融资人共享数据收益。但总体而言，当前数据资本市场仍处于初级阶段，呈点状探索的特点。

(二)典型的数据要素市场活动

1. 数据交易促进供需对接

数据交易是以数据及数据衍生产品为对象的交易活动，是最为直接的数据流通形式。相较于土地、资本、劳动等要素市场，数据要素的交易流通起步较晚，但作为新时期数字经济发展的关键要素，产业界对数据要素交易流通的呼声和期盼很高。

根据参与方和交易流程的不同，数据交易可分为通过交易中介机构进行交易、数据经纪商分发、供需双方直接交易三种典型模式，并依卖方主体的不同特点衍生出各具特色的交易实践，不同交易模式各有其特点和优劣势。

一是基于交易中介机构的交易模式。基于交易中介形成的市场可以促使数据交易从“分散化”向“平台化”、从“无序化”向“规范化”转变，在推动交易市场朝着持续性、稳定性、常态化、规范化发展方面起到积极作用。截至 2022 年 3 月，全国建设或正在筹建的政府主导、市场化运作的有近 26 个省级交易中心，北京、上海、深圳等积极探索建立的新型数据交易服务机构，已成为我国较为主流的建设模式。在我国之前，少有域外国家在数据领域发展中介交易模式，更多发展数据经纪商，如美国彭博、路透、安克诚等众多的数据经纪企业，采集数据后向用户分发。在我国之后，其他国家也正积极吸取经验，如欧盟最新提出的《数据治理法》(DGA)提案中，提出了“数据中介商”的概念，数据中介商不出售数据，但可以对交易进行收费。韩国最新通过的《数据基本框架法》，提出将系统化培育数据交易供应商，培育数据交易中介机构作为创新时代的推动者。但总体而言，我国数据交易中介机构探索已有七年，却未达预期，数据交易中介机构在数据要素市场化中扮演的角色、发力的方向还有待摸索。

二是数据经纪商分发模式。数据经纪商通过将自产、自采、自购的数据进行整理加工后，再次面向市场进行分发流通。前期，数据经纪商分发模式在金融信息领域和企业征信领域发展相对广泛，欧、美等国数据经纪商发展相对成熟。例如，彭博、路透等全球知名的金融数据商占领了全球60%的市场，我国同花顺、东方财富、万得等企业主要局限于国内市场，企业海外市场影响力不足。企业征信领域，企查查、天眼查等企业，通过采集政府开放、企业披露、第三方提供和自行采集的数据，进行分析整理后面向用户提供企业信用信息查询服务。此外，众多互联网平台企业也依托自身积累的丰富数据资源，打造相应的数据服务平台面向市场提供服务，如京东万象、百度智能云等。数据经纪商分发模式中，经纪商数据来源的合法性、加工使用的正当性仍需进一步规范。

三是不特定双方直接交易模式，也即“点对点”的交易。由于当前法律、法规并未强制要求数据要素流通需进场交易，因此，点对点的数据交易仍是当前较为常见的交易形式，由供需双方进行直接匹配对接。但由于数据控制方对哪些数据可以商品化认识不足，数据需方对数据可获取渠道难掌握，且供需双方存在信息不对称造成价值认识不统一，导致交易活动呈现出零星、点状的特点，难以促进交易的规范化、持续化进行。数据交易模式特点及代表如表4－1所示。

表4－1 数据交易模式特点及代表

交易模式	相关卖方	特点	代表
通过交易中介机构交易	综合性大数据交易所	促进数据资源整合、规范交易行为、降低对接成本	贵阳大数据交易所、上海数据交易中心
	行业数据交易平台	标准性、专业性、权威性	交通大数据交易平台
数据经纪商分发模式	专门数据经纪商	自产、自采、自销数据	彭博、万得、数据堂
	互联网平台派生服务	依托自有数据资源服务	京东万象、百度智能云
不特定双方直接交易	数据控制者	供需双方点对点交易	新浪脉脉数据开发者协议

此外，市场中还存在数据银行、数据托管等新的数据交易模式的探索。数据银行主要是由具有较强存储技术和资源的企业探索数据代管、存储、调用、融通

等服务。北京、福建、内蒙古、重庆等地在相关政策文件中提出,鼓励发展数据银行等新兴服务。例如,《重庆市大数据行动计划》提出:"积极支持具有较强存储技术和资源的企业提供数据银行服务,寻找全新商业增长点。"浦发银行提出,以"数据银行"新构想,探索数据流通的可行模式,构建价值共创的数据生态体系,并发布了《"数据银行"概念模型与建设规划研究报告》。易华录积极开展数据银行实践,将自身数据银行服务定位为数据要素价值化、资产化和市场化的平台,实现数据要素的供需融通,打造赋能数据要素融通交易的数字经济基础设施。

2. 数据共享推进互信开发

数据共享即市场主体进行相互间的数据互通和合作开发利用,促进数据资源双向置换,合作共赢。数据共享主要有双方间数据合作、可信数据共享空间建设两种模式。

双方间的数据合作模式指两个不同的数据控制者之间的数据合作,需建立在双方有互补需求且充分信任的基础上,因此主要在互补性行业企业之间或者集团企业不同业务线条之间进行。例如,保险业和民航服务业间的数据合作,蚂蚁金服基于航空大数据,为投保用户推出延误赔付服务,保险业联动航空大数据,让旅客"晚点乐"。再如,电子商务领域和快递物流领域的合作,国务院办公厅《关于推进电子商务与快递物流协同发展的意见》(国办发〔2018〕1号)指出:健全企业间数据共享制度,鼓励和引导电子商务平台与快递物流企业之间开展数据交换共享,共同提升配送效率。但双方间的数据共享合作容易牵涉第三方权利,常面临涉第三方主体时的授权挑战,如微博诉脉脉案等。

可信数据共享空间模式即两个以上的特定市场主体基于相互间的信任和数据互通需求,面向供应链管控、协同研发等数据共享应用场景,合作建设共享环境安全可信、共享过程全程可控、可多对多高效共享的数据共享空间。企业之间数据共享的一个关键障碍是缺乏相对一致的数据生态系统。由于数据共享空间对于相互间数据标准、信任基础、产业关联等要求较高,因此主要应用于垂直领域的上下游企业间,跨行业共享较少。数据空间的理念最早由欧委会在《欧洲数据战略》提出,欧委会明确为了促进数据的共享和使用,将在战略部门和公共利益领域建立九个共同欧洲数据空间,最为典型和优先推进的是欧洲工业(制造业)数据空间建设。我国《"十四五"大数据产业发展规划》提出:率先在工业等领域建设安全可信的数据共享空间，形成供需精准对接、及时响应的数据共享机制，提升高效共享数据的能力。工业和信息化部《关于工业大数据发展的指导意见》（工信部信发〔2020〕67 号）提出：“推动工业数据开放共享。支持优势产业上下游企业开放数据，加强合作，共建安全可信的工业数据空间，建立互利共赢的共享机制。”

3. 公共数据市场化再利用

公共数据市场化再利用即市场主体以营利为目的对公共数据进行的二次开发利用，在公共数据通过市场机制实现价值增值的过程中，促进公共数据公益性和营利性目的的统一。当前，八成以上的数据在政府手中，发挥公共数据对人民群众生产、生活和经济社会活动的服务作用是公共数据的重要功用之一。不同于公共数据的内部再利用和公益性再利用，企业对市场需求有敏锐嗅觉，且拥有开发数据资金和技术优势，公共数据市场化再利用是实现公共数据增值的最佳机制。通常来说，公共数据市场化再利用主要有政府授权运营、申请获取利用、普遍开放利用三种模式，不同模式的数据特点、利用方式和运营机制不同。

政府授权运营是当前主要的运营模式，即政府部门通过授权方式允许部分具有数据开发实力的企业对公共数据进行商业应用。由于政府部门对于开放数据相对谨慎，因此授权运营仍是当前主要的公共数据运营模式。国务院办公厅发布的《要素市场化配置综合改革试点总体方案》和国务院发布的《“十四五”数字经济发展规划》均提出，开展公共数据授权运营试点工作。《福建省政务数据管理办法》提出，将政务数据进行商业开发的，应通过公开招标等竞争性方式确定授权开发对象。实践中，例如，浪潮获国家卫健委、山东省和济南市卫健部门授权，汇聚济南 67 家医疗机构的数据信息，依托数据自主研发健康医疗大数据支撑服务平台 HealthDSP，并围绕老年人高血压、糖尿病和孕妇、婴幼儿保健挖掘商业模式。但授权运营模式容易面临授权审核标准难界定，易发生寻租、收费标准不明确等问题。

申请获取利用模式是针对可向社会开放但未主动开放的公共数据，企业通过向政府申请获取进而开发利用形成商业模式，促进公共数据增值。例如，《贵阳市政府数据共享开放条例》《天津市促进大数据发展应用条例》均提出，对未列入政府数据开放目录的，公民认为应当开放的，可以申请开放。实践中，例如，百度地图申请交通部门信号灯数据进而向用户提供精准出行服务，汇客云通过向上海市公共数据开放平台申请利用地铁客流数据,进而形成了商家进驻评估、门店选址、客群洞察等商业服务。但申请利用的模式当前仍缺少有效的申请开放制度引导,同时政府拥有的数据不透明,哪些可申请、哪些不可申请市场主体难以掌握。

普遍开放利用的模式是对于政府已向社会主动开放的数据信息,部分企业借助自身数据聚合和开发的技术能力,将数据进行汇聚并向市场提供基于公共数据的增值服务,获取商业利益,如企查查、天眼查等提供的企业查询数据信息服务。但普遍开放利用模式受限于政府主动开放的程度,且难以对开发行为进行引导和管理,容易出现数据滥用现象。

4. 企业自有数据增值再利用

企业通过对自有数据的二次开发利用形成新产出,也即数据的内部增值再利用。目前各行业领域企业均在积极推进,挖掘自身数据价值,主要有两个层面的利用,一是形成新的数据产品输出,二是支撑内部生产、管理流程优化。

数据增值产品输出方面,不同领域的输出形态不同,再利用开放形成的产品、方向不一,包括利用数据探索形成新的商业模式、新的产品类型和新的服务方式等。例如,中国移动结合行业场景,提供基于位置数据的服务形式。目前,信息已汇聚全网位置数据,覆盖9.5亿移动用户,实现50米定位精准及分钟级低延时响应,涵盖了精准定位、出行分析、驻留分析、位置画像等32类数据能力,已在数据安全合规前提下,面向金融、旅游、零售、卫生、政务等行业,通过pass(Platform as a service,平台即服务)、DaaS(Data as a Service,数据即服务)等方式提供数据服务,包括流动监测分析、网点选址、应急管理、疫情防控等类型。

支撑管理流程优化方面,企业对于自身数据的挖掘利用是提升其产出效率重要方式。企业可以通过数据开发利用改善自身生产、服务的管理流程,优化形成价值转化,包括利用数据进行市场分析、客户分析、生产智能控制、辅助内部决策等。例如,利用历史销量数据,进行用户行为分析和用户市场细分,支撑针对性营销,改善服务模式。国网客服中心通过话务量预测及用户感知度模型,话务量预测准确率由60%提升至90%,提高了座席排班的科学性和高风险客户的识别能力。

5. 第三方数据增值服务

第三方数据增值服务是指第三方服务商对他方所控制的数据提供加工处理

等相关服务,健全的数据要素市场离不开数据增值服务相关市场主体的培育。《“十四五”数字经济发展规划》中提出,要培育数据服务商,支持社会化数据服务机构发展,推动数据价值产品化、服务化,大力发展专业化、个性化数据服务,促进数据、技术、场景深度融合,满足各领域数据需求。第三方数据增值服务包括数据改造服务和数据外部认证服务。

数据改造相关服务即协助数据控制者对所控制的数据资源进行加工处理,如提供数据清洗、脱敏、加密、整理、标注、挖掘分析、安全防护等单项或综合服务,协助数据控制者对其数据的利用效能。例如,《“十四五”大数据产业发展规划》提出:“创新优质服务链。围绕数据清洗、数据标注、数据分析、数据可视化等需求,加快大数据服务向专业化、工程化、平台化发展。”较为典型的是数据标注产业,山西省专门发布了《关于加快我省数据标注产业发展的实施意见》,提出积极发展数据标注等特色大数据产业基地,构建车路协同数据标注支撑体系。太原市提出推进数据标注产业落地,打造数据标注产业集聚区。当前数据标注主要以语音标注、计算机视觉标注为主,也面临着如果以人工标注为主,用工成本较高,智能化程度不足等问题。

数据外部认证服务即以数据为对象的管理和认证服务,而未对数据本身进行改造。例如,数据托管、评估、登记、审计、认证、合规、仲裁等第三方服务。《北京市关于加快建设全球数字经济标杆城市的实施方案》提出,要建立基于数据资产管理、交易、服务的产业生态,支持各领域企业组建数据资产管理运营公司。《重庆市数据治理“十四五”规划(2021—2025 年)》提出,要建立第三方数据交易认证机制,鼓励发展数据集成、数据经纪、数据合规性评审、数据审计、数据公证、数据资产评估、交易定价服务、交易争议仲裁、人才培训等专业性中介服务机构。《个人信息保护法》也明确规定了“个人信息合规审计”等制度,法律服务机构、审计机构正在积极开拓相关的业务市场,中国内部审计协会启动了“个人信息保护合规审计领航计划”。

五、市场化演进的影响因素

作为新兴的生产要素,基于数据资源的特殊性,相关外部因素的发挥对推进数据要素市场化进程也起到一定的促进或制约作用。

(一)市场覆盖范围

数据要素的市场覆盖范围和覆盖领域影响着数据资源价值发挥的广度,不同领域或范围的市场,相应的数据要素市场规律和规则有一定的差异。

一是数据要素市场的行业领域问题,涉及数据要素价值发挥的综合性市场和垂直领域市场。在数据要素产业发展初期,基于行业内各主体间相对较高的数据价值认知一致性,各细分领域的数据要素产业活动更为活跃,通过相互间信任形成的广泛和可靠的数据获取渠道,有利于推进数据处理活动产品化。例如,不具有行业背景的数据挖掘公司可能因为难以了解具体行业的业务逻辑,导致协助开展数据开发利用的效果不佳。因此,专注于金融、电信、交通等细分领域的数据处理服务机构在市场培育初期似乎更有发展前景。但随着社会对于数据要素的认知的广泛提升、数据标准化的推进、通用型数据处理工具和技术规范的推出,数据融合利用在更广范围内具有可能,越来越多的数据服务机构逐步开拓综合型的数据服务市场,数据跨领域融合利用可发挥乘数效应的特征,也使得跨领域服务的相关产品更具有竞争力,传统在专业领域形成的品牌信赖和认知度的优势将逐步减弱。

二是数据要素市场的地域范围,包括推动数据要素有序流动和价值分配的境内市场和境外市场。一方面,一国内的数据要素市场规则相对稳定,数据管理体系的制度逻辑相对一致,与监管部门的沟通相对顺畅,因此更利于经营主体开展市场活动。但数据服务市场的国内运营也面临一定的地域差异的疑惑。例如,前期各地政府扶持,全国成立了 20 多家数据交易中介服务机构,然而成熟的数据交易市场是否需要如此众多的数据交易服务机构?数字互联时代,数据均位于线上数字空间,各地成立的数据交易服务机构似乎未能体现地域化、差异化、个性化的发展特点,部分数据服务机构的设置可能考虑到结合大数据中心建设的地理位置进行布局,以节省运营成本,提高运营效率。另一方面,数据服务市场还存在国内市场和国外市场的明显差异。数字贸易的发展离不开数据资源的有序跨境流动,数据跨境流动管理是各国高度重视的数据国际治理问题,各国纷纷加强数据资源管控,数据本地化的限制或长臂管辖各类管制措施,是开展数据跨境服务面临的一大不确定因素,我国数字经济企业拓展海外市场需要高度重视海外数据合规问题。可以发现,最新成立的包括北京国际大数据交易所、北部湾大数据交易中心等,均将业务拓展至跨境数据交易领域,在国家对跨境数据流动严格管控的趋势下，如何在数据合规前提下开展相关海外业务是需要考虑的问题。

(二)要素市场规则

政策和规则是影响某一市场发展走向的重要因素，数据要素市场作为新兴市场，亟须相关政策指引和制度规则予以规范，促进市场健康有序和持续发展。

一是数据要素市场化相关政策的有效落地推进。当前，不论是中央还是地方层面，均高度重视数据要素市场的发展，出台了一系列培育和扶持政策。但总体上，多数政策属于口号式、方向性的指导，缺乏行之有效的实施机制；还有多数政策属于概念性的试点任务，缺少成熟可靠的落地路径。

二是数据要素市场化制度规则的细化落实。《数据安全法》《个人信息保护法》的顺利出台实施，搭建了数据处理规范化的基本框架，为数据要素相关市场活动提供了基础指引，但仍待相关配套法规、规章或规范性文件的细化落地，如单独同意的执行方式、合规审计的内容要求、泄露通知的流程规范、出境安全评估的操作方法等。同时对于未能解决的老问题、不断涌现的新问题也需相应的制度规则予以跟进处理，如数据权属问题的争议、数据垄断问题的规制、数据互不兼容问题的破解等。

(三)配套市场环境

健全、有序的数据要素市场离不开配套市场环境的支撑，除了市场范围和政策规则的总体引导外，基础设施、技术应用、生命体系，以及资金、人才等方面的作用也不可或缺。

一是数据要素领域相关基础设施的建设布局。包括新一代信息通信基础设施的应用布局，新型绿色、节能的大数据中心等存储型、算力型基础设施的建设发展，为数据技术与各行各业融合创新应用提供空间的融合基础设施，支撑数据产业活动治理和统计监测的监管平台，以及大数据交易平台等数据流通交易基础设施的建设等。

二是数据要素领域的技术创新应用。新技术的创新应用将不断拓展数据要素的市场空间。例如，区块链、隐私计算、联邦学习等技术应用，为解决各方间信任和安全顾虑提供了相应技术解决方案，也在不断形成新的数据要素流通范式和商业模式。同时，深度学习、知识图谱、量子计算等新技术应用，也不断丰富形成新的数据要素产品和服务。

三是数据安全保障体系是市场稳健发展的关键。随着数据量级的不断扩大,数据涉及领域不断延伸,数据多源异构更加复杂,加之用户角色增多和新型业务模式的拓展,使得传统防护手段难以适配,对数据安全防护提出了新要求。数据安全自始至终都是各国数据要素市场发展的关键一环,数据安全产业也成为数据要素产业中的重要组成部分。

四是其他要素和相关配套机制的支撑。包括丰富的数据要素产业生态建设、富有活力的第三方数据服务市场培育、常态化的数据资源供需对接渠道、成熟稳定的数据资产运营体系、更加广泛的市场资金吸引和支持、数据创新应用的场景孵化和供给、数据要素产业联盟的组织牵引、数据市场创新人才的培养,以及数据要素相关产品质量的质量规范和认证体系等。

第二章　数据交易的市场机制

数据的价值在于流通，作为最基本、最简单和最直接的数据流通形式，产业界对于数据交易的需求十分迫切。数据交易市场的缺失，将使数据信息成为一座座“孤岛”，推进数据有序互联互通，亟须完善数据交易市场。近年来国家关于促进数据交易的政策不断推出，明确数据交易发展方向，鼓励数据资源流通。2015 年国务院发布的《促进大数据发展行动纲要》首次提出：引导培育大数据交易市场，促进数据资源流通，建立健全数据资源交易机制和定价机制，规范交易行为。2021 年，国家对于数据交易的政策引导力度进一步加强。2021 年 1 月，中共中央办公厅、国务院办公厅印发的《建设高标准市场体系行动方案》提出：加快培育数据要素市场，研究制定加快培育数据要素市场的意见。但该方案并未明确哪些关键指标或特征能够用于判断“数据要素市场培育”这一目标的完成度，而目前支撑数据要素市场的制度还较为原始，如何充分发挥想象力来弥补这一断层也是值得研讨的话题。

一、数据交易市场的发展现状

（一）基于交易中介的场内交易成为主流建设方向

由于基于交易中介的场内交易有助于形成成熟、稳定和规范化的数据交易市场，2021 年正式发布施行的《数据安全法》也积极肯认了数据交易中介机构的法律地位，各地方也积极出台扶持、规范数据交易中介的市场行为的相关制度，如《天津市数据交易管理暂行办法》《上海市数据条例》等，基于交易中介的数据交易模式成为当前乃至未来一段时期国家的主要引导方向。①

---

① 吕富生、石中金、燕丽华：《数据安全法有哪些可进一步完善的空间？》，载《人民邮电报》2020 年 11 月 3 日。

回顾我国数据交易中介机构的发展历程,随着国家相关政策的扶持、鼓励和引导,大致出现了两波数据交易中介机构的建设浪潮。第一波是2015年至2017年,国务院正式印发《促进大数据发展行动纲要》,提出"引导培育大数据交易市场,开展面向应用的数据交易市场试点",各地数据交易平台如雨后春笋般设立,典型的如贵阳大数据交易所、上海数据交易中心、华东江苏大数据交易平台等。而后随着《网络安全法》于2017年正式生效施行,各部门对于数据管理的政策收紧,公开市场上的数据交易活动相对平寂。随着2019年党的十九届四中全会首次明确数据要素的生产要素地位,数据要素相关产业再次迎来重大风口,全国范围内掀起了第二波数据交易中介机构建设热潮,如北部湾大数据交易中心、北京国际大数据交易所、上海数据交易所等。我国主要交易中介机构名称、主要情况、成立地点及成立时间如表4-2所示。

表4-2　我国主要数据交易中介机构基本情况

阶段	名称	主要情况	地点	成立时间
第一波(国务院《促进大数据发展行动纲要》印发后)	贵阳大数据交易所	我国第一家大数据交易所,据2018年公布数据,已发展会员2000家,接入225家优质数据源,可交易数据总量超150PB,可交易数据产品4000余个,涵盖三十多个领域	贵州贵阳	2015年4月14日
	武汉东湖大数据交易中心	国内领先的数据资产运营商,也是武汉市大数据协会副会长单位,是集数据服务、数据产品、数据应用、数据资产变现、行业解决方案、城市大脑等于一体的综合性服务商	湖北武汉	2015年7月22日
	西咸新区大数据交易所	国内首个围绕"一带一路"经济带的大数据交易平台	陕西西安	2015年8月28日
	华东江苏大数据交易平台	华东地区首个领先的跨区域、标准化、权威性省级大数据资产交易与流通平台	江苏盐城	2015年11月12日

续表

阶段	名称	主要情况	地点	成立时间
第一波(国务院《促进大数据发展行动纲要》印发后)	华中大数据交易所	致力于建设中国乃至全球首个全网系大数据交易平台,是国内首个独立同时支持个人和机构用户的综合实时在线交易系统	湖北武汉	2015年11月17日
	河北大数据交易中心	主要开展数据资产登记、数据资产托管管理、数据商品交易、数据资产交易、数据资产金融产品设计服务、金融杠杆数据设计及服务、数据资产证券化、数据资产权益类交易等业务	河北石家庄	2015年12月3日
	哈尔滨数据交易中心	主要面向企业及相关机构提供数据发布及对接数据需求的平台服务,已有上海、北京、深圳、哈尔滨等地200余家企业成为其会员单位	黑龙江哈尔滨	2016年1月5日
	上海数据交易中心	定位于市场化、民营化的运作方式,发展"交易机构+创新基地+产业基金+发展联盟+研究中心"五位一体规划布局内的重要商业机构,承担着促进商业数据流通、跨区域的机构合作和数据互联、政府数据与商业数据融合应用等工作	上海	2016年4月1日
	武汉长江大数据交易中心	在武汉市委、市政府支持下设立的、第三方中立的、具有公信力的大数据交易中心,是武汉市政府推出的"互联网+"产业创新工程"11711"行动计划中关于大数据产业发展的重要部署	湖北武汉	2016年5月30日
	浙江大数据交易中心	定位于提供数据交易服务的创新型交易场所,将通过各行业数据和政府数据的流通交易,帮助更多的传统企业转型升级,提高公共服务水平,完善公平普惠、便捷高效的民生服务体系	浙江桐乡	2016年9月26日

续表

阶段	名称	主要情况	地点	成立时间
第二波(党的十九届四中全会明确数据生产要素地位后)	山东大数据交易中心	由山东产权交易中心有限公司、齐鲁交通信息集团有限公司、中国联通山东分公司、上海数据交易中心有限公司、山东乾云等 5 家公司共同发起成立,定位于山东省级综合性数据服务平台,将发挥交易平台、产品开发和生态搭建三大功能,在确保数据安全的前提下,来自各方面的海量数据和数据产品将通过数据交易公司公开挂牌展示并完成线上交易	山东济南	2019 年 12 月 11 日
	山西数据交易平台	由山西综改示范区与百度公司共建,专注 AI 数据采集和数据标注服务,覆盖图片采集标注、文本采集标注、语音采集标注、视频采集标注等多种数据类型的采标服务	山西太原	2020 年 7 月 11 日
	湖南省大数据交易中心	定位为全省唯一的数据要素与数字资产交易场所,也将是国家地理空间信息中心的南部分中心,汇聚湖南、福建、广东、海南等南方九省的数据资源,抢占数字经济战略高地	湖南长沙	2020 年 7 月 16 日
	北部湾大数据交易中心	面向中国与东盟区域汇聚、处理、使用和交易各类数据产品的枢纽,也是建设中国—东盟信息港和实施数字广西战略的基础设施平台之一	广西南宁	2020 年 8 月 11 日
	广东省大数据交易中心	将担负起珠江三角洲国家大数据综合试验区先行者的历史使命,建成扎根广东省、立足珠三角、辐射大湾区、服务全中国的大数据流通市场。依托广东省交易控股集团成熟的产权交易、药品交易等资源优势和商业模式,对接“数字广东”,全面构建以大数据交易为核心的大数据产业链	广东佛山	2020 年 9 月 10 日

续表

阶段	名称	主要情况	地点	成立时间
第二波(党的十九届四中全会明确数据生产要素地位后)	安徽大数据交易中心	包括但不限于“1个平台和6大配套服务中心”，即大数据资产交易平台、数据资产加工中心、数据资产评估中心、数据资产登记中心、数据交易商征信中心、数据信用金融中心、数据应用实验中心(创客空间)	安徽淮南	2021年2月19日
	北京国际大数据交易所	作为北京发展数字经济的重要基础设施，带动数字经济产业链的快速发展，并形成以交易所为中心，连接上下游以及多元化市场参与者和中介服务机构的数字经济发展的新业态	北京	2021年3月31日
	北方大数据交易中心	按照“政府监管、国资入股、市场化运营”的模式，由中新天津生态城联合上海公司成立	天津滨海	2021年10月
	上海数据交易所	构建“数商”新业态，涵盖数据交易主体、数据合规咨询、质量评估、资产评估、交付等多领域，培育和规范新主体，构筑更加繁荣的流通交易生态	上海	2021年11月25日
	西部大数据交易中心	由数字重庆公司和江北区政府建设，致力于打造国内领先的服务数字经济全产业链的数据交易场所	重庆江北	2021年12月6日
	西部数据交易中心	将辐射西部各省市，打造国内领先的服务数字经济全产业链的数据交易场所，以数据交易为支点，构建市场化的运营服务体系	重庆	2021年12月17日

续表

阶段	名称	主要情况	地点	成立时间
第二波(党的十九届四中全会明确数据生产要素地位后)	合肥数据要素流通平台	面向政府与企业,提供数据要素产品入场流通的功能,数据供应商、数据需求商经过前置身份认证、资质审核后,即可在平台开始数据要素交易。目前平台提供超过100项专业数据产品,汇聚优质数据资源超20亿条,数据总量超过20PB	安徽合肥	2021年12月17日
	福建大数据交易中心	作为全省电子政务基础设施和省级电子政务项目的建设运营主体,全省公共数据资源一级开发机构和授权运营主体,构建起公共数据资源一级开发和二级开发之间的桥梁	福建长乐	2022年7月21日

从地域分布来看,国内数据交易机构主要分布在西南、华南、华东和华北地区,机构的分布与地区的经济发展水平相关,发展较快、经济水平较高的城市,数据交易产业较为活跃,同时政府的战略规划和支持也发挥着重要作用。

从行业分布来看,国内目前数据交易业务涉及的主要行业为金融征信、交通地理、移动通讯等,近年来国内金融、电商行业高速发展,围绕金融、电商行业的数据率先成为数据交易的核心重点,随着数据交易市场的逐渐完善,企业管理、生活服务及应用开发的数据需求增长也较为明显。

(二)前期各交易所探索七年有余总体未达预期

从贵阳大数据交易所2015年4月14日正式挂牌运营并完成首单大数据交易至今,我国数据交易场所的建设已探索七年有余,但总体却未达预期。从交易规模的量级、交易产品的质量和种类、相关主体的活跃度、市场规则的成熟度等方面可以观察到,我国数据交易的场内市场仍处于探索期。

一是各数据交易所的交易规模有限。据国际数据公司(IDC)预测,从2018年到2025年中国产生的数据将从7.6ZB增加到48.6ZB,数据交易需求旺盛。虽然我国数据交易市场的规模逐渐增大,但行业整体交易营收偏低,存在数据交易量大,但交易额、交易收入低的现象,数据交易仅占大数据产业市场规模的4%。部分交易中介机构成交量高,但交易额低,如上海数据交易中心日均交易量达3000万条,但业务收入不理想。部分数据交易中介机构业务几乎陷入停滞状态，贵阳大数据交易所从 2018 年以后就不再对外公布交易额、交易量等数据交易动态。

二是传统的撮合交易模式难以为继。前期各家数据交易服务机构借鉴资本、土地等其他要素市场，主要发展撮合类业务，通过收取佣金实现营利，但难以建立供需各方有效的信任机制，即便供需双方通过交易中介进行对接，交易过程也可能绕开交易所自行交易，导致后期许多大数据交易所转变为以提供大数据技术、数据应用开发产品及相关咨询服务为主。

三是数据交易市场同质化严重。前期各地政府扶持，成立了 20 多家数据交易所，甚至一个省市同时存在多个数据交易服务机构，如湖北武汉同时设立了武汉东湖大数据交易中心、华中大数据交易所、长江大数据交易所三家机构，各家主要在运营主体和运营方式方面存在差异，但服务形式和服务内容相差无几。即便不属于同一地区，数字互联时代，数据均在线上流动，数据服务的地域特征不明显，数据交易方式并不受制于物理空间的场内以及线上交易，各家数据交易中介机构难以建立有效的竞争壁垒。

四是场内市场的交易主体活跃度不足。前期多数数据交易所基于会员制或联盟制推动业务开展，限制市场上的不特定主体以及自然人参与场内数据交易，市场进入需经过审核且审核标准和程序不透明。即便是交易所内的会员，也并非必定通过交易所进行数据流通。场内市场主体的有限性，也导致了进入市场的数据产品种类、数量和质量均有限，买卖双方的供需无法得到充分匹配。

五是尚未形成成熟的交易规则。《数据安全法》相关配套的数据交易规则还未出台，各大数据交易所各自制定的交易规则也不尽相同，未达成相对一致的交易流程。例如，前期贵阳大数据交易所等最初借鉴股票交易市场的佣金制发展数据交易规则，未能关注数据的可复制性、增值性、预期效用难遇见等特性，导致业务开展受阻。同时，统一规范和标准体系及必要法律保障仍缺失，数据定价、资产评估、数据确权等难题仍无法有效破解。各家交易所之间的规则不统一，相互间差异较大，不利于市场主体形成统一的市场认知。此外，目前推进的关于数据交易的各项标准更多侧重于技术层面，对于数据及数据相关产品服务流转过程中各方权利义务的探索相对不足。

六是缺乏完善的数据后市场服务体系。受限于数据资产权利主体不能清楚界定，数据标注、数据资产治理、数据评估认证、权属保护、侵权维权等领域的后市场服务体系没有有效建立，相应的数据评估、登记、合规、安全、咨询、仲裁等第三方服务的市场主体相对缺失。前期的数据交易中介机构缺少完善紧密的生态支持，大数据交易流通各个环节都尚处于体系建设阶段，尚没有形成完整的产业链闭环，基于内生循环和价值增值创造的商业模式尚未跑通。①

（三）新一轮的建设热潮试图打造产业生态的架构者

党的十九届四中全会后，中共中央、国务院印发的《关于构建更加完善的要素市场化配置体制机制的意见》和国务院办公厅印发的《要素市场化配置综合改革试点总体方案》为激活数据要素潜能、释放数据要素市场活力注入了强劲动力，各地新成立的数据交易中介服务机构也在积极探索促进数据交易业态稳定、持续、规范和繁荣发展的新方向和路径。总体而言，各家数据交易中介服务机构不再局限于提供交易撮合服务或大数据技术及应用服务，而是试图打造数据要素产业生态的架构者，作为新时期推进数字经济发展的重要基础设施。

例如，2021 年 3 月 31 日正式成立的北京国际大数据交易所，定位于国内领先的数据交易基础设施和国际重要的数据跨境流通枢纽，积极建立集数据登记、评估、共享、交易、应用、服务于一体的数据流通机制，不断聚合算法提供方和算力提供方，面向全球招募数据托管商和数据经纪商，并成立了北京国际数据交易联盟，已吸纳了两批联盟成员单位，包括大型商业银行、电信运营商、头部互联网企业、跨国企业和国际机构等 70 多家机构或企业参与其中，打造立足中国、面向国际的国家级数据资源流通生态体系。②

再如，2021 年 11 月 25 日正式揭牌成立的上海数据交易所，通过发展数商体系，全新构建“数商”新业态。上海数据交易所通过数商体系建立覆盖数据交易主体、数据合规咨询、质量评估、资产评估、交付等多领域的市场主体，交易所成立当日，就有 100 家首批数商签约，包括国网上海电力、中国东航等数据交易主体，协力、金杜、中伦等律师事务所，普华永道、德勤等会计师事务所，富数科技、优刻得、星环科技等交付类企业，积极打造繁荣的流通交易生态。上海数据交易所副总裁卢勇表示，交易所的定位是一个市场，从数据要素市场体系来讲，数商

---

① 陈舟、郑强、吴智崧：《我国数据交易平台建设的现实困境与破解之道》，载《改革》2022 年第 2 期。
② 贺勇：《北京国际大数据交易所成立》，载《人民日报》2021 年 4 月 1 日。

是数据要素市场的不可缺少的核心参与者；从数据资源价值发现视角来讲，数商基于0和1符号的计算来帮助各行各业组织实现数据资源价值，是所需要活动的服务者和促进者。数商包括数据供应方、数据需求方、数据流通交易机构、数据技术及应用服务商、数据市场配套服务商，是一个大的生态概念。①

（四）场外交易仍是主要的流通方式

相较于场内交易，场外一对一或一对多的交易活动更为活跃，目前国内数据交易八成以上数据交易来自场外交易。一方面，场内交易狭小，很多数据交易所"无米下锅"，供需对接不顺畅，相应的信任机制未充分建立，卖方不放心将自身数据交付数据交易中介机构进行流通，买方难以通过数据交易中介机构匹配到自身所需数据，且场外交易成本低，大部分数据买卖双方都不愿意来交易所交易。另一方面，不同于证券交易市场，目前国家并未规定关于数据交易的渠道必须通过依法成立的数据交易中介机构，且各交易中介也无法提供通过自身平台开展数据流通的合规信任背书。由此，数据要素场外交易相关活动仍是主要的数据流通方式，包括场外一对一和一对多的交易。

一是供需双方场外一对一的对接促成交易。尤其是垂直行业领域内的市场主体之间，基于彼此间的信任和数据标准的相对一致性，行业上下游企业之间的数据供需匹配会更为顺畅。跨行业的供需对接，即便交易中介机构提供了一定的互通渠道，但交易的达成和数据的交付也可绕开交易所进行私下交易。

二是数据服务商开展的一对多的数据交易活动。众多数据经纪商通过自有数据或利用网络爬虫、众包等合法途径采集相应数据，建立自身的数据交易销售渠道，根据需求方要求提供相应的数据服务，包括数据解决方案、数据集、定制服务。例如，数据堂等通过众包方式采集语音数据，脱敏后向科技公司提供可供模型训练的数据集。企查查、天眼查等具有企业征信牌照的企业，通过归集整理国家有关部门发布的市场主体信息，面向用户提供企业征信查询服务。众多互联网企业基于自身经营活动掌握了大量数据信息，也可通过数据的采集应用面向市场提供数据服务，如京东万象等。

此外，非法的"数据黑市"仍十分猖獗。虽严厉打击黑市数据交易一直是监

---

① 陈历凤：《大数据如何进行交易？|专访上海数据交易所副总裁》，载《中国网信杂志》2021年第12期。

管部门的重点整治工作,但隐私数据的高密度价值使得众多非法分子铤而走险。“黑话”诸如“买料(买数据)”“料商(贩卖数据的人)”等关键词,在相关网页、群聊、贴吧、境外加密聊天软件等渠道仍十分活跃。观研天下首席研究员方孙维表示,根据统计,2017 年我国数据黑市黑产人员规模就已经达到 150 万人,估计 2021 年我国数据黑市黑产人员规模接近 200 万人,随着我国数据流量的不断增长,也加速了数据黑产的规模扩张,估计 2021 年我国数据黑色交易的市场规模已经超过 1500 亿元。①

二、数据交易的相关案例

(一)国外数据交易的相关实践

国外数据交易以数据经纪商模式为主,且发展相对成熟。数据经纪商通过多种渠道采集数据后,向具有数据需求的主体分发数据。例如,Factual 的位置数据服务、安克诚的营销数据服务等。

1. Factual 位置数据服务

Factual 是成立于 2008 年的一家提供开放位置数据的美国初创企业。Factual 通过收集近 6 亿活跃用户的位置信息,建立庞大的数据共享网络,现已建成 8300 万个位置的数据库,然后对收集到的数据进行清洗整理分层,再提供给需要使用的开发者、企业和组织,通过用户的位置轨迹、时间等数据的结合能够帮助判断出他的通勤路线、身份、爱好等。Factual 位置数据平台每一条信息都有 17 条至 40 条的相关描述。Factual 通过位置数据分析帮助广告商有针对性地投放广告,其服务对象包括大型搜索引擎、地图服务以及社交平台、出版商、金融服务机构等。Apple Maps、Facebook、Microsoft Bing 以及万事达、First Data 等均是 Factual 的客户。例如,Shopular 根据附近的商店位置数据来给用户推送优惠券,Yelp、Bing 等公司在利用 Factual 的数据库来寻求国际扩张。②

2. 安克诚(Acxiom)营销数据服务

安克诚(Acxiom)定位于数据驱动的全渠道营销服务商,已成立 50 多年,

---

① 刘琪、杨洁:《数据黑市交易大起底:专家估计市场规模超 1500 亿元——“料商”称“一切需求皆可爬”》,载《证券日报》2022 年 1 月 20 日。

② 《位置数据平台 Factual 获 4200 万美元融资,将着重发力亚太市场》,载 https://www.sohu.com/a/252356322_104421,2022 年 4 月 7 日最后访问。

2000年进入中国市场。目前,安克诚拥有全球5亿活跃消费者的资料,平均每名消费者的资料中包含1500个数据点。在美国,其掌握了大约2.5亿人和1.26亿个家庭的数据资料。[①] 安克诚的数据主要通过与美国人口普查局、邮政系统合作,再结合来自企业与互联网的数据进行采集,包括数百个数据源,每个数据源都经过仔细评估、筛选和监控,以确保适当的数据收集和隐私政策实践,包括适当的消费者通知和选择。安克诚通过营销数据,为包括Adobe、IBM、惠普、谷歌等企业提供营销数据分析和解决方案。

3. 富士通数据交易市场(Data plaza)

2013年4月,日本富士通公司宣布建立自己的"大数据"交易市场"Data plaza",富士通计划在2016年之前将参与企业增加至千家左右,并将交易中介服务培育为主力业务之一。[②] 在Data plaza上,用户可以通过列表选择需要的数据进行下载,数据在对全部个人信息进行匿名化处理后进行交易。价格因数据量和内容不同而不同,一般在数万日元至数千万日元。此外,加入该市场还需要缴纳每月数万日元的会费。会员可以在Data plaza买卖的信息还包括智能手机的位置信息、社交网站(SNS)的帖子等。平台上的数据,在被交易前需要对全部个人信息进行匿名化处理,以解决个人隐私及商业秘密的泄露问题。

(二)我国数据交易的相关实践

我国综合型的数据交易市场中,针对数据源的交易实践相对较少,更多是通过构建数据要素生态,汇聚数据拥有方、技术提供方、算力提供方等,面向用户提供源数据的分析结果、应用系统、解决方案、算法建模增值服务。垂直领域的数据交易得益于业内的统一认知,相关交易活动相对稳定,如企查查、天眼查等提供的企业信用信息服务,万得、同花顺等提供的证券市场金融信息服务。

1. 北京国际大数据交易所数据交易生态服务

截至2022年年底,北京国际大数据交易所数据进场主体已达155家,上架275个数据产品,联盟成员近100家,已逐步建成金融、交通、运营商、气象、能源等领域数据专区。例如,依托北京金融公共数据专区,联合北京金融大数据公司

---

① 刘美:《美国"数据精炼厂"欲掘中国市场真金》,载《环球财经》2012年第8期。

② 柳洪杰:《富士通将开设"大数据"交易市场》,载 http://www.chinadaily.com.cn/hqcj/2013-01/30/content_16190792.htm,2022年4月7日最后访问。

面向商业银行开展基于不动产数据服务银行风控场景；依托运营商数据专区，联合三大运营商数据设计基于隐私计算的多方运营商数据融合反电诈产品；依托气象数据专区，联合华风维艾思公司（气象数据）、天创信用（数据模型服务商），结合落地遥感数据对农业养殖场确权等服务；依托交通数据专区，联合国铁集团、中航信（包括中交信）出行数据，建设服务地方政府部门智慧文旅——游客出行分析服务；依托能源数据专区，联合国网北京海淀供电局及北京银行等多家机构，落地基于隐私计算技术普惠小微贷服务。北京国际大数据交易所的探索路径如图 4－3 所示。

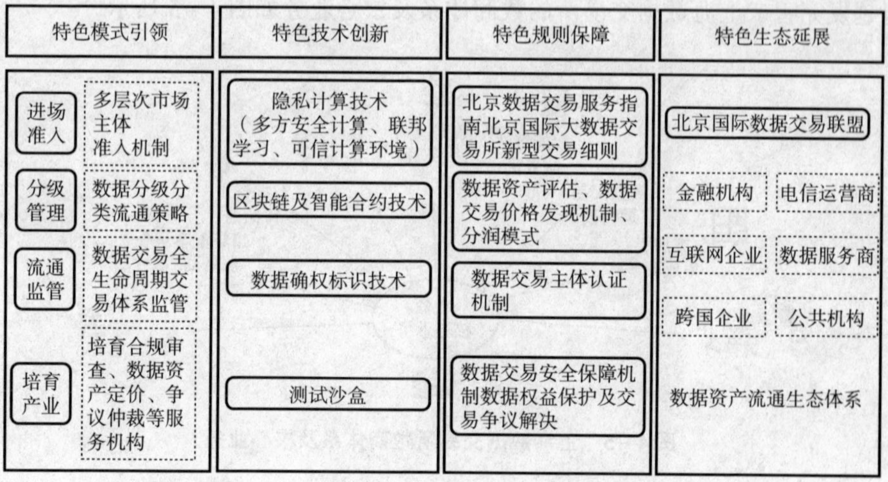

图 4－3　北京国际大数据交易所数据探索路径

2. 上海数据交易所建立“数商”生态

上海数据交易所自成立以来就围绕打造全球数据要素配置的重要枢纽节点的目标，构建“1＋4＋4”体系，旨在打通“数据流动”的链路，推行“可信合规”的机制，搭建“实体运营”的场所，以发挥市场在数据要素配置中的决定性作用形成数字流量配置的战略枢纽。“1＋4＋4”的目标体系如图 4－4 所示。

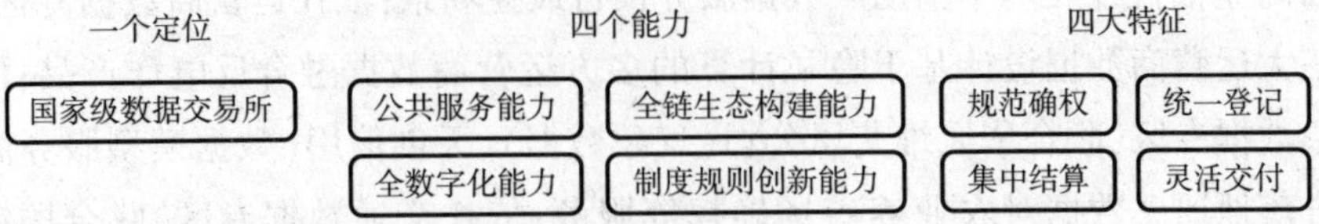

图4－4　上海数据交易所构建的“1＋4＋4”的目标体系

数商是指以数据作为业务活动的主要对象或主要生产原料的经济主体是数据要素价值(三类价值)的发现者和价值实现的赋能者,是跨组织数据要素的联结者和服务提供者。上海数据交易所构建了数商体系。当前的数商配套服务商也越发完善。上海数据交易所的数商体系及核心业务如图4－5所示。

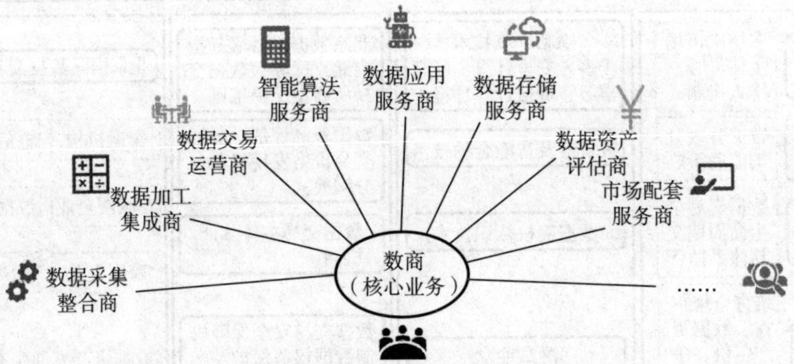

图4－5　上海数据交易所数商体系及核心业务

此外,上海数据交易所还构建了全国首发数据交易配套制度、全国首发全数字化数据交易系统、全国首发数据产品登记凭证以及全国首发数据产品说明书,通过一所多版块的运营方式,成立首日完成挂牌数据产品20个,涉及金融、交通、通信等八大类。2022年1月27日,上海数据交易所再次挂牌上线了第二批数据产品,同样属于金融、交通、通信等多个领域,现已累计有40个数据产品挂牌。工商银行与上海电力达成首单“企业电智绘”数据产品交易,通过发挥电力大数据覆盖面广、实时性强、准确性高的优点,助力商业银行依托能源数据创新面向企业的金融产品和服务。上海数据交易所数商体系主要的服务方如图4－6所示。

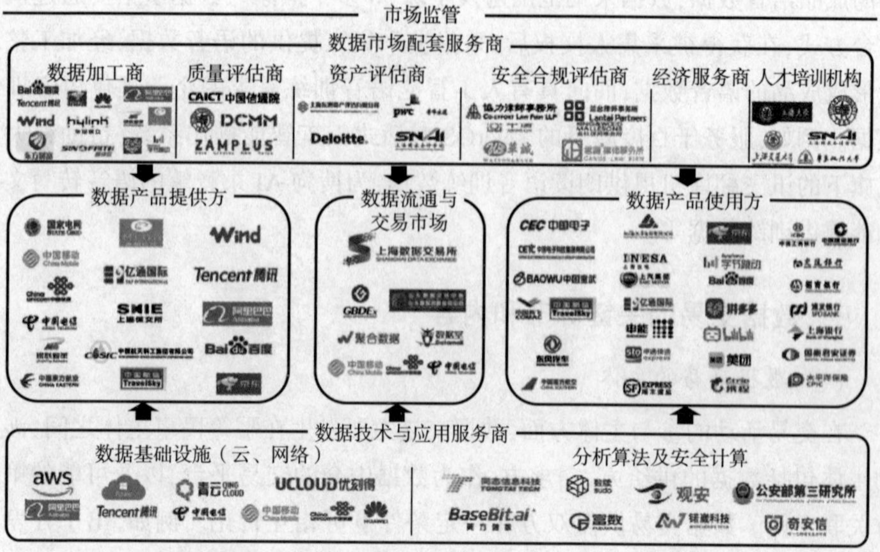

图 4－6　上海数据交易所数商体系服务方

3. 企查查企业信用数据服务

企查查对外提供企业信用信息查询服务，旨在为用户提供快速查询企业工商信息、法院判决信息、关联企业信息、法律诉讼、失信信息、被执行人信息、知识产权信息、公司新闻、企业年报等服务。目前，企查查的数据库积累超过 1.5 亿家企业数据，包括在营业、已经注销和吊销的企业，占全国工商企业数据约 99%。其主要是通过爬虫技术从国家工商信息网站等政府机构官方网站，以及互联网公开数据中爬取企业信息形成商业信息报告，提供给 B 端企业和 C 端用户使用。

4. 东湖大数据交易中心汽车数据服务

东湖大数据交易中心通过整合车辆数据、运营商数据和企业类数据，面向数据宝、泰康在线、现代汽车集团等提供融合数据接口。例如，东湖大数据交易中心通过融合数据服务，为 AI 影像独角兽企业影谱科技提供合作和授权购买的车辆数据图片、知识图谱、车载的自动驾驶数据、车载道路视频等数据，帮助影谱构建人工智能新产品。

5. 数据堂语音识别数据服务

数据堂现有自有版权数据集涵盖 20 万小时语音识别数据，有近 30 个小语种的成品语音数据，数据采集范围遍及全球30多个国家。数据堂主要通过众包平台方式，在获得被采集人授权后，采集被采集人提供的语音数据，经加工整理后形成成品的语音数据，面向具有人工智能语音训练需求的企业提供语音训练数据。例如，服务于百度旗下的DuerOS对话式人工智能操作系统，帮助科大讯飞旗下的讯飞翻译机提供朗读语音训练数据，为搜狗AI录音笔的语音转写文本功能提供训练数据等。

三、数据交易的关键环节和内容

（一）数据交易的主体

在交易活动的参与主体方面，数据交易主要发生在平等民事主体之间，涉及的主体包括数据的供给方、需求方、作为数据中介的交易平台，以及可能的第三方关联主体。数据交易供需双方在一定条件下可相互转化。例如，出于开发数据产品的需求，数据供给方也可成为需求方，实现数据资源的互补利用。同时，当前数据交易并未强制要求通过交易中介机构进行，因此供需双方也可以依法自行展开点对点的数据交易。

1. 数据供给方

数据供给方即数据资源的持有者，其是数据交易的源头，具有将数据资源变现的意愿，既包括平台内入驻的数据供应商，也包括自产自销数据的供应商。当前，国家对于数据供应商资质要求不明确，地下数据交易的黑灰产业不断蔓延。目前各大交易平台对供应商的进驻限制各不相同。例如，上海数据交易中心对供应商进驻进行有限开放，实行数据互联成员的有限开放申请制，但可能面临难以实现供需有效匹配的障碍。贵阳大数据交易所则不对数据供应商的进入设限，实行“宽进严管”的策略，凡供应商对数据交易有兴趣即可参与平台交易，但是对违规交易、数据造假、欺诈、来源不合法的供应商进行严格处罚，包括失去资格、纳入黑名单、检举举报等惩处措施，但不设限的进入也可能导致平台内的各大数据供应商良莠不齐。对于数据供给方而言，不知道自身数据可以卖给谁是摆在面前的一个问题。拥有数据的主体对跨行业的数据需求不了解，无法根据自有数据去生产相应产品进而匹配市场需求。此外，还存在掌握大量数据的企业担心数据对外提供后，便丧失在相关市场中的优势而不愿交易数据的问题。掌握数据的主体往往存在独占数据心态，而将数据限于内部使用，并试图将数据优势传导至其他相关市场。例如,互联网巨头为将其数据优势传导至下游数据开发市场,限制下游企业甚至其他行业企业获取其数据。

2. 数据购买方

数据购买方是数据交易的发起方,指在数据交易中购买和使用数据商品和服务的公民、法人和其他组织。由于数据交易客体的特殊性,购买方除需要遵守交付货款和诚实信用等合同义务外,还需要遵守合法、合理分析使用数据等特别的附随义务。但因数据的虚拟性和非排他性,当前针对数据购买方的责任难以确定,对于购买方的后续数据处理行为也难以监督。针对交易后数据控制不足的问题,各数据交易所也积极进行探索。上海数据交易中心要求购买方需对数据购买的目的、范围、方式和期限进行说明,且只能按合同限定范围使用数据,使用完成后应销毁所涉及数据。贵阳大数据交易所考虑到个人违法成本低,管控难度大,不允许个人购买数据,同时对于外资购买方进行审查,包括用途、公司性质,要求签订安全协议,必要时向政府部门进行报备。国家标准《信息安全技术　数据交易服务安全要求》(GB/T 37932—2019)则提出,数据交易服务机构应审核数据需方的数据安全能力成熟度,确保不低于供方的数据安全能力。

3. 数据交易中介服务机构

数据交易中介服务机构提供数据供需对接的渠道,是数据要素资源流转的"集散地"。如前所述,数据交易中介服务机构成为《数据安全法》积极肯认的数据交易市场主体,并为其创设了直接的责任义务。依据《数据安全法》,首先,数据交易中介机构需要履行数据来源合规管控义务,要求数据提供方说明数据来源,"导致非法来源数据交易的",将会受到罚款、吊销业务许可证或营业执照等处罚。实践中,交易中介通常将数据提供方的来源合法承诺作为自身隔离风险和自证合规的有效方式。其次,数据交易中介机构需要履行身份审核义务,应当"审核交易双方身份",管控交易前端和后端的数据安全隐患。最后,数据交易中介机构应当"留存审核、交易记录",确保发生数据安全事件时可追溯。为实现交易的有效追溯,上海数据中心建立了日志审计机制,通过日志记录对交易活动进行全程把控;贵阳大数据交易所要求交易双方提供数据溯源编号;国家标准《信息安全技术　数据交易服务安全要求》(GB/T 37932—2019)要求生成的数据交易日志应包括交易唯一标识、交易时间、供需双方、数据标识、敏感数据标签、交易价格、交易模式、交易结果等,并保存日志至少6个月,还要为监管部门安全审计提供访问接口。

4. 数据交易关联方

由于数据上暗含权利的交织性和复杂性，对于数据的交易易牵涉其他组织机构、自然人的权益，数据交易中介服务机构等主体需要防范数据交易活动可能对第三方合法权益造成的侵害。目前，部分交易中介服务机构存在不合理的责任免除条款，如贵阳数据宝提出，数据宝对他人在网站上实施的侵权行为不承担侵权法律责任，相应责任概由上传或出售人承担。部分交易中介服务机构积极构建第三方权益保护机制。例如，上海数据交易中心建立了投诉权利保障机制，任何人认为侵犯其隐私或商业秘密的，可凭充分证据向运营方投诉。同时，交易各方以任何方式使用个人数据影响到数据主体的教育、就业、生理或心理健康、财务状况等方面的权利的，数据使用人应当向数据主体发出通知。京东万象则要求交易各方作出未侵权承诺，服务商应承诺其通过平台向用户提供数据服务的行为未对任何第三方合法权益构成侵害。为维护数据交易第三方的合法权益，数据交易各参与主体未经授权，不得制作、复制、发布、传播涉及个人信息、企业客户数据和商业秘密的数据。交易平台应建立便捷、有效的投诉、举报机制，及时受理并处理相关反馈，在发生或可能发生个人数据泄露事故时，及时通知有关主体并采取补救措施。[①]

(二)数据交易的标的物

数据交易的标的物即可进入市场流通的数据产品和服务。根据交易标的物的不同，数据交易具有广义和狭义之分。狭义的数据交易是指以数据资源本身为交易对象的买卖活动，包括原始数据和经加工、清洗、脱敏、整理后的数据。广义的数据交易还包括相关数据服务，一是以数据为主要内容的增值产品或服务；二是数据相关技术服务，如为他人提供数据清洗、数据分析等技术支持；三是数据相关咨询服务，即基于数据分析形成的咨询建议、决策信息、分析报告等。在开展数据交易过程中，需要关注禁止交易的数据类型，谨慎处理涉及个人信息的数据交易活动，注重数据交易的数量和质量。

---

① 丁晓东：《数据交易如何破局——数据要素市场中的阿罗信息悖论与法律应对》，载《东方法学》2022年第2期。

1. 禁止交易的数据类型

明晰什么类型数据可交易，什么类型数据不可交易是开展交易活动的前提。由于当前禁止交易数据类型仍不清晰，相关主体开展业务较为审慎，担心触碰禁止交易的红线是企业不敢与外部进行数据交易的原因之一。多数企业担心所涉数据不能交易，企业认为禁止交易的规定较为模糊，或是内部不允许对外提供数据，在未得到有效匿名化处理前，不敢将数据进行交易对外提供，只能向数据需求方提供数据分析结果。

目前，各数据交易中介服务机构禁止交易数据类型的说明方式各不相同。上海大数据中心以"概括＋详细列举"方式，将禁止交易的数据划分为危害国家安全和社会稳定的数据、涉及特定个人权益的数据、涉及特定企业权益的数据三类。先前中关村树海大数据交易平台和华中大数据交易中心则是以"概括＋简单列举"方式，对涉及国家秘密、个人信息等受保护数据，涉及他人知识产权、商业秘密数据，以及法律法规禁止内容的数据进行限制。发源地数据则仅是作出内容符合法律规范，未侵犯他人隐私，无版权纠纷的宽泛说明。而华东江苏大数据交易所、数粮数据则未对禁止交易数据进行说明。贵阳大数据交易所在《贵阳大数据交易观山湖公约》则作出了事前报批的规定，即贵阳大数据交易所的数据交易品种，应当报相关主管单位批准，未经批准的数据交易不得在交易所进行交易。

推出禁止交易数据类型的负面清单，在亮起禁止涉足的"警戒区"的同时，有助于推动市场主体放心就清单外数据积极进行交易流通。总体来看，存在涉及国家安全、社会稳定、个人隐私利益、其他企业商业利益或违反公共道德秩序等因素，是部分数据不可交易的主要原因。因此，禁止交易或谨慎交易的数据类型主要涉及：(1) 可能危害国家安全、社会稳定的数据；(2) 涉及个人信息的数据，除非获得了信息主体明示同意，或已匿名化处理无法复原；(3) 涉及他人知识产权或商业秘密的数据，除非取得权利人明确许可；(4) 从非法或违规渠道获取的数据；(5) 原提供方要求禁止转售或公开的数据；(6) 法律法规明确禁止交易的其他数据。

2. 涉及个人信息的数据交易活动

个人信息属于数字经济时代价值密度较高的数据类型之一，但对涉及个人信息的数据进行交易，易触发法律法规关于个人信息的保护规定。当前，法律对于涉及个人信息的数据交易不再一概禁止，而是设置了“非法”的规制前提。2012 年，全国人大常委会《关于加强网络信息保护的决定》明确要求，“不得出售或者非法向他人提供公民个人电子信息”，2013 年制定的《电信和互联网用户个人信息保护规定》仍然要求“不得出售或者非法向他人提供”。然而，2015 年制定的《网络安全法》则将相关表述修改为“不得非法出售或者非法向他人提供个人信息”。2020 年发布的《民法典》在第 111 条则延续了这一思路，规定“不得非法买卖、提供或者公开他人个人信息”，即对于涉及个人信息的数据交易活动并非绝对禁止。

同时，《网络安全法》第 42 条和《民法典》第 1038 条规定，未经自然人同意，不得向他人非法提供其个人信息，但是经过加工无法识别特定个人且不能复原的除外，这一匿名化处理的但书条款为大数据产业发展提供了基础性、支撑性法律规范。而关于“匿名性”的标准，欧盟委员会《关于个人数据自动化处理中的个人保护公约》（*Convention for the Protection of Individuals with regard to Automatic processing of Personal Data*）提出：如果个人的识别需要不合理的时间、努力或资源，则不视为是可识别的，控制者应根据数据的性质、使用环境、可用的重新识别技术和相关费用进行考虑。

总体来看，不属于“非法买卖个人信息”的情形主要有以下三类：一是征得信息主体对数据交易行为的明确授权同意；二是个人信息经过加工无法识别特定个人且不能复原（此类信息已不再属于个人信息）；三是公民自愿主动公开的个人信息，但需强调信息公开的自愿性、主动性和用途非特定性。自愿性、主动性要求不得是其他机构公开，不得是他人所为，或他人违法、违规、冒名所为；用途非特定性要求即便是用户自愿主动公开，但同时注明了不得他用，仅限于特定用途的，他方亦不可用于交易等其他用途。

3. 关注可交易数据的量的、质的提升

解决了可交易的数据类型问题，还需要关注如何增进可交易数据的数量和质量。贵阳大数据交易所前期发展过程中较为重视交易频率，认为交易频率是数据交易核心指标，某一高质量数据可多次进行交易，因此其致力于汇集清洗高质量的数据，以高频率的交易带动成交量增长。中关村树海大数据交易所要求数据提供方应保证数据的准确性、真实性，与描述一致，不符合要求经平台查证属实的，将停止数据交易服务，并退还买方货款，产生的损失由卖方承担。华中大数据交易所要求数据卖方提交的数据上线前应由平台审核，对满足要求的数据进行上线操作，对不满足要求的，平台有权要求卖方修正。数粮数据则规定数据质量较差的无法通过商品审核。

促进交易数据质的、量的提升，需要推动数据质量认证评估机制发展，引导市场主体提升数据共享意愿，在高质量数据流通过程中实现数据高质量增值。数据提供方应保证所交付数据与描述的一致，作出数据质量承诺，相关数据产品应符合国家标准《信息技术数据质量评价指标》（GB/T 36344—2018）中关于数据质量规范性、完整性、准确性、一致性、时效性、可访问性的要求。交易平台应公布数据审核管理制度，明确审核内容和审核依据，要求数据权利清晰无争议，具备准确性、真实性和有效性，并应向需求方提供数据交易样例和应用范例。政府部门应加大政府数据开放，引导全社会数据流通形成共享氛围，积极发展第三方数据质量认证评估机制，开展数据产品质量监督抽测检查。

（三）数据交易的定价机制

1. 数据交易定价难点

明确的定价和付费机制是交易活动持续、稳定发展的必要条件。实现买卖双方数据价值认识的统一是促进数据顺利进行定价的关键因素。一方面，卖方担心出售价格设置较低；另一方面，买方担心数据质量不符合预期，存在获取的数据和描述不符的情形。当前仍缺乏获得广泛认可的数据交易定价规则，存在该现象的原因在于数据价值评估体系未成熟，存在信息不对称问题，各方数据价值认知不统一。其一，当前未探索出统一的且具有市场广泛认知和认可的数据价值评估机制，买卖双方交易信息不透明；其二，交易中介未形成有效的数据质量审核把关机制，进入市场的数据质量参差不齐，容易形成“柠檬市场”[①]；其三，不同买方数据处理能力不同，在购买数据之前，买方难预估自身开发利用数据获得的效用，从而对购买数据较为谨慎。为此，国家鼓励积极开展数据交易定价机制研究，但当前各类定价方法仍未能有效将不同数据资产的价值差异定量化，买卖双方价值认识不统一导致各类定价策略也无法稳定实施。

---

① 柠檬市场（The Market for Lemons），也称次品市场，指在信息不对称的情况下，好的商品遭受淘汰，而劣等品会逐渐占领市场，从而取代好的商品，导致市场中都是劣等品。

2. 影响数据产品定价的主要因素

就狭义数据交易而言，需要关注影响交易价格的主要因素，进而发展成熟的定价评估模型，提升买方议价能力，促使全社会形成数据价值的广泛认同。价格的设定应充分考量数据量、完整性、连续性、一致性、可替代性、时效性、保密级别、稀缺性等多种影响因素，鼓励发展数据交易定价参考标准，制定数据定价评估模型，并充分尊重市场在数据交易价格形成方面的作用，有效承认数据提供方基于数据清洗、归集、加工付出劳动而获得的增值收益。同时，卖方应提供有效的产品样例或试用机会，提升买方议价能力。

（四）数据交易的交付过程

由于数据交易涉及规模级数据在不特定主体间流转，因此，建立充分的信任和追溯机制，对交易数据的流向和范围进行控制是推进交易数据顺利交付的基础。

1. 各方对数据交付机制的探索

与一般商品交易不同，数据交易的交付过程格外需要关注数据安全问题，各数据交易中介服务机构为保障交付过程的数据安全，探索出了数据安全能力审核、保密协议、隐私计算、终端服务等多种举措。

北京国际大数据交易所集聚了算法提供方、算力提供方，匹配数据供需双方的合作目标，采用隐私计算技术实现数据“可用不可见”的交易方式，形成可信执行环境，为数据买方输出计算结果，所采用的隐私保护技术包括但不局限于多方安全计算、联邦学习等。

上海数据交易中心为保障交付安全，会对交付数据进行二次加密，同时安排专门配送，由交易系统根据数据内容生成配置文件并部署至交易双方的专用服务器——数据配送前置机，提供数据的实时配送，此外还实行数控分离机制，对交易活动进行全程把控，形成日志记录独立存管并受监管方监督审计。

贵阳大数据交易所要求各方在交易前需签订数据保密协议，涉及个人数据时，需提供授权文件和溯源编号。同时，交易所会为买家安装专门数据交易终端，通过终端提供卖方数据和数据模型。出现以下情况，交易所将介入并暂停数据交易，且要求提供有关信息：（1）该公司数据交易发生异常波动；（2）相关主管单位依法作出暂停交易决定时；（3）其他交易所认为必要时的情形。

数据堂从2018年被牵涉的侵害公民个人信息罪的刑事案件中吸取教训，在之后涉及大量敏感数据处理、公共领域系统性安全监控等高风险数据业务时,都将优先提交监管部门审查,审查同意后方可执行。

2. 交付过程中的数据安全保障

为保障履行过程中的数据安全,数据交易中介机构应建立供需双方信任和管理机制,审核供方数据来源合法性,提高对数据交易活动的查询、追溯和控制能力,监测防范买方违规使用行为,并建立数据安全审计机制,为交易过程形成完整的交易日志并安全保存,对交易数据进行监测核验,如发现违法违规行为,应及时中断交易,依法依规进行处理。各交易主体应确保数据存储、传输、使用过程中的安全性。监管部门应健全数据交易安全管理机制,设立数据交易市场监督管理工作的专门机构,依据《数据安全法》《网络安全法》,要求交易机构定期进行数据安全风险评估。各大数据交易中介机构之间应当建立数据安全风险信息交换机制,共同防范跨市场的违规和不正当交易行为,鼓励发展数据安全产业和隐私计算、区块链、数据去标识等数据合规的关键技术。

四、数据交易的监管趋向

数据在驱动产业智能化、催生新的经济增长点等方面的作用不断显现,当前我国数据资源交易存在诸多"瓶颈"问题,权属不清、无定价标准、无法评估质量、无法可信流通等问题较为突出,只有通过建立有利于数据有序、自由流通的监管机制,划定企业数据交易的规则红线,有效消除当前存在的数据垄断、数据滥用、非法交易等现象,才能真正走出当前数据交易困境。

(一)数据交易制度从"国策"走向"国法"

当前,数据交易立法总体滞后,但交易制度将从"国策"走向"国法"已是必然。2015 年 8 月,国务院颁布了《促进大数据发展行动纲要》,这在国家战略规划层面肯定了数据这一关键要素,在推动数据立法层面具有引领作用。2020 年以新冠肺炎疫情为契机,中共中央、国务院适时出台《关于构建更加完善的要素市场化配置体制机制的意见》《关于新时代加快完善社会主义市场经济体制的意见》等国策,部署加快培育数据要素市场。

在立法层面,虽然《网络安全法》规定了关键信息基础设施出境相关内容,但网络产品和服务审查以及网络运营者安全义务界定等缺乏实施细则。《民法典》等民事立法虽然规定了对个人信息和数据进行保护,但在数据交易层面仍不具备可操作性，下位法尚未跟进。同时，数据权属、数据交易市场准入要求、监管红线以及纠纷解决等机制的立法不完善已经成为阻碍数据交易市场发展的重大阻碍，立法理应跟进。

2021 年施行的《数据安全法》是我国第一部关于数据和数据安全的国家法律，确立了数据交易在国家大数据战略中的法律地位，协同《网络安全法》《个人信息保护法》等法律、法规构筑我国数据交易法律体制，推动数据交易市场健康快速发展。《数据安全法》第 19 条明确："国家建立健全数据交易管理制度，规范数据交易行为，培育数据交易市场。"同时，《数据安全法》第 33 条首次在立法层面对数据交易中介平台及关联交易活动进行了规制，其提出"从事数据交易中介服务的机构提供服务，应当要求数据提供方说明数据来源，审核交易双方的身份，并留存审核、交易记录"，并同时为违反该条款的相关行为设置了 1 倍以上 10 倍以下罚款、责令暂停相关业务、停业整顿、吊销相关业务许可证或者吊销营业执照等配套罚则，数据交易将向规范化发展。

（二）具体规制要求将随业界呼声得以有效细化

面对数据交易市场存在的不会、不愿、不敢和非法交易四大类问题，破解问题的关键仍在于缺失规则的及时补漏。各方对于数据交易的主体、标的物、定价和履行这四个要素的细化规则指引具有较大需求，为有效对数据交易活动进行规制，监管部门应积极予以回应。

交易主体方面，数据供应商、经纪商的资质要求、数据来源合法性证明、业务市场范围等是需要监管部门予以明确的内容。目前，普遍要求供应商应一年内无重大数据类违法违规记录，在提供数据时应向交易中介平台和买方说明数据来源，并进行数据来源合法承诺。数据购买方的数据购买用途说明和使用限制将是对数据购买方行为进行规制的方向，要求买方提交购买需求时应说明数据使用的目的、方式和范围。同时，买方应按照法定和约定要求使用数据，禁止对可能涉及的个人信息进行重新识别，不得未经允许向第三方提供数据，完成使用后需按照约定及时销毁数据。对于数据交易中介服务机构而言，根据《数据安全法》，涉及境内数据交易的交易服务平台被明确要求部署在我国境内，同时，交易中介应建立供需双方信任管理机制，审核供方数据来源合法性，监测防范买方违规使用行为，确保数据交易活动可追溯，并建立信息发布制度，公布交易主体信息，定期发布不良交易主体黑名单。同时，交易中介未经授权不得擅自使用数据供需双方的数据或数据衍生品。此外,将会强调交易关联第三方的保护,及时受理第三方有关数据交易的投诉举报。[①]

交易数据方面,在可交易数据的类型上,各方期盼制定不可交易的数据类型负面清单,除明确禁止交易的类型外,可以就清单外数据开展交易。但数据内涵的复杂性使数据交易负面清单短期内仍难以出台,数据交易谨慎清单是政府部门规制的一个探索方向。同时,数据交易市场也积极关注所交易的数据的数量和质量的提升,不断丰富市场中的产品和服务类型,有效提升所交易数据的价值密度。

交易价格方面,各方呼唤出台数据交易定价的相关标准,统一不同数据交易服务市场的定价方式,增加定价的透明度,丰富定价策略,提升买方议价能力,明确影响数据交易价格的关键因素,构建交易价格公示制度,促进数据交易市场的公平和效率。

履行交付方面,数据交易过程的权利流转和利益分配机制仍需持续探索,同时,监管部门应更为关注数据交易过程中的数据安全问题,各方数据交易主体应积极探索成型、可落地的数据交易安全组织、管理机制和技术应用方式,确保交易活动安全、可追溯和有效控制。

(三)借助交易中介服务机构搭建信任体系仍是监管引导方向

从《数据安全法》可以看出,立法者倾向于通过中介机构引导和规范整个数据交易市场的有序和健康发展。自2017年大数据交易平台热潮退出后,2020年下半年,在中共中央、国务院《关于构建更加完善的要素市场化配置体制机制的意见》的刺激带动下,各地又掀起了搭建数据交易中介平台的热潮。2020年8月11日,北部湾大数据交易中心在南宁揭牌成立,其定位于国际化数据资源交易服务机构和一站式数据服务全生态交易平台,为平台上下游企业提供数据采集、存储、计算、清洗、分析、咨询、展示、应用等全链条服务。9月18日,北京市发布《北京国际大数据交易所设立工作实施方案》,意在建立国内领先的大数据交易基础设施,国际重要的大数据跨境交易枢纽,建成数据信息登记平台、数据交易平台、数据运营管理、金融创新服务平台、数据金融科技平台。10月11日,《深圳建设中国特色社会主义先行示范区综合改革试点实施方案(2020—2025

① 杨力:《论数据交易的立法倾斜性》,载《政治与法律》2021年第12期。

年)》也提出,研究论证设立数据交易市场或依托现有交易场所开展数据交易。

完善数据交易制度,基础平台的建设是关键。一是建立全流程数据交易平台。搭建包括数据交易撮合、交易监管、资产定价、争议仲裁在内的全流程数据交易平台,明确数据登记、评估、定价、交易跟踪和安全审计机制。二是建立数据质量评估和信用评级体系。强化评级结果的一致性、准确性和稳定性,构建以评级质量为导向的良性竞争环境,加大监管力度,强化市场纪律,压实评级机构作为独立第三方的中介责任。三是搭建数据溯源检测平台。整合区块链等新技术,搭建数据授权存证、数据溯源和数据完整性的检测平台。

(四)涉及个人信息和重要数据的交易红线紧绷

数据交易监管必须划出交易活动的"红线"和"高压线",个人信息和重要数据的交易红线须时刻紧绷。涉及个人信息或用户标签的信息属于高价值密度信息,但容易侵犯公民隐私。国家对于非法交易个人信息行为持严厉打击态度,构建了刑事、行政、民事全方位的防范体系。2017 年 6 月 1 日,最高人民法院、最高人民检察院《关于办理侵犯公民个人信息刑事案件适用法律若干问题的解释》对侵犯公民个人信息罪的正确实施进行了规定,这一条应同样适用于数据交易中涉及个人信息的场景。重要数据,尤其是关键信息基础设施产生的重要数据,由于涉及国家安全和社会利益,同样需要划定交易红线。《数据安全法》《网络安全法》中均将重要数据作为重要保护客体。部分地方立法中也对重要数据的流通行为进行明确规制,如 2020 年甘肃省政府办公厅发布的《甘肃省公共资源交易网络信息安全管理办法》指出,任何单位和个人不得将重要敏感数据擅自公开及用于商业用途。

(五)政府积极鼓励数据交易新技术、新模式和新场景应用

区别于其他商品的交易,数据交易活动的虚拟性、价值不确定性使传统的交易模式受到挑战。因此,政府部门鼓励市场主体创新交易范式拓展新交易场景,应用新交易技术。一是新技术的探索。由于数据授权、确权、匿名化、定价、追溯等难题在短期内仍难以解决。因此,管理部门充分鼓励市场主体和有关机构积极运用区块链、联邦学习、多方安全计算等新技术助力解决数据交易过程中的安全问题。区块链难以篡改、可追溯的优点,结合多方计算能实现数据"可用不可见、按规定的用途和用量使用"的强项,可实现数据隐私保护、数据存证、数据核

验等多种功能,推动数据交易市场的发展。同时,区块链技术还能让数据资产交易的公平透明度提升,多方计算技术则能规定数据的用途用量,避免数据被滥用。在这方面,北京国际大数据交易所已积极展开相关探索。

二是新交易模式和新应用场景的探索。当前,数据交易市场面临诸多“瓶颈”,以底层数据为主要交易对象的商业逻辑面临迫切转型需求。在数据要素市场新形势下,数据交易市场可能朝着数据衍生服务方向发展,数据交易也从一次性底层数据提供向持续性数据服务为主,交易中介不再局限于交易撮合服务,而是积极介入交易流程,包括数据清洗、加工、审计、资质认证、建模等环节,各细分领域的数据经纪商将更为活跃,通过广泛和可靠的数据获取渠道形成可信赖品牌,向下游分发数据和提供数据信息服务。同时,在新一轮建设热潮中,各家数据交易服务机构均将业务拓展至跨境数据交易领域,且由传统的交易撮合领域延伸至数据加工、运营和数据资产证券化领域。

(六)标准先行仍是数据交易领域规则完善的推进路径

数据尚属于新兴生产要素,对于数据交易行为的法律规制路径当前尚不明晰。在法律尚未成熟的阶段,标准先行是平衡创新发展与监管的重要手段。监管部门将鼓励地方和有关组织在不与法律基本原则相悖、不违反法律、行政法规的禁止性规定的前提下,积极探索制定数据交易的标准或合规指南,为市场主体开展数据交易提供指引。当前各家数据交易所均积极探索自身的数据交易规则,部分交易所则成立了相应的数据交易联盟,积极推动制定相关的团体标准,如《贵阳大数据交易所702公约》、上海数据交易中心《数据互联规则》等。相关主管部门也积极组织制定《信息技术数据交易服务平台交易数据描述》《信息技术数据交易服务平台通用功能要求》《信息安全技术数据交易服务安全要求》等标准。在市场不断发展过程中,仍需要各方积极探索数据交易流程描述、数据管理规范、技术规范、风险评估、交易质量评估、数据价值评估指引等多项标准,并适时将成熟的数据交易标准上升为相应的法律规范。

五、数据交易的合规策略

(一)遵守数据交易的基本原则和准则

作为新型的民事活动,数据交易既要遵守合同法的基本原则,也要关注数据交易的特殊原则。数据交易除了需要遵守合同自由、平等公平、诚实信用、合法合规、社会公德五大合同法基本原则外,还需要遵守数据交易的四大特殊原则。一是数据权义明确原则,包括数据来源正当性要求、数据权利可共存、数据权利有限性、增值处理利益受保护等四大子原则。二是交易过程可控原则,包括交易主体可信、交易目的特定、交易记录可查、交易范围可控四大子原则。三是数据安全防护原则,包括安全保护措施充分、数据安全专员管理、落实安全风险评估、安全事件及时响应四大子原则。四是个人信息保护原则,包括个人信息收集使用告知同意、个人信息他用用户可选择退出、个人信息使用匿名化处理和脱敏信息禁止再识别四大子原则。

(二)提升企业自身数据安全防护能力

数据安全是开展数据交易活动的前提,数据交易平台和数据交易双方须具备相应的安全保护能力。一是建立数据安全分类分级管理制度。企业应对自身数据资产进行有效梳理,明确可交易和不可交易的数据池,结合数据生命周期状态,根据不同的数据敏感等级以及数据使用状态,统筹规划相应的数据加密、脱敏、审计等数据保护策略,确保数据安全全程可控,对涉及个人信息和用户隐私的数据取得用户的合法授权或进行匿名化处理。二是建立全生命周期的数据安全防护。在数据的产生、存储、使用、共享、交易、销毁等多个阶段防止数据被篡改、泄露和窃取,探索和运用成熟的数据匿名化处理技术,降低数据敏感层级。三是做好数据交易上下游企业的数据合规管控,可以要求数据提供部门作出数据来源合法性承诺,要求数据使用部门作出数据使用合法性承诺。

(三)加入数据交易的信任组织

合法可信的数据交易中介市场是增进买卖双方互信的重要渠道,中介平台通过对进入市场的买卖双方进行资质和安全审核,增进各方互信,使对接更紧密和稳定。因此,数据买卖双方可以通过申请成为交易所会员或获得相关认证,基于平台开展相关数据交易活动,同时参与数据交易相关合规标准的探索制定。作为交易媒介的中介平台,需要建立安全可信的交易平台,同时可以协助提供方进行数据的可交易性指引和评估,协助买卖双方对所交易数据进行脱敏和合规性审查。当前,北京国际大数据交易所牵头成立了北京国际数据交易联盟,包括大型商业银行、电信运营商、头部互联网企业以及数据中介服务等 50 多家机构或企业,企业加入可共同探讨交易模式、探索交易规则。上海数据交易中心通过构建数据互联成员的有限申请成立互信机制,基于共同的数据互联规则,共同构建起一个合规、互信、共赢的数据互联生态圈。

(四)积极运用新技术、探索交易新场景

当前,成熟的数据交易模式尚未成型,包括交易中间、数据拥有者和数据需求方在内的市场主体应积极抓住机遇,探索多方安全计算、联邦学习、区块链等新技术的应用。同时,除原始数据的交易外,还积极发展数据加工、数据应用、技术咨询等数据衍生产品交易的交易模式,丰富数据交易内容,抢占数据交易市场的先机。目前,一些交易所正在由传统的"农贸市场"转变为新型交易范式的数据交易所。例如,北京国际大数据交易所通过实行实名注册的会员制,对数据交易行为进行规范管理,将数据交易从"农贸市场"转变为交易所模式,前者是"随意上架、随意购买",后者是"上市有审核、购买有资质"。北京国际大数据交易所积极探索"数据可用不可见,用途可控可计量"的交易模式,为供需双方提供可信的数据融合环境的同时,利用自主可控的多方安全计算、联邦学习、区块链等技术,在保证数据不泄露的前提下,实现数据的安全互换、联合分析、联合建模,这为未来的数据交易提供了新的场景。同时,企业或交易平台可利用区块链技术整合数字身份、价值标的、溯源追踪等能力,在数据确权登记、访问、分析、计算、交易过程中,将完整操作过程上链存储,使数据的来源可追溯、内容防篡改,运用技术增进数据交易的安全性。

第三章　公共数据开发利用的市场机制

李克强总理曾在中国大数据产业峰会上表示,中国超过 80% 的数据在政府手中。对以政府数据为主体的公共数据价值挖掘而言,数据开放共享只是起点,关键还在于开发利用。所谓公共数据开放利用的市场机制,即政府等公共部门通过数据不断开放,吸引企业投资和开发,充分利用市场中人力、资金和技术,生产可供社会使用的政府数据增值产品,提升公民福祉。与政府内部共享使用、政府委托开发利用、政府举办应用大赛、公益性社会团体利用等相比,公共数据的市场化再利用可以实现公共数据公益性和营利性目的的统一,有利于公共数据价值增值的最大化。

公共数据的市场化再利用具有两大典型特征,一是利用主体为企业,二是基于营利目的。相较之下,公共数据市场化再利用是公共数据增值的最佳机制。公共数据再(增值)利用是以不同于政府数据产生的初始目的,将原始的政府数据经过“二次加工”后向社会提供“增值态”的数据服务。由于政府部门缺乏数据开发的资金和技术,非营利组织缺少开发的动力,相较之下,市场主体对市场需求有敏锐嗅觉,并拥有开发数据资金和技术优势,是公共数据增值的最佳主体,企业以商业开发为目的的再利用是实现公共数据增值的最佳机制。

一、公共数据市场化再利用的实践

公共数据的市场化利用包括公共机构、企业、公众三大主体,公共机构作为公共数据的“提供者”,企业作为数据的“开发者”,出于商业目的对政府数据进行增值使用,满足市场主体开发公共数据的营利性目标,公众作为增值产品和服务的“消费者”,体现公共数据开发形成的增值产品的公益性特征,三方共同促成公共数据市场化再利用。当然,各主体间并非孤立,和公共部门间也不是全无合作,存在相互间数据融合和合作开发的空间。

(一)公共数据市场化再利用的主要方式

依据公共数据价值再次释放方式的不同,公共数据再利用的方式主要包括数据改装、内容增值、数据再现、信息速递等,不同的利用方式对公共数据潜在价值的挖掘方向不同。数据改装即对公共数据按照一定的结构进行重组、包装,形成新的数据产品,如彭博、同花顺等提供的金融信息服务,无讼、法宝进行的司法数据开发;内容增值即对公共数据挖掘、加工和创造,向社会提供新服务,如美国Monsanto利用政府开放的作物数据、气象数据、土壤数据,提供意外天气保险服务;数据再现即借助公共数据权威性和公信力而在自身平台上再度呈现,如饿了么通过接入上海浦东市场监管部门数据,将餐饮企业检查数据、信用数据展示在自身平台;信息速递即利用公共数据支撑业务活动开展,减少获取成本,如及时发现商机帮助企业决策,通过及时获取公共数据开展新闻信息服务。[①] 我国公共数据市场化再利用的部分案例如表4-3所示。

表4-3 公共数据市场化开发利用典型应用案例

名称	结构	优势	成效
航旅纵横	由中国民航信息网络股份有限公司开发运营,属于内部孵化项目	依托官方背景,掌握了大量的乘机人行程数据等市场稀缺的数据资源,拥有信息准确和快速的天然优势	快速占领市场,提高行业飞行准点率
学信网	由全国高等学校学生信息咨询与就业指导中心主办,由中心控股的学信咨询服务有限公司承办	掌握一手数据资源,集成教育体系大部分查询接口	2020年,新冠肺炎疫情暴发后,快速上线了研究生招生远程面试系统,服务考生约150万名
CTID身份认证平台	中央网信办、国家发展改革委和科技部支持指导下,公安部领导下组织建设的“互联网+”重大工程基础保障类项目	具有官方信任背书,掌握全量精准稀缺性公共数据资源	2020年,新冠肺炎疫情暴发后,有效支撑“国家防疫信息码”,实现“一码通行”
医通	上海好医通健康信息咨询有限公司开发运营,与公立和私营医院达成商业合作关系	集成医院体检信息,2B提供数字化解决方案,2C提供体检中心预约服务	快速定位医疗互联网市场需求,帮助医院端进行系统化数据的沉淀

① 吕富生:《论私人的政府数据使用权》,载《财经法学》2019年第6期。

(二)国外公共数据的市场化再利用探索实践

域外国家积极推动公共数据的市场化再利用,不断扩大公共数据开放的范围和数据的质量,引导和鼓励企业和公民有效挖掘公共数据的价值。如美国旧金山通过开放建筑物的地理位置、房屋检查、许可、物业等数据信息,鼓励公民利用政府开放数据自行开发应用程序,并提供线上应用程序上传入口;英国通过建立数据反馈咨询机制(Open Data User Group,ODUG),就数据开放的范围和次序征集利益相关者的意见,以确定数据发布的优先顺序;新西兰创新订阅式的数据开放,其公共数据开放网站支持用户的数据订阅,这种多样化的数据共享方式满足了用户的不同需求,直接提高了用户的体验度;日本成立了隶属内阁的开放公共数据委员会,每年举办日本国际开放数据日,允许各组织在活动中利用各式各样的开放数据,鼓励政府、企业及公民接受并开发使用开放数据;新加坡通过了公共数据开放计划,引导引导企业有效挖掘公共数据的价值,其交通管理局鼓励企业利用开放的交通数据开发提升交通效率的应用软件,环境局鼓励企业利用不同地区的环境数据,预测地区爆发热带疾病的可能。①

(三)我国公共数据市场化再利用的典型模式

随着公共数据的进一步开放,企业经营开发公共数据的积极性不断提高,越来越多的公共数据市场化再利用的成功案例相继在不同的领域中涌现,如交通、医疗、信用等领域。我国当前主要市场化再利用实践有商用政府授权提供的数据、商用政府普遍开放的数据、商用申请获得政府未主动开放的数据三大模式,其中最值得关注的便是公共数据授权运营的模式。

1. 商用公共数据的三大类型

(1)商用政府授权提供的数据

当前,政府通过授权方式允许部分具有数据开发实力的企业对公共数据进行商业应用。例如,浪潮围绕卫生健康部门提供的数据开发健康大数据产业,挖掘新的商业模式,是公共数据市场化再利用的形式之一。② 浪潮依托政府授权

---

① 齐英程:《公共数据增值性利用的权利基础与制度构建》,载《湖北大学学报(哲学社会科学版)》2022 年第 1 期。

② 张会平、顾勤、徐忠波:《政府数据授权运营的实现机制与内在机理研究——以成都市为例》,载《电子政务》2021 年第 5 期。

挖掘健康数据金矿,从“济南模式”向全国推广。2018 年 4 月,浪潮获国家卫健委、山东省政府和济南市卫生计生委授权,汇聚济南 67 家医疗机构的数据信息。依托数据自主研发健康医疗大数据支撑服务平台 HealthDSP,并围绕老年人高血压、糖尿病和孕妇、婴幼儿保健挖掘商业模式。当前,浪潮模式已成为国内健康大数据建设标杆,并在全国推广,2019 年 2 月天津市卫健委授权浪潮运营健康大数据,共同培育相关大数据产业。

(2)商用政府普遍开放的数据

对于政府已向社会主动开放的公共数据,部分企业借助自身数据聚合和开发的技术能力,将数据进行汇聚并向市场提供基于公共数据的增值服务,获取商业利益,如企查查、天眼查等提供的企业查询数据信息服务。企查查等通过聚合工商局、法院、商标局、专利局、版权局等向社会开放的数据,包括工商信息、法院判决信息、关联企业信息、失信信息、被执行人信息、知识产权信息、企业年报等政府开放的数据信息,对公共数据进行增值利用,通过数据整合,为用户提供有效的企业大数据查询,包括企业工商信息、股权结构、信用状况、关系图谱等。在此基础上通过会员收费模式实现盈利,通过一站式查询便捷服务吸引企业购买会员,实现数据聚合能力的变现。

(3)商用申请获得政府未主动开放的数据

针对可向社会开放但未主动开放的公共数据,企业通过向公共部门申请获取进而开发利用形成商业模式,也可促进数据增值。如汇客云申请利用地铁客流数据形成了商家进驻评估、门店选址、客群洞察等商业服务。汇客云申请上海全市地铁进出客流量、上海商业百强企业信息、食品餐饮企业监督检查信息等未主动开放数据,在此基础上对政企数据进行融合利用,融合自有商圈数据和开放数据,分析线下消费特征、消费趋势变化、消费市场热点,进行商业环境的分析,并面向商家和购物中心提供商业服务,面向商家提供客群洞察、门店选址、运营情况监测,面向购物中心提供商家进驻评估、商业竞争分析等。①

不同市场化再利用模式呈现不同特点、出于不同考量,但同时也面临着不同挑战。商用政府授权提供的数据面临审核标准难界定、知识产权私权与行政许可性质存在冲突、收费面临定价难和“二次征税”质疑等挑战。商用政府普遍开放的数据面临政府主动开放的程度受限、难以对开发行为进行引导和管理,易出

① 吕富生:《政府数据再利用的规制模式及其反思》,载《信息通信技术与政策》2021 年第 3 期。

现滥用等挑战。商用向政府申请获得的数据面临缺乏有序申请开放制度引导、政府拥有的数据不透明导致的信息不对称等挑战。

2. 公共数据授权运营模式

(1)公共数据授权运营模式

对现行数据市场来说,探索公共数据市场化的开发利用商业模式尤为重要。公共数据价值变现可借鉴社会数据价值变现模式,具体分为四步:首先进行商业洞察,即运用数据列表和数据追加集等,对区域流行趋势、消费趋势、地域消费特点进行预测分析,赋能企业商业创新。其次是对风险进行防控,即通过公共数据核验接口赋能社会风险防控,包括信贷诈骗识别、公共卫生事件、城市安全管控等。据估计当前数据 API 市场约百亿级市值。再次是征信评分,即运用公共服务类替代性数据辅助传统信贷评分模型,识别判断信息主体信用状况。最后基于行业数据特征,对多源历史数据进行归集和统计分析,聚焦行业领域提供周期性统计分析报告和定制化分析报告。由此方式将其融入社会数据价值变现模式,通过市场营销、风险建模、征信评分、行业研究、信息检索和大数据技术等完成该商业模式。(见图 4 –7)

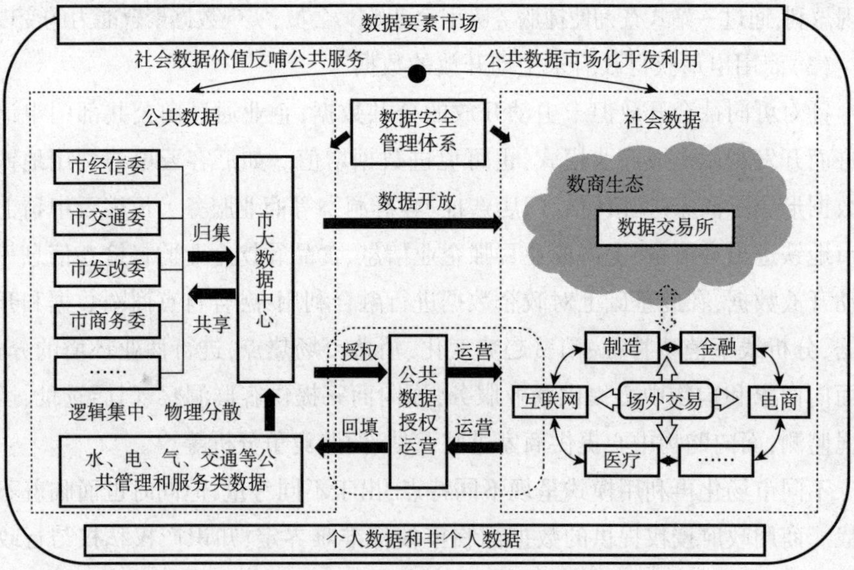

图 4 –7　依托上海数商生态的公共数据授权运营模式①

① 惠志斌:《上海公共数据市场化开发利用探索研究》,在第四届网络空间国际法专题研讨会——“数据要素化的理论、实践与制度”会议上的发言。

(2)公共数据授权运营的潜在风险

公共数据授权运营主要存在三个维度的风险:

第一,国家安全维度。政府控制的数据涉及诸多领域的机密信息,如石油、天然气管道、水、电力、交通银行、商业、军事等,一旦泄露、篡改、传播可能衍生社会风险和政治风险,应警惕违规传播和恶意泄露。

第二,公民群体维度。政府提供公共服务过程中采集的数据多来源于自然人和法人数据,包括社保、税务、工商、医疗、住宅等,一旦泄露会侵害个人隐私,或造成人群偏见,应警惕数据的敏感推断和算法歧视。

第三,企业经营维度。政府掌握的企业工商登记信息、税务、征信、商业用水用电等数据,联合分析可能会推断出企业的商业机密,应警惕市场不正当竞争;同时,对于被授权运营企业要警惕附加过高公共数据安全成本带来资金链缺口。

在公共数据授权运营各阶段也存在一些风险:

第一,接入阶段包括由外部主体接入风险和数据传输风险。外部主体接入风险是指从原本封闭的政府内部环境(大数据中心)输出到外部环境(大数据集团),增加了公共数据暴露面。数据传输风险是指在传输过程中,公共数据的机密性、完整性、可用性可能面临安全风险,数据质量可能遭到损害。

第二,运营阶段存在数据恶意留存风险,平台安全风险以及数据开发伦理风险。其中,数据恶意留存风险是指若相关主体不当留存源数据,随着业务发展及数据量级的不断累积,可能存在对公共数据库形成事实上的拖库行为,造成安全隐患。平台安全风险是指公共数据运营平台作为服务及产品的统一出口,其本身在建设及运营阶段的安全漏洞极易导致公共数据泄露,侵害个人主体或企业权益,甚至危害国家安全。数据开发伦理风险是指对公共数据的开发仅从商业价值及市场需求出发,忽视公共数据本身普惠性和对个人主体权利的保护,可能侵犯个人主体或其他市场主体的合法权益。

第三,应用阶段存在数据使用伦理风险和数据商用衍生风险。数据使用伦理风险是指不当利用公共数据导致商业垄断风险增加,或由于主观或客观因素带来的数据偏见性导致对个人权益的侵害。数据商用衍生风险包括行业市场主体超范围共享公共数据,将匿名化、去标识化处理的公共数据再识别损害原数据主体权益,假借“官方”名义损害政府公信力和中立性。

3. 各地区公共数据授权运营实现机制典型[①]

(1)成都——数据申请及授权运营实现机制

成都市授权流程包括三步骤：

第一，对于整理形成的政府数据需求，由市大数据集团统一向市网络理政办提交政府数据运营服务需求清单；

第二，市网络理政办在收到需求清单后的10个工作日内完成复核工作；

第三，复核通过后，征求数据提供单位意见；数据提供单位在10个工作日内对所需数据、使用方式和应用场景进行评估，提出是否授权运营服务的确认意见，结果提交市网络理政办汇总。

成都市采用了三方协议和数据安全使用协议的方式：一是市大数据集团与市网络理政办、各数据提供部门分别签订三方协议；二是使用政府数据的企业要与市大数据集团签订数据安全协议。(见图4-8)

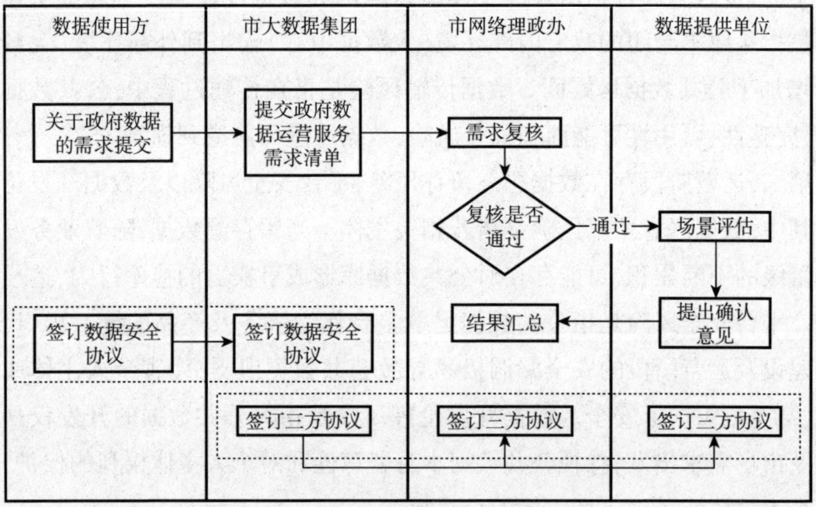

图4-8 成都——数据申请与授权机制

① 惠志斌：《上海公共数据市场化开发利用探索研究》，在第四届网络空间国际法专题研讨会——"数据要素化的理论、实践与制度"会议上的发言。

成都市政府数据授权运营的实现机制如图 4－9 所示包括 4 个层面、8 个机制：管理层设有运营管理监督机制，负责确立政府数据授权运营的体制和权责关系；平台层包括平台建设运行机制和网络安全保障机制，从技术上确保政府数据授权运营的有序安全；数据层包括数据需求管理机制、数据申请与授权机制以及数据交付与利用机制，确保市场主体使用政府数据；权益层包括利益补偿与激励机制以及数据服务定价机制，确保相关方权益。

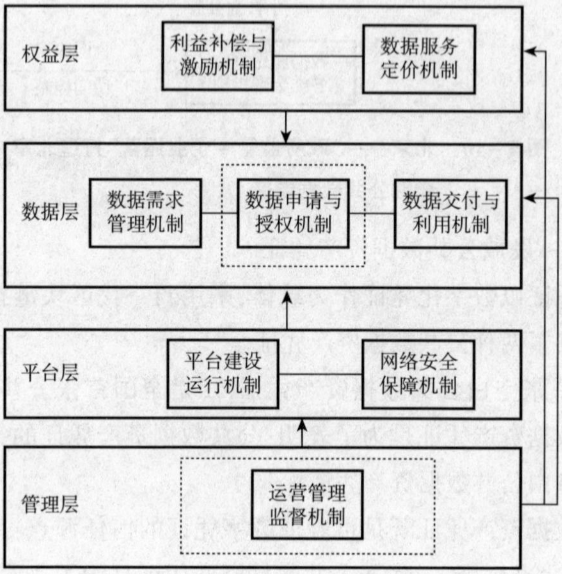

图 4－9　成都——授权运营实现机制

（2）北京——“政府监管＋企业运营”打造北京金融公共数据专区

2020 年 4 月，北京市大数据工作推进小组（设在北京市经济和信息化局）制定了《关于推进北京市金融公共数据专区建设的意见》。该金融公共数据专区由市经济和信息化部门统筹、协调和指导，经其授权，北京金融大数据公司负责实际运营和数据应用开发，市地方金融监督管理部门进行指导、协调。作为市级大数据平台，金融公共数据专区的数据来源于各政府职能部门、事业单位等，其为各类金融机构提供数据、技术和咨询服务，如图 4－10 所示。

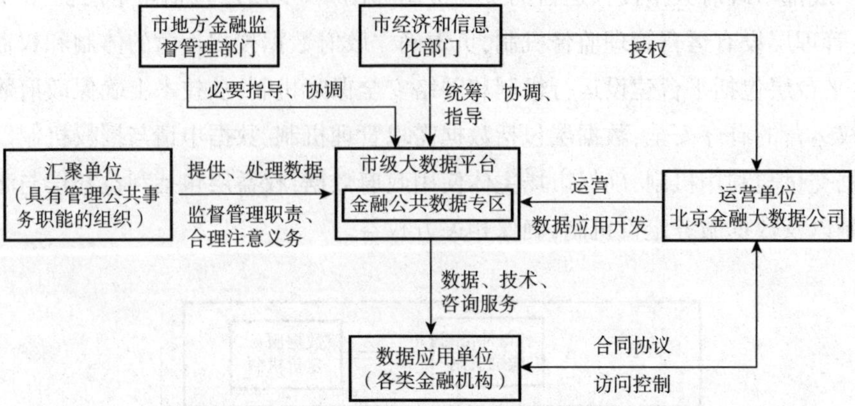

图 4－10　北京——“政府监管＋企业运营”打造北京金融公共数据专区

(3)广州——发放公共数据资产凭证

数据资产凭证以数字化凭证作为载体,采用新一代区块链技术承载数据要素。广东省签发了两种公共数据资产凭证。

一是全国首张空白公共数据资产凭证,二是全国首张公共数据资产凭证。发布空白公共数据资产凭证是为了表明:公共数据资产凭证的签发必须基于事权部门制发的空白公共数据资产凭证。

空白公共数据资产凭证既是可验证数字凭证的信任源点,又是数据资产全生命治理周期的“准生证”。发布公共数据资产凭证是为了表明:公共数据资产凭证必须在取得数据主体的授权,且申领到由数据事权部门制发的空白公共数据资产凭证的基础上,由数据提供方制发;公共数据资产凭证发出时,必须同步完成监管部门存证。

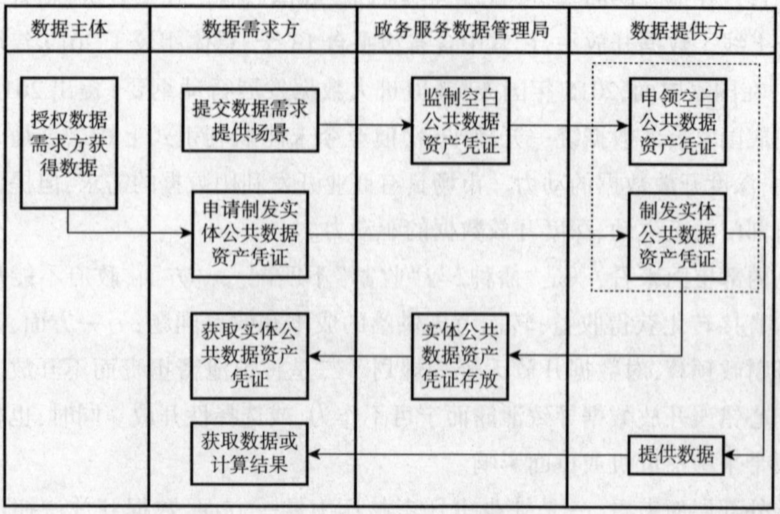

图 4-11　广州——发放公共数据资产凭证

二、公共数据市场化利用面临的问题

当前公共数据的市场化再利用主要存在数据供给、数据质量、商用门槛、商用行为四方面的问题。

(一)数据供给问题

在数据供给方面,主要发达国家均建立了统一开放平台。公共数据集聚是公共数据进一步开放和开发利用的基础。美国、英国、加拿大、德国等主要发达国家均建立起统一的、全国性的公共数据汇集和共享平台,作为推动数据共享、开放和再利用的关键基础设施。

美国公共数据开放平台(data. gov)于 2009 年启动,由美国总务管理局负责,目前已开放 275,226 个数据集。英国公共数据开放平台(data. gov. uk)于 2010 年启动,由皇家版权局负责,包含中央政府、地方当局和公共机构发布的数据。德国公共数据开放平台(govdata. de)于 2015 年启动,由 GovData 业务与协调办公室运营运营,提供 13 大类、45,654 个数据集。法国公共数据开放平台(data. gouv. fr)于 2011 年启动,由公共数据开放办公室负责,含 10 个主题,1.3 万个数据集,参与机构超 300 个。

总体来看,我国公共数据供给问题主要包括两类:一是仍缺少国家级的统一开放平台。在地方层面，截至2020年4月底，我国已有130个省级、副省级和地级政府上线了数据开放平台，其中含省级平台13个，总体相较于2019年增加了28个。在国家层面，2015年国务院《促进大数据发展行动纲要》提出2018年年底前建成国家公共数据统一开放平台，但至今未能顺利正式上线。二是政府缺少主动、深度开放数据的动力。市场具有商业开发利用数据的需求，但提供数据的政府部门缺乏主动、深度开放数据的驱动力。

从内部层面来看，一是"播种"与"收割"不匹配。一方面，政府不能从数据开放中直接转化获得收益，转而考虑供给的成本和效率问题；另一方面，政府缺乏合理财政预算，对数据开放无统一规划。二是害怕泄密担责而不开放。政府往往担心错误开放数据导致泄露而宁可不作为，或选择性开放。同时，也担心数据开放带来舆论危机或负面影响。

从外部层面来看，一是缺少责任考核压力。一方面，数据开放法律法规缺失，数据权属未定，数据开放非法定义务，政府缺少持续开放压力；另一方面，监督考核缺失，政府往往将数据开放视为形象工程。二是缺少市场肯认激励。政府往往缺少市场需求的对接渠道和刺激，难以获得公众对数据开放工作的直接认可而缺乏激励。

(二)数据质量问题

首先，政府主动开放的数据数量有限。公共数据开放数量少是企业用不畅的原因之一。《南方日报》考察全国数据开放排名前八的城市发现，一是开放数据的部门数量少。8城市中开放数据的部门最高为上海市的100家，最低为贵阳市的44家，总体来说，开放数据的部门仍在少量，大量掌握公共数据的部门尚未加入进来。二是开放数据集数量有限。8城市中开放数据集数量最高为北京市的8180，最低为广州市的1494个，广州作为沿海发达城市，信息化建设走在全国前列，政府开放数据集尚且1000余个，中西部地区及中小城市开放的公共数据更加有限。三是开放数据的主题较少。8城市中开放数据主题最高的为成都市的21个，最低为上海市的13个，对比复杂庞大的经济社会链条，目前开放的主题仍停留在传统领域。四是总体开放数据的规模有待提升。8城市中开放数据规模最高为北京市的5.11亿，最低为贵阳市的0.14亿，头部城市开放的数据量与其掌握的庞大数据相比不值一提，总体开放数据的规模有待提升。

其次，政企间数据供需不对接。政府与市场在开放数据上缺乏有效互动，存在供需对接不畅障碍。赛迪智库对全国61个部门的开放平台的调查显示,当前存在市场主体提交的数据需求不明确、政府部门反馈的数据难满足实际需求等问题。第一,市场需求不明确,包括需求描述不准确、需求没有列明依据、重复反馈、难以一次到位等。第二,政府供给难满足,表现为政府部门对核心数据加以封闭、供需部门对数据理解存在差异、无法准确查找所需信息、查到信息无法获取对应数据资源等。

再次,业务数据等高价值数量较少。数据质量低是企业用不畅公共数据的第三个原因,据《南方都市报》调查数据,当前统计部门仍然是开放数据集最多的部门。而与统计部门提供的经过加工归总后的宏观统计数据相比,业务部门提供的数据更具原始性,容量更大,再利用价值更高,应成为数据开放的主力部门。

最后,数据的市场吸引力待提升。公共数据质量低还表现为市场主体的访问下载转化率低。开放的数据集若没有被下载利用,数据开放的价值也无法真正得到释放。通过分析上海、贵阳等四地公共数据平台公布的数据集访问量、下载量,衡量各平台数据集对访问者的吸引程度以及实际效果,可发现当前各地的数据集下载转化率仍较低。在4城市中,深圳市公共数据开放平台的访问次数最高,但下载转化率最低,仅有1.1%。

(三)商用门槛问题

商用门槛是指市场主体开发利用公共数据所需满足的条件,当前仍存在条件不明确、审核不透明、收费不清晰、流程不顺畅等问题。

首先,多地设置前置条件,但条件内容不明确。公共数据的非排他性使其不同于适用特许经营制度的石油、电力等公产,有条件开放并非出于资源的有效性或维持利用秩序的需要,而是政府出于部门利益或安全顾虑而进行的事前准入限制,但部分地方并未对前置条件和获取流程予以说明,降低了可操作性。多地为市场获取公共数据设置了前置条件,对可开放但未主动开放的数据资源获取利用行为设置了一定限制条件,但具体条件内容不明确,如满足条件、程序流程、收费标准等。

其次,部分资质审核标准不明确、隐形壁垒高。部分地方出于确保数据安全、控制数据产品质量、防止数据“公地悲剧”[①]等问题的考虑,要求经审核通过

① “公地悲剧”即当资源或财产有许多拥有者,每一个人都有使用资源的权利,但没有人有权阻止他人使用,由此导致资源的过度使用。

的主体方能对数据进行开发利用，但也容易发生进入门槛过高，容易发生寻租，审核标准难制定，审核效果难保证等问题。在实践层面，贵阳提出数据开发的安全性要求，指出安全性要求较高的数据，政府须对开发主体资质和使用范围进行审核，以定向接口方式提供；绍兴提出交通数据开发的技术审核，要求城市交通数据开放除了数据管理部门的审核同意外，还需要经过技术协商。湖北则要求土地调查数据商用前批准，未经省国土资源厅批准不得利用数据资料从事经营性、营利性活动；福建提出公共数据商业开发招标授权要求，将数据进行商业开发的，应通过公开招标等竞争性方式确定授权开发对象。

政府对公共数据开发利用活动进行事前审核，可能存在数据安全顾虑、防止数据“公地悲剧”、控制数据产品质量等方面的考虑。然而，受到种种因素影响，政府对数据市场化再利用进行资质审核往往存在以下问题：一是与产业发展初期所需环境不匹配，无形提高进入“门槛”，增加了企业“试错”成本，限制了更多主体参与开发的意愿。二是审核标准难界定易发生寻租。数据类型多样和复杂带来审核标准难题，使政府可能会根据对象不同选择性开放，发生寻租。三是利用的虚拟性使审核效果难保证，数据易转让，仅对申请者考核无法确保数据安全在受委托处理的第三方处也得到同等保障。

再次，是否收费以及收费标准不明确。部分地方将价格机制引入数据供给服务中，通过为某类公共数据确定价格，由需求者支付相应的数据获取费用。但付费使用的机制面临“二次征税”的质疑，存在定价难挑战，也容易造成公共数据的二次垄断。从相关公共数据开放规范中可以看出，目前主要存在两种实践：一是签订有偿服务合同。《科学数据管理办法》第 24 条第 2 款规定：“对于因经营性活动需要使用科学数据的，当事人双方应当签订有偿服务合同，明确双方的权利和义务。”二是收取成本费和加工费。《气象资料共享管理办法》第 7 条规定，“为企业、事业单位从事的经营性活动提供所需的气象资料，除收取资料复制和交付成本费外，可以补偿性收取资料加工处理费”。然而，受到种种因素影响，公共部门确立对数据市场化收费标准往往存在以下障碍：一是面临“二次征税”的质疑。政府生产、汇集数据的成本主要由公共财政负担，数据开放属于政府职责，数据应取之于民，用之于民。二是存在定价难问题。政府采集和提供数据付出成本难确定，数据类型多样使统一定价难进行。三是容易造成新的数据垄断。可能会将市场分化为数据富有者和贫困者，具有雄厚资本的企业将会垄断公共数据资源的开发市场。

最后,对需求方的数据申请答复不及时。数据时效性是影响数据质量的重要因素,市场对数据的时效性要求较高,相对迟延的回复不能及时响应市场需求,进而影响数据的利用价值。对有条件开放类的公共数据,部分地方明确了申请流程,但仅少数城市明确了相应的答复期限,部分地方设置的答复期限过长或答复不及时,使得企业对数据时效性的需求难以满足,数据利用价值受到影响。目前,主要存在三种形式的答复期限要求:一是部分城市在明确答复期限。上海、天津、重庆等部分城市在文件中明确答复期限,天津规定的答复期限是最短的,即政务数据提供单位应当及时受理数据开放申请,自受理申请之日起 2 个工作日内,通过开放平台向申请方开放所需数据;不同意开放的,应当说明理由并提供依据。二是部分城市设置答复时间较长,为 20 个工作日。如福州、沈阳等城市相关文件中对依申请开放数据要求 20 个工作日内答复。三是部分城市在政策文件中设置"延期答复"选项。例如,《重庆市政务数据资源管理暂行办法》中提到"政务数据提供部门在收到申请之日起 10 个工作日内予以答复","如需延长答复期限的,应当经政务数据提供部门主要负责人同意,延长答复期限不得超过 10 个工作日"。

(四)商用行为问题

市场主体依法获取了相关公共数据,但"不会用""不当用"仍是摆在面前的问题。

一是企业不会用。一方面,应用领域少。应用成果涉及领域相对局限是企业不会用公共数据表现之一,企业主要将公共数据用于易开发转化的少数领域,造成产品同质化竞争严重,而众多具有显著社会效益但开发难度较大的数据却无人问津。如上海主要集中在经济建设领域,而多数成果主要为普惠金融;青岛则集中在道路交通和民生服务领域,众多道路交通应用功能重合。另一方面,成果的市场转化率低,数据开发转化的应用成果数量较少,数据开放排名靠前的城市如成都仅有 3 件。同时,数据应用方案转化为应用成果的时间较长,如北京发布的 42 项应用成果中,有 26 项仍为应用方案,且更新时间多为 2016 年、2017 年。

二是企业不当用。例如,2020 年 4 月 29 日,杭州互联网法院针对企查查失真推送基于国家企业信用信息系统获取的有关蚂蚁金服的清算数据案件作出的判决，属于我国不当利用公共数据第一案。法院提出，对公共数据的利用应当在合法、正当的框架下进行，不得损害他方利益。基于公共数据形成的相应商事服务，有利于增强信息的透明度和传递的及时性，有利于解决市场主体信息不对称难题。但若不当利用，可能会与其他主体产生权利冲突，既会对数据原始主体的权利和消费者权益造成损害，也会对政府公信力产生不良影响，破坏公共数据权威性。此外，还会对行业整体形象造成破坏，形成负面示范效应。企业盲目追求商业利益，忽视对数据真实性、客观性和准确性的把控，将会负面引起行业发展乱象。

三、破除市场化利用障碍的路径和策略

（一）供给动力激活

法律职责与市场需求双向推动是激活公共部门有效向市场供给数据的良好途径。要解决政府部门开放数据的驱动力问题，可以借鉴政府信息公开，建立依申请开放公共数据制度，即除公共部门已主动开放数据外，市场主体就其特定的数据需求向公共部门提出申请。公共部门根据市场的数据需求有针对性地提供数据，并根据申请情况改进开放策略，优先开放社会迫切需求的数据类型，不断扩大政府主动开放的范围。在这个过程中，公共部门可根据市场主体的申请登记信息对利用行为进行追溯，进而进行引导和监督。

依申请开放制度与数据开放供需均衡目标具有契合性。一方面通过制度明确职责，推动公共部门依法开放。借鉴政府信息公开制度，适时出台公共数据开放专门法规，授予公民申请开放公共数据的权利，明确公共部门职责。另一方面通过申请机制与市场需求形成对接，进行针对性开放，有助于公共部门持续保持服务的动力和热情，不断主动扩大开放范围，促使更多数据从可开放向已开放转变。市场主体可以通过需求表达平台有效传递数据诉求，政府部门也可以通过对申请的反向分析，实现对市场真实数据需求的精准锁定。

目前依申请开放在各地也有相关实践。例如，《贵阳市政府数据共享开放条例》规定，公民、法人和其他组织认为应当列入开放目录未列入，或应当开放未开放的政府数据，可通过开放平台提出开放需求申请。《上海市公共数据资源开放 2018 年度工作计划》提出，对大规模、持续利用数据服务的机构和个人，采用依申请开放方式加强对数据利用主体的审核和数据使用情况的追踪。

(二)数据质量提升

公共数据质的、量的保证是吸引市场主体开发利用数据的基础。

第一,明确可市场化利用的公共数据范围。一是正面编制可向市场提供的数据目录。从正面来说,可向市场提供的公共数据应是由公共部门掌握,可用于公众生产、生活,与公共利益密切相关的数据,应按照“以开放为原则,不开放为例外”的理念促进数据的最大开放。贵阳、上海等多地的规定要求公共部门制定数据开放清单和明确优先开放范围。二是负面明确不可商用的数据类型。不可向市场提供利用的数据主要涉及“两秘密一隐私”和内部数据,同时在开放程度上也分为完全不开放、部分不开放、可以不开放三方面进行管理。在国外,美国出台专门法案规定了开放数据的例外,美国《开放公共数据法案》规定,非公开数据基于如下原因:保密性、国家安全风险,或者将该数据转为可以使用格式的成本过高。我国也有类似尝试,哈尔滨市开展开放目录负面清单实践,形成了涉及全市 53 个市级部门、366 个数据项的公共数据开放目录负面清单,清单外的 14 大领域数据全部向社会开放。

第二,明确开放次序,分类分层推进。在优先开放次序上,分为主动优先开放、应开放但未开放、需加工后开放三个层次。首先是主动优先开放。与民生、经济密切相关的数据,如交通、卫生、教育、就业等,主动向社会提供。其次是应开放但未开放。受限于时间、精力等因素先期未能主动开放数据,根据申请开放。最后是需加工后开放。需进一步加工汇聚、整合的数据,或未生成的数据,待条件成就后开放。在限制开放层级上,分为完全不开放、部分不开放、可以不开放三个层级。涉及国家秘密、负有保密要求的数据,纳入绝对不开放范畴;涉及特定主体权益,脱敏或征得同意后的部分可开放,如个人信息、商业数据等;涉及政府内部事务性、流程性数据,政府可选择开放或者不开放。

第三,保障公共数据的可用性和可增值性。各地公共数据管理部门可建立公共数据申请开放机制和平台,对接市场数据需求,优先开放社会迫切需要的数据类型,逐步扩大数据开放范围;组织制定数据开放的标准,明确可商用公共数据的选定、采集、发布和格式规范相关要求,保障供给数据质量。在形式上,充分考虑便利性和可用性。一是可访问性,即可在线访问及获取,不存在失效或障碍。二是可机读性,即格式开放且标准,数据可机读,格式丰富。三是非歧视性,即普遍参与性和非歧视,减少定向开放比例。四是再传播性,即允许数据再利用和传播,服务协议人性化。在内容上,保障数据利用的效率和质量。一是实时动态,保持数据更新的持续性、实效性。二是真实可信,保证数据的真实和可信赖,一致不冲突。三是易关联融合,减少单点孤立数据,使数据可关联、易融合开发。四是带业务属性,当前统计类数据居多,直接业务数据占比少。

(三)商用门槛放宽

保障门槛设置的透明、合理、公开和灵活性,是促进市场主体持续、稳定开发利用公共数据的关键。

首先,除法律、行政法规明确规定外,不应再对公共数据的获取利用行为设限。应坚持“公开为常态、不公开为例外”,不应限制市场主体对不属于“两秘密一隐私”数据的获取,确需对市场主体的数据利用设置准入条件的,应保证审核机制的公正和透明,对于企业的批量数据获取需求,或需要进一步加工处理后方能对外提供的数据,可向用户及时答复后,延期向用户提供。一是进一步明确资质审核标准,避免隐形壁垒。确需对商用活动设获取条件的,应明确利用主体的资质要求,规范和精简资质审核工作流程,保证数据授权提供的公开、公正和透明。二是对依申请开放的规则程序的进一步明确。完善依申请开放程序,要求政府部门建立健全公共数据开放申请登记、审核、办理、答复、归档的工作制度,加强工作规范。三是控制答复期限,确保数据供给的及时性。规范依申请开放数据工作的申请答复流程,明确答复期限,且尽可能及时的供给数据;对是否予以公开,以及公开的方式途径等及时告知理由及相应的方式方法。

其次,明确有偿获取数据的收费规范。一是坚持免费是原则。对于数据性质,要求依申请开放的数据属于政府应主动开放但暂未开放的数据,原则上应与无条件主动开放的数据相同无须付费。在促进利用层面,要避免收费成为数据利用的条件而降低市场主体进入市场意愿,避免拥有雄厚资本的主体垄断开发市场。二是明确收费是例外。公共部门可以进行成本性收费,即收取申请主体对数据具有额外整理、加工需求产生的边际成本费用。公共部门也可以进行效率性收费,避免申请主体滥用申请权而对其他主体的申请造成阻碍,如频繁、大量、多项申请等。例如,《澳大利亚政府关于公共数据政策的声明》(*Australian Government Public Data Policy Statement*)、《新西兰数据和信息管理原则》(*New Zealand Data and Information Management Principles*,*NZDIMP*)规定:“仅能对个性化数据服务收费。”在收费的规范方面,收费策略上,以“财政负担优先”为原则实施低价策略。在收费要求上，参考政府信息公开，需要事前明确收费依据、收费项目和收费标准。例如，《新西兰数据和信息管理原则》规定："即便收费，也应是透明、合理、公平的。"

最后，针对不同类型数据，创新探索供给模式。例如，北京市大数据中心联合北京国际大数据交易所运营政务大数据，根据数据不同性质采取多种模式，促进数据融合使用。针对无条件开放的公共数据，按照统一规范汇聚、共享，向社会免费开放；针对金融、医疗等敏感数据，大数据交易所采用授权调用、共同建模等方式，开展协同应用服务，探索建设金融、医疗、交通等公共数据专区；针对高价值的多方数据，探索通过大数据交易所进行数据使用权的交易，并依托交易所进行安全性审查。

(四)商用行为规制

对于企业的公共数据商业使用行为，政府部门的市场规制手段也具有多样性，既有惩戒、限制，也有奖励、扶植。但激励与约束向来不是截然分开的，产业发展初期，还应当以正向激励为主导，负向约束为补充的规制框架，推动公共数据的充分开放与有序利用。

一是破解企业不会用难题。面对市场主体不会用数据的困境，需要为市场营造确定性的制度环境，实现公共数据市场化再利用的规范性和长效性。既有的《政府信息公开条例》的兼容性有限，无法兼顾公共数据开发和利用的需求。国外则具有出台公共数据专门制度的先例，如韩国制定了《公共数据提供与利用促进法案》，欧盟发布了《公共部门信息再利用指令》。我国亟须构建公共数据再利用法律体系，明确政府部门数据管理和供给职责，规范数据使用，保障再利用主体和相关主体的权益。同时，做好优秀案例的示范引领，以成功再利用案例带动社会主体广泛参与数据再利用的热情。国外已有类似的尝试。例如，英国定期发布开放应用成功案例：英国开放数据研究院专门召集利益相关者整理并发布公共数据使用案例，激活更多创新应用。

二是针对不当商用行为进行规制。针对市场不当用公共数据的问题，一方面，需要发挥政府、企业和行业组织等多元主体的合规监督作用。政府部门需要利用申请机制跟踪追溯利用活动，以投诉替代驻场审计督促合规，并探索实施"宽进严出"的监管模式。同时需要发挥第三方组织的监督作用，通过提供公共数据利用的指引标准，制定数据开发产业的自律规范，充分发挥产业和政府的沟通对接作用。另一方面,需要及时纠正企业的不当利用行为,包括:纠正企业的破坏竞争行为,防止对数据增值产品市场的垄断,拒绝以寻租或不当爬取的方式获取数据,限制“搭便车”提供同质化服务行为;有效维护数据安全,政府供给数据前应进行有效脱敏处理,探索建立公共数据开发的信用评价机制和数据开发第三方风险评估机制;及时制止侵害消费者权益的行为,禁止利用公共数据分析实行价格歧视,打击导致数据失真破坏公信力的行为,禁止在增值产品中违规贴上官方标签。

三是明晰市场化再利用行为的合理边界。公共数据内含权利的交织性和复杂性,要求企业在对公共数据进行开发利用时需要履行一定的注意义务。首先,获取方式须正当合法,不得以非法方式或通过非正当渠道获取公共数据。其次,数据质量应可用可信,不得传播虚假、失真数据。再次,数据安全有保障,企业要做好数据防篡改、防丢失工作,提升对公共数据传播路径和传播内容的可控性。最后,数据加工使用要合法,不得对他人的合法利益和正当权利行使造成妨碍,不得对政府部门未有效进行脱敏处理的公共数据进行再传播和扩散,也不得借助公共数据刺探其他企业商业秘密,不得在公共数据衍生产品中植入不良广告,也不得将公共数据用于不正当竞争等。

第四章　全球视野下的数据跨境流动

跨境数据流动在促进经济增长、加速创新、推动全球化等方面发挥了积极作用。随着全球数字经济的发展，国际竞争焦点也逐渐从对资本、土地、劳动力等传统资源的争夺转向对数据和技术资源的争夺。伴随着我国数字经济企业出海步伐加快，数据跨境流动合规将是企业海外经营不可避免的问题。

一、数据跨境流动的典型场景和流动途径

（一）企业数据跨境流动的需求场景

数据跨境流动是指将一国境内数据转移到境外的国家、地区或者国际组织的跨境数据处理、存储和检索活动。广义的数据跨境流动包括跨境传输和跨境访问两种形态，就流向而言，包括针对一国的数据流入和流出两种情形。

1. 跨境提供产品和服务时的衍生数据回流需求

一方面，当我国跨国企业在境外设立商业实体提供服务时，需要将相关业务数据传回境内母公司进行整合处理。例如，跨境物流行业中集团公司通过汇聚全球数据来高效调配物流资源。另一方面，我国企业虽未在境外设立实体，但跨境交付相关产品和服务时，基于产品功能要求、数据存储分析、售后服务、产品升级优化等需要，将基于产品和服务产生的相关数据传回境内进行分析处理。例如，我国重型机械生产制造企业三一重工通过对装备运行信息的实时采集并传回境内分析处理，从而提供远程跨境诊断服务。此外，境外客户请求中国企业提供相关代理服务时，也会将境外客户的数据传至中国。例如，中国知识产权的申请，金融、法律等相关代理服务。

相应地，境外企业也有将在我国经营时收集、产生的数据传回本国或本地区的需求。一是在我国设有商业实体但未建立数据中心的境外企业，将数据传回

境外母公司进行存储分析的情形。例如，美国支付公司 PayPal 将在中国境内提供支付服务产生的支付数据传输到其位于新加坡的国际业务总部；飞机制造商波音公司通过其遍布全球的飞机和航线服务，建立了全面的数据收集系统，用于发现和诊断问题航班。二是基于专业分工需要，境外企业为我国公司提供数据分类、清洗、分析等数据技术服务时的数据出境需求。例如，一些科技类公司与境外公司存在技术合作，需要将大量数据与境外公司共享。三是提供数字产品和服务引发数据跨境流动，其中互联网领域最为典型。国际互联网企业如亚马逊、谷歌、苹果等，为海外用户提供服务时均产生数据跨境流动。

2. 跨境提供以数据为内容的产品和服务的需求

我国庞大的用户市场吸引境外数据企业努力开拓我国的数据服务市场。例如，向我国境内用户提供海外金融、法律等专业数据库服务。

对应地，跨国企业也会向境外提供基于我国数据信息产生的数据产品和服务。例如，彭博、路透、万得等国际金融信息服务企业，获得证券机构授权后，向全球分发基于我国证券市场产生的行情数据，为海外投资者提供我国金融市场数据信息，包括证券、期货、外汇等金融市场的历史和即时行情数据，上市公司公开披露的财务变化、经营状况等。

3. 基于司法协助而请求调取企业境外数据

司法部门为打击违法犯罪，具有向境外监管机构请求配合提供本国企业相关数据信息的需求。监管部门间的数据跨境流动一般通过双边或多边的合作机制实现。

同样地，我国为履行国际义务或配合他国司法协助请求，也会提供境内相关数据。但部分国家采取直接要求企业提供境外数据、通过立法实施长臂管辖等强制性方式获取所需数据，如 2013 年美国政府为进行反毒品调查要求微软提供存储于爱尔兰数据中心的客户数据；2015 年中国银行因拒绝向美国纽约地方法院提供 GUCCI 案相关被告的中国境内账户信息，被认为构成“藐视法庭”，遭到巨额罚款处罚。

（二）企业数据跨境流动的实现途径

数据跨境流动的实现途径即需求主体可开展数据跨境传输活动需满足的一定条件或具备的特定环境。当前，国际上数据跨境流动的实现方式有以下情形。

1. 基于国家信用背书传输数据

基于国家信用背书而开展数据跨境传输活动，也即国家签订的国际协定为企业提供一定范围内的数据跨境自由流动环境，既包括多边或区域性的数据跨境自由流动法案和框架协议，如欧盟《通用数据保护条例》（GDPR）、“美国—墨西哥—加拿大协定”（USMCA）、《全面与进步跨太平洋伙伴关系协定》（CPTPP）、《数字经济伙伴关系协定》（DEPA）等规范中的跨境数据传输条款，也包括相关双边充分性认定机制，双方将对方的数据保护系统视为同等有效，如欧盟与日本达成的日本充分性认定协议、欧盟与美国签订的隐私盾协议等。此外，还包括部分国家发展的数据保护能力白名单机制，对于纳入白名单的国家可以实现数据的自由流动，如欧盟、新加坡、巴西等国际组织和国家法律中明确的白名单制度。

2. 经第三方认证后传输数据

企业经过第三方国际认证机构的数据保护能力认证后跨境流动，如由美国、日本主导的亚太经合组织跨境隐私规则体系（CBPRs）。目前，共有美、日、韩、新四国具备相应认证机构，共41家企业通过了认证。通过隐私认证的企业可以与该机制下相关成员方的认证企业实现数据自由传输。目前美国、加拿大、墨西哥、日本、新加坡、韩国、澳大利亚、菲律宾以及中国香港、中国台湾已加入该机制。

3. 履行特定制度合规动作后传输数据

企业基于合规行动而满足数据跨境传输条件，如企业通过构建有约束力的数据保护内部合规体系或签订标准合同条款后跨境传输数据。有约束力的公司规则即跨国集团企业通过制定数据出境管控国认可的有约束力的公司规则后，向境外子公司或分支机构传输数据则无须另行报备和批准。标准合同条款即数据出境方和数据接收方签订了监管部门出具的跨境传输标准化的合同文本，同意数据合规使用和有效保护承诺等要求后实现数据跨境传输。

4. 通过监管部门审批后传输数据

经监管部门许可的数据跨境传输，即通过国家审核、评估后，基于审批制的数据跨境传输情形。例如，我国《网络安全法》《数据安全法》《个人信息保护法》构建了以安全评估为前置的数据出境管理机制，即达到一定数量的个人信息、涉及关键信息基础设施的个人信息和重要数据，确需向境外提供的，需要经过国家网信部门组织的安全评估。

二、数据跨境流动与贸易发展的关系

目前,数据流动对全球经济增长的贡献,早已超越以商品、服务、资本、贸易、投资为代表的传统形态成为推动新一轮全球化的新的增长引擎,跨境数据流动正成为推动新型全球化的重要特征。

(一)数据流动对贸易发展的正向作用

数据跨境流动对全球经济增长的价值贡献日益加大。根据美国著名智库布鲁金斯学会的相关研究,2009—2018 年,全球数据跨境流动对全球经济增长贡献度高达 10.1%,其中,2014 年数据跨境流动对全球经济增长的价值贡献超过 2.8 万亿美元,预计 2025 年有望突破 11 万亿美元。

数据跨境流动对于推进全球贸易尤其是新兴的数字贸易呈现正向作用。总体来看,全球化背景下的数据跨境流动为数字贸易提供了一个更加完整的流通网络,减少了交易成本。第一,贸易活动对数据流动具有正向需求。数据流动有助于降低贸易中的交流与搜寻成本,提高贸易便利化水平;以数据为载体的贸易活动所占比重逐年上升;贸易增长尤其是数字贸易增长与数据流动呈现正向关系。第二,数据要素可弥补其他要素流动不足的损失。数据流动主要依赖互联网,受地域限制较小;数据要素对传统要素存在补充乃至替代作用;在新冠肺炎疫情等全球突发事件导致人员流动减弱后,数据流动可以弥补人员流动不足带来的损失。

我国作为数字经济发展最为迅速的国家之一,阿里巴巴、腾讯等互联网龙头企业走在前列,企业“走出去”意愿强烈,数据跨境需求大。政府已制定多项政策引导企业“走出去”,如 2013 年以来,为响应“一带一路”合作倡议,中国企业积极“走出去”。习近平总书记指出:“我们国家的利益到哪,信息化就要到哪,网络就要延伸到哪。”如今,中国在全球数字经济产业价值链中的地位迅速提升,全球新经济的地理重心从环大西洋地区转向了环太平洋地区。数字经贸企业的数据跨境传输需求强烈。我国互联网企业拓展海外业务时,同样产生数据跨境流动需求,但为了合规需要,大多通过在境外设立数据中心并对境内境外业务进行分离的方式应对各国数据跨境流动监管,如腾讯和字节跳动分别对其旗下的产品开发了单独的海外版本,均在海外建立数据中心,并且不与国内进行数据互通。

(二)数据跨境流动影响贸易的机理

数据成为推动数字贸易发展的关键要素,数据跨境流动产生的经济和社会影响从直接和间接来看具有三方面表现:一是数据相关商品的直接贸易,包括基础数据的跨境交易和数据衍生品的跨境交易。前者指出售或许可使用原始或汇总数据,如境外证券交易所实时行情数据的使用权和跨境数据经济活动;后者包括对数据直接加工形成的数据产品服务、数据技术服务和数据咨询服务等。二是数据流动带动贸易效率提升。这是指借助数据的跨境传输改善生产服务流程,降低贸易交流与搜寻成本,提高交易促成效率和便利化水平等,如跨国公司通过信息内部流动提高管理效率,货物贸易通过订单数据流动提高配送效率。三是跨境提供免费数据信息服务。如向境外用户提供免费搜索引擎服务、新闻信息服务、开放源软件、社交媒体服务等,虽未产生直接的贸易额,但在提升服务产品的国际影响力、带动人才资金技术等要素集聚和创新、加速全球数字红利共享、减少数字鸿沟等方面发挥了积极作用。

(三)对数据流动进行限制将增加贸易成本

IETF基于经济合作与发展组织(OECD)市场监管数据的尺度,以数据限制对要素价格、贸易和生产力的影响为内容,构建了一个数据限制指数模型(DRI)。美国信息技术和创新基金会(ITIF)报告指出,一个国家的数据限制每增加1个百分点,其贸易总产出将减少7%,其生产率会降低2.9%,并且下游价格会在五年内上涨1.5%。其报告还指出,限制数据流动的数据本地化政策明显减少了贸易,降低了生产力,并提高了受影响行业的价格。迄今为止,62个国家/地区实施了144项限制,目前采取数据本地化措施最严厉的国家是中国、印度尼西亚、俄罗斯和南非,会对其本国数字贸易发展带来影响。

三、企业跨境数据流动存在、面临的问题

(一)各国数据跨境制度差异大,企业合规成本高

第一,各国数字产业发展水平不同导致数据跨境制度差异较大,企业合规成本高。如美国数据跨境制度以维护产业竞争优势为主旨,欧盟以数据保护高标准引导全球重建数据跨境规则体系,俄罗斯则试图通过数据本地化政策要求数据回流。各国个人数据跨境传输规则整体呈现出的多极化、差异化、复杂化态

势,要求我国企业针对不同地区采取差异化数据跨境措施,如在当地设立服务器等,这必然会增加企业的合规成本。据普华永道估计,68%的公司预计将花费100万美元到1000万美元的投入以满足GDPR的合规要求。中国企业对GDPR的态度分化比较明显,如华为等大型企业很早就开始为GDPR做准备,但也有某些中小型企业并未认真对待GDPR。尚未进行合规的中国企业将很容易成为“枪靶子”,因为作为竞争对手的境外企业将有很大的可能向所在国监管机关投诉、举报,而所在国监管机关出于保护本国企业的目的,也会有很大的可能进行调查。①

第二,我国数据跨境制度零散,缺乏顶层设计下的数据跨境系统规范体系,进一步加大了企业执行跨境制度的合规成本。《网络安全法》虽然规定了数据跨境方面的总体要求,却缺乏具体的差别化执行细则,如未明确“关键信息基础设施”“重要信息”的认定标准,也缺乏相应的程序性规定。相关细化配套措施,如《个人信息出境标准合同规定》等尚处于征求意见阶段,增加了企业执行数据跨境制度的不确定成本。

第三,企业恐面临数据管辖两难问题。当前,各国围绕数据主权的战略博弈呈现泛化趋势。面对数据主权管辖边界冲突及具有超强管辖能力的国家,我国企业恐无对抗与谈判能力,对企业“走出去”做大、做强不利。面对国内外不同管理要求的双重管辖问题,企业甚至有可能存在选择性合规倾向。②

此外,我国企业在拓展中亚、东南亚、非洲等国市场时,可能面临数据传输至数据保护能力相对落后国家或地区,对用户信息等相关数据的保护力度相对不足的问题。

(二)基础通信网络关键产品对外依赖,加大数据不当外流风险

基础通信网络关键产品对外依赖,成为企业数据安全缺口,恐加大数据不当流出风险。国外厂商设备的现网存量很大,国外产品存在原生性后门等隐患,而我国尚未建立起针对流向境外网络数据的监测分析机制,这些后门若被远程不当利用,大量数据信息将会存在未经安全评估不当流出的安全风险。2013年6

---

① 梅傲、侯之帅:《互联网企业跨境数据合规的困境及中国应对》,载《中国行政管理》2021年第6期。

② 许多奇:《论跨境数据流动规制企业双向合规的法治保障》,载《东方法学》2020年第2期。

月底,美国中情局前雇员斯诺登爆料,美国情报机关通过思科路由器对中国内地移动运营商、科研计算机网等骨干网络实施长达4年的监控。2019年9月,美国麦迪安服务团队发现了部分型号的思科路由器被黑客篡改路由器系统加入了超级后门,黑客通过超级后门可以非常隐蔽地控制思科路由器。

(三)我国数据保护水平未获得他国肯认,导致数据流入难

当前,部分境外国家和地区未将我国认定为能够对数据提供充分保护的国家,进而对流向我国的数据进行限制,我国企业相关境外经营活动受阻。第一,目前国内有关数据跨境规则与国际通行规则存在一定差异,他国担心流入我国的个人数据受到政府监视。例如2019年年初,摩拜因隐私政策规定可将收集到的用户数据转移到欧洲经济区以外的未获得欧盟委员会充分决定的其他地区而受到柏林数据保护和信息自由专员关注。第二,美欧等发达国家或地区纷纷出台新的严格的外资审查制度,我国信息通信企业的海外收购已多次遭遇以数据安全为由的阻挠,频频遭受境外因数据问题引起的歧视性待遇。例如2017年9月,美国以国家安全为由,阻止中资私募股权公司收购美国芯片制造商莱迪思(Lattice)。2018年1月,美国外国投资委员会以涉及美国公民身份数据安全为由,禁止蚂蚁金服对美国企业速汇金(Money Gram)价值为12亿美元的收购。2019年10月,美议员提出,要对字节跳动已于2018年完成的针对具有2000万用户基础的美社交软件Musical. ly并购案重启安全审查。

(四)企业海外数据合规频遭处罚或指责

我国企业在境外经营过程中已面临数据管理困境,或遭遇数据泄露指控、或被监管部门处罚、或被境外媒体报道存在后门、或被境外国家安全机关指责存在数据安全潜在隐患。例如,小米被新加坡监管机构调查。2014年8月15日,小米遭到新加坡个人资料保护委员会调查。PDPC表示,其陆续收到小米用户投诉,怀疑小米手机将其存入的个人信息传回中国并非法使用。再如,大疆被指责存在数据安全潜在风险。2019年5月20日,美国国土安全部称,中国制造的无人机可能正在向中国制造商发送敏感飞行数据,政府可以访问这些数据。该指责指向了大疆。又如,2020年6月29日,印度单方面宣布停止使用微信、抖音等59款中国App。7月26日,微信已停止服务印度用户(印度本地号码注册的无法使用,中国手机号注册的仍能使用)。还如,字节跳动的海外品牌抖音国际版

(TikTok)也屡遭发展限制。2019 年 2 月 28 日,美国联邦贸易委员会(FTC)宣布,已同意支付 570 万美元(约合 3800 万元人民币)的和解金,用以解决 FTC 此前关于 TikTok 在 2017 年所收购的 Musical. ly 存在的非法搜集儿童个人信息的指控的问题。2020 年,TikTok 在印度、美国、巴基斯坦等多次收到禁用禁令。

四、我国企业的海外数据合规路径和经验

当前各国对数据跨境流动存在许多限制,我国企业可以通过以下方式满足境内外关于数据跨境流动的相关合规要求。

(一)履行境内外有关数据跨境流动的标准或程序

首先,严格遵守国家关于数据跨境传输相关管理要求,对于属于关键信息基础设施涉及的个人信息和重要数据,以及达到规定数量的个人信息,按要求进行本地存储,确需向境外提供的,对接网信部门和行业管理部门进行安全评估。

其次,跟进国家关于标准合同条款(SCC)、第三方专业机构数据保护能力认证等机制的细化落地情况,运用新机制推进跨境数据有序流动。例如,实现中欧间数据传输时,由于我国尚未成为欧盟认定的对个人数据保护充分的国家,因此,当前我国企业主要通过构建具有约束力的公司规则,或采用欧盟委员会通过的标准合同条款(通信设备制造企业中兴通讯主要通过与欧盟企业达成具备标准合同条款的数据传输协议实现数据跨境传输),以证明自身采取了充分的数据保护措施,进而获得欧盟的数据跨境传输许可。

最后,随着将来我国与境外国家和地区达成数据跨境流动有关共识,我国企业也可在相关政策框架下实现数据有序跨境流动,如粤港澳大湾区的建设将有力推动三地的数据互联互通。当前国际社会达成的多个促进数据跨境流动的框架协议可为我国提供参考。例如,亚太经济合作组织(APEC)"跨境隐私规则框架"(CBPR)下,获得认证的企业之间的数据跨境传输不受阻碍。①

(二)海外设立数据中心或服务器

企业开展海外业务时,通过在境外设立数据中心或服务器,以满足相关海外监管当局的数据本地存储要求。企业部署海外数据中心,应以合规为前提,综合

---

① 中兴通讯、德勤:《数据跨境合规治理实践白皮书(2021)》,载 https://www2.deloitte.com/cn/zh/pages/risk/articles/data-cross-border-white-paper.html,2022 年 3 月 6 日最后访问。

考虑监管要求、成本支出、技术实现等多重因素进行选址部署。例如,云服务企业阿里云在硅谷、新加坡、伦敦等地建立了11个海外数据中心,腾讯云也在东京、曼谷、多伦多等地设有10个海外数据中心。继2019年新加坡数据中心和英国伦敦数据中心先后启用,电信企业中国移动国际有限公司还在德国法兰克福筹建自有数据中心。为降低海外当局的监管疑虑,2021年,微软宣布启动“欧盟数据边界”计划,在欧盟境内处理和存储其全部用户数据。特斯拉表示,已在中国建立数据中心,所有中国业务所产生的数据将存储在中国境内。

(三)改造产品或服务以满足当地数据合规要求

企业开展海外经营时,应立足业务场景和自身管理实践,制定经营地的数据跨境合规策略和风险控制点,做好经营前的数据合规风险评估和预防,强调海外经营过程中的数据合规管理,妥善应对遭遇数据合规危机时的风险。

一是企业应从法律、管理、技术和当地风俗文化等角度全面评估海外经营的数据合规风险,推进产品、服务或应用从设计到运营的全流程、全生命周期的数据合规管理,及时调整隐私政策,避免出现霸王条款。设立覆盖全生命周期的数据合规岗位,完善数据合规的组织管理机制,注重与产业链上下游建立数据安全协同管理机制,定期督促第三方落实数据合规要求。

二是积极应对和消解境外机构关于数据不当流出的合规质疑。妥善应对数据管理违规事件,做好舆情应对。在发生数据违规事件后,企业要避免更为严厉的处罚,降低损失并将影响控制在尽可能小的范围内。例如,2014年,小米公司曾被新加坡个人资料保护委员会就将用户数据传回中国的用户投诉进行调查。事件发生后,小米积极向当地监管部门释疑,并在当地建立了数据中心,最终境外监管机构取消了对小米公司的指控。

三是与海内外监管当局做好沟通对接,出现数据安全事件时与监管机构保持良好密切的沟通,及时反馈整改进展,展现诚意。海外经营遭遇不公平对待时,也要主动与我国监管部门建立沟通反映,寻求我国相关政府部门指导和救济。

四是必要时对境内、境外经营业务进行适当分割,保障运营管理和数据的相对独立。例如,互联网科技公司腾讯和字节跳动分别对其旗下的产品设置了单独的海外版本,如微信海外版(WeChat)和抖音国际版(TikTok)等,他们均不与国内版本进行数据互通。

（四）做好海外上市或投资并购的风险评估和合规要求

海外上市或投资并购已成为我国企业“走出去”的重要方式，但数字经济企业的海外融资或数据驱动型的投资并购活动，还需特别满足我国和海外投资当地的数据合规要求，并对投资对象进行有效的数据合规调查。

一方面，满足我国对于企业海外上市的数据合规要求。2022 年 2 月，我国新修订的《网络安全审查办法》正式施行，该办法重点提出了“掌握超过 100 万用户个人信息的网络平台运营者赴国外上市，必须向网络安全审查办公室申报网络安全审查”。2021 年 7 月 6 日，《关于依法从严打击证券违法活动的意见》出台，要求压实境外上市公司信息安全主体责任，加强跨境信息提供机制与流程的规范管理。先前，我国“滴滴出行”“运满满”“货车帮”“BOSS 直聘”赴美上市遭喊停，缘因美国新通过的《外国公司问责法案》规定，在美上市公司需提供审计报告底稿，审计报告包含原始票据、网络活动、数据库活动、用户活动等。这可能给我国国家安全、用户数据安全带来风险，因而国家互联网信息办公室陆续对相关互联网企业的上市活动实施网络安全审查。

另一方面，充分了解并应对可能触发的海外监管当局的安全审查机制。需关注所涉领域是否符合当地法律规定的可以向由外国投资的领域，评估是否满足当地国家安全审查要求。例如，美国 2018 年新修订的《外国投资风险评估现代化法案》将外国投资委员会（CFIUS）的管辖扩大至敏感个人数据，投资对象存在以下情形将需要审查：投资对象收集或拥有遗传数据，或 100 万以上个人数据，包括投资对象的子公司或其承包商可能收集、持有数据的。而欧盟的网络安全审查主要针对关键基础设施，包括能源、运输、水资源、卫生、通信、媒体等领域的数据处理或存储活动，关注投资可能对欧盟相关数据或敏感个人信息进行控制的能力。

此外，开展海外投资时充分对投资对象进行数据合规调查。一方面，了解投资对象的数据合规情况，按照产品或服务线逐项对照当地法律法规、自律规范，并充分考虑当地的隐私文化及立法价值取向。另一方面，从刑事、民事、行政等全方位了解投资对象的违规历史问题、受到监管部门指控或者用户投诉的情况，以及相应的整改情况。吸取字节跳动因投资对象 Musical. ly 事先存在非法搜集儿童信息，而遭受 FTC 高额处罚的教训，投资后与监管部门就投资对象的违规历史保持沟通，做好解释，以促成和解。

第五篇

合规篇

第一章　企业数据合规实务指引

2018年欧盟《通用数据保护条例》正式实施以来，数据保护的风险和惩罚为企业带来更多责任和义务，数据合规逐步成为全球关注热点。我国自2017年实施《网络安全法》以来，陆续出台网络安全、数据安全与个人信息保护等的相关法律法规、规章制度和国家标准。我国数据法律规范不断完善，并形成以《民法典》《国家安全法》为纲领，《网络安全法》《数据安全法》《个人信息保护法》为分支的数据及个人信息法律保护体系（具体见第二篇中的表2－1：中国数据安全主要立法框架），为数据合规工作提供了法理支撑，数据合规立法体系实现较大突破。

执法层面，监管部门呈现多主体、多角度、不确定性增加等趋势。工信部、网信办、公安部等部门主导个人信息保护执法行动，开展渗透在企业上市过程中的数据合规问题排查行动，阿里巴巴案、滴滴案、携程大数据杀熟案等，无一不证明数据合规的执法强度，也无一不体现出各领域中企业数据合规工作的突出地位。尽管目前我国需要履行数据安全义务的企业众多，然真正主动合规的却很少。一部分原因是我国市场经济发展过程中，企业合规文化根基太弱；另一部分原因是目前的合规工作缺乏详细的、具有可操作性的指引，而合规工作也会增加企业成本。多数执法工作都先拿"巨头"开刀，故而大型企业在这种风险面前会主动合规，而多数中小企业既没有构建数据合规架构的意识，也没有帮助企业构建数据合规的组织体系和主动合规的动力。但基于数字经济时代的发展，我们相信，数据合规将成为大势所趋，无论是大型企业抑或中心型企业，如何做到合理合法、有序有效地利用数据，如何做好数据合规工作，已经成为社会各界和谐共生的重要命题。故而，我们基于数据合规相关法律体系及实践经验，从"一个体系"、"三道防线"和数据合规"十部曲"来为大型企业建立数据合规体系、中小型企业把握数据处理中的合规要点提供一些实务建议。

一、合规实务一：构建“一个体系”

（一）数据合规管理体系的内容及目标

任何一项管理工作的开展都始于一个管理体系的搭建。《数据安全法》第4条明确要求，“应建立健全数据安全治理体系，提高数据安全保障能力”。目前及未来一段时间，数据安全领域的法律法规、国家标准等仍将不断更新细化。企业进行数据合规的顶层设计，构建数据合规的管理体系，将促进企业加强数据合规管理，及时有效预防数据违法违规行为的发生，降低数据犯罪风险，确保企业业务中的数据合规工作的可持续落实。

一个全面的数据合规管理体系应做到：覆盖企业内部各业务领域、各部门、各级子企业和分支机构、全体员工等，确保全员积极参与，贯穿决策、执行、监督全流程；明确企业各层级和各岗位人员的合规责任并督促有效落实；有独立客观履行职责的合规管理牵头部门，并确立机制保障合规管理牵头部门与其他部门的协同联动，确保合规管理体系的有效运行。

企业应明确构建数据合规管理体系的目标。通常来说，数据合规包括“网络安全”“数据安全”“个人信息保护（隐私保护）”三个层面，因此，企业数据合规体系的搭建也要指向企业网络安全防御、数据安全保护和个人信息保护。建立数据合规体系的目标在于：（1）逐步提高业务部门及其他相关部门数据安全合规意识，顺利开展数据合规工作；（2）秉承“重点项目优先审查，关键合规要点优先关注”原则依次推动数据合规专项工作开展；（3）建立公司内部数据合规制度体系，实现数据合规工作有循可依，违规必究。①

数据合规管理体系的搭建是企业做好数据合规工作的重要战略基础，借由合规管理体系将推动数据合规管理工作成为企业的一项持续的常规管理工作。合规管理体系的构建是统一全公司合规工作的前提，确保数据合规工作与业务部门的工作达成一致，实现业务及产品的合规化。合规管理体系的具体构建可以参考国际标准ISO 37301：2021《合规管理体系要求及使用指南》，以及上海市杨浦区发布的《企业数据合规指引》等文件。

---

① WeLegal法盟：《数据合规我懂，如何在企业内开展才是难题……》，载知乎2021年8月17日，https://zhuanlan.zhihu.com/p/400631975。

企业构建的合规管理体系的内容包括但不仅限于：识别数据合规风险、审视企业数据资产、布局企业内部数据合规管理架构、制定企业内部数据合规管理制度、开展数据合规培训、数据合规监控和审计、数据持续跟踪监管和执法动态不断改进等。合规管理体系的基本结构如图 5－1 所示。

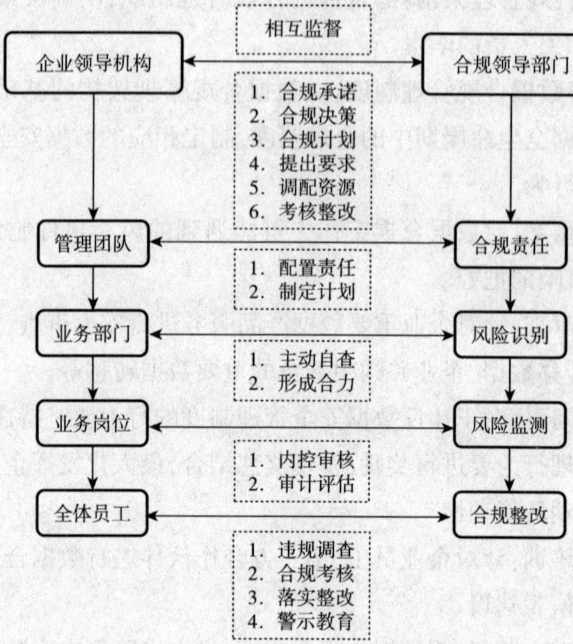

图 5－1　合规管理体系的基本结构①

(二)数据合规管理体系构建要点分析

企业数据合规管理体系的构建可以参照 ISO 37301、ISO 27001、上海市杨浦区发布的《企业数据合规指引》以及广州市人民政府国有资产监督管理委员会发布的《广州市国资委监管企业数据安全合规管理指南(试行 2021 年版)》，参考如下流程开展：

1. 识别风险：基于企业所处的行业背景及主营业务实际，结合外部适用的法律法规及内部制定的合规管理制度、签署的相关合作协议自愿性适用的约定、数

① 姜先良：《企业合规管理体系基本结构与运行机制》，载 https://www.ilawpress.com/material/detail?id=618749666019771393&t=material，2022 年 3 月 23 日最后访问。

据合规义务以及企业当前的数据合规管理实践评估合规差距。

2. 审视数据资产：对企业数据资产进行审视，包括数据的来源、类型、访问频率等。对数据资产进行分级分类，用于评估数据安全风险等级、制定相应的数据合规管理措施等。

3. 布局数据合规管理架构：部署数据合规管理组织，明确决策层、执行层与管理层，并明确相关人员的职责。

4. 制定/完善数据合规管理制度：在数据合规管理架构的基础上，明确各业务流程和企业数据全生命周期中的合规制度，制定相应的数据安全管理措施，规范企业数据处理行为。

5. 制定风险预案：对数据合规工作中可能遇到的风险事件制定相关应急预案措施，强化对风险的把控。

6. 强化安全审查：针对企业重要数据产品服务进行安全审查，如采购重要产品和服务、跨境转移数据、企业并购中涉及的重要数据转移等。

7. 坚持违规问责：对于违反数据安全管理制度的行为要坚持违规问责制，对于良好的数据管理行为要进行奖励，实现奖惩结合，最大化发挥企业工作人员对数据合规管理活动的能动性。

8. 数据合规培训：针对企业员工、第三方合作伙伴进行数据合规培训。强化企业数据合规价值观建设。

9. 数据合规审查监督：将数据合规完成度、潜在风险等内容数据化、指标化，以便对数据合规管理体系的运作情况进行日常监督审计。

10. 开展有效性评估：针对数据合规审查结果开展数据合规管理工作的有效性评估并持续改进。

二、合规实务二："三道防线"

数据合规管理体系搭建过程中，一个重要的内容是数据合规管理的职责问题的确定，即谁来实施数据合规管理？如何在企业内部划定数据合规管理的职责范围？这些问题的解决是数据合规体系可以顺利实施的基础，应首先明确。质量管理体系的构建原则之一是"全员积极参与"；国际通行的一项合规管理基本原则是"合规人人有责"，即企业董事会、监事会、高级管理层和全体员工均是合规管理的实施者，各自承担职责内的数据合规职责。[①] 因此，企业内部各部门均应积极参与到数据合规管理活动中。

对于企业内部各部门及员工的数据合规职责设置，可以引入风险管理中“三道防线”的经典理念，建立起“三道防线”模式，这也是合规领域中普遍适用的理论。具体如图5－2所示。

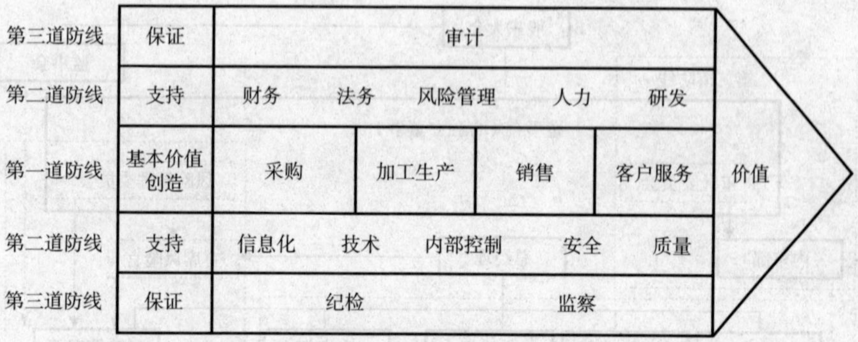

图5－2　企业内部数据合规的“三道防线”[②]

在数据合规工作具体落实的过程中：企业的各个业务部门为数据合规管理的第一道防线，对其职责范围内的数据合规管理负有直接和第一位的责任，主要负责数据合规管理工作的具体实施；企业的数据合规管理部门为合规管理第二道防线，主要向企业各个部门和分支机构的业务提供数据合规支持，并积极组织协调企业内各部门开展数据合规管理的各项工作及活动；企业内部的审计及纪检监察部门为第三道防线，定期对公司的合规管理流程及各项风险控制程序和活动进行监督。“三道防线”共同组成企业中数据合规管理的防线系统。[③] 通过“三道防线”的建设，以及企业内部各部门间的数据合规职责分工，保障数据合规工作的顺利施行，实现企业的价值增值过程。

---

① 杨洁：《合规体系搭建之实务问答》，载 http://www.huiyelaw.com/nes－1399.html，2022年2月25日最后访问。

② 孙友文、疯控叔：《企业风险管理的“三道防线”》，载 https://www.sohu.com/a/403421265_571013，2022年2月25日最后访问。

③ 孙友文、疯控叔：《企业风险管理的“三道防线”》，载 https://www.sohu.com/a/403421265_571013，2022年2月25日最后访问。

具体而言，“三道防线”的组织结构如图 5－3 所示，图中明确了数据合规管理在企业组织架构中的职责划分。其中，市场部、生产部等业务部门负责构建数据合规第一道防线；风险管理部、数据合规管理部门及风险管理委员会等负责第二道防线搭建；审计等相关部门则坚守第三道防线。借助组织架构的力量，搭建起企业数据管理的防线系统。

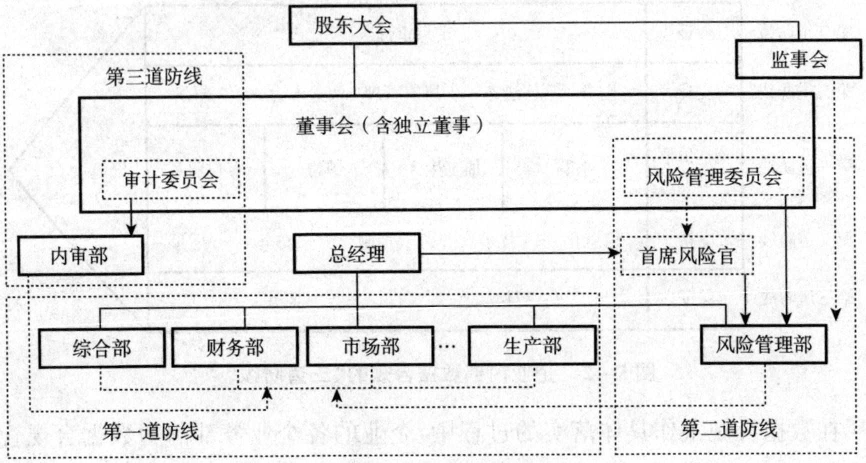

图 5－3 “三道防线”组织结构示意图①

(一) 第一道防线：业务部门按规操作，不越红线

业务部门作为企业的前端部门，是数据合规管理的第一道防线，应按规操作，不越红线。数据合规工作的执行落地，最终需要靠业务部门配合。首先，企业的高层领导应积极调动业务部门参与数据合规工作的积极性。这部分工作至关重要，有助于形成数据合规企业文化。其次，第二道防线中的法务、合规、质量等数据合规管理部门应该与一线业务部门尤其是核心业务部门积极协作，达成共识，逐步提高业务部门数据安全合规意识。最后，应形成公司内部数据合规制度体系，使得业务部门的数据合规操作具有相应的制度依据。

对于业务部门而言，相关业务部门应主动进行日常数据合规管理工作，识别业务范围内的合规要求，制定并落实业务管理制度和风险防范措施，配合数

① 孙友文、疯控叔：《企业风险管理的“三道防线”》，载 https://www.sohu.com/a/403421265_571013，2022 年 2 月 25 日最后访问。

据合规管理部门进行合规风险审查、评估、调查、处置、整改工作。在日常业务操作中应检查疑点数据情况,不越操作红线。引导业务部门员工从自我做起,从本部门做起,真正做到"我的合规我负责,单位的合规我有责,客户的合规我尽责"。各业务工作组对各组工作流程中所涉及的流程数据进行查证、查验,并确定问题成因、责任人、整改措施和整改时限。根据模型监测数据,重点排查内外勤员工与客户之间资金往来、数据信息来源、数据流向以及数据是否违规等方面,让业务部门在日常工作中提高警惕,自觉找准并提升数据合规意识。

(二)第二道防线:数据合规管理部门按规审核,进行合规管理

第二道防线主要为支持性的职能部门,主要任务为协助第一道防线中的一线业务部门进行数据合规管理工作,主要包括法务部、合规管理部、财务部、质量部、安全管理部门等。不同企业及机构设置的职能部门不尽相同,但建议企业内部设置合规管理部门,分管数据合规管理工作。合规管理部门的工作主要围绕具体的业务部门开展,根据业务部门的需求提供相关的法律支持。围绕数据合规,合规管理部门涉及的工作范围包括但不限于下述内容:

第一,合规管理部门需要关注数据合规层面的法律法规动态:立法动态层面,应设立数据合规法律数据库,梳理数据合规层面的现行法律制度、现行国家标准等制度及法规文件,并依据颁布时间及效力层级对现行文件进行分类整理;司法执法守法层面,可以创建数据合规层面的司法案例数据库,并在新规出台后及时同步更新,也可以搜集独角兽企业及行业内的标杆企业的具体做法以作为参考案例。

第二,合规管理部门需要围绕数据合规引导建立起工作组织机构和工作机制:(1)成立数据合规小组;(2)制定数据合规管理的制度文件,形成公司内部的数据合规制度体系;(3)制定数据合规管理实施方案以确保数据合规制度体系的顺利落地,如新产品的合规流程实施、隐私政策的更新实施方案、个人信息的分类保护方案以及数据合规的监督方案等。

第三,合规管理部门需要识别和评估企业业务流程中所存在的数据合规层面的风险:根据前期各业务流程运营状况,对相应业务流程的数据违规问题进行全面的自查自纠工作,守住数据合规工作的底线,同时,对问题的整改情况、备案情况进行落实追究;确保企业各部门及员工各负其责,交叉监督,守住合规底线;

需要组织重点岗位座谈，筑牢合规防线（为确数据合规管理工作质量，真实反映问题，部门员工应坚持实事求是，在排查数据反映问题的同时，组织重点岗位员工进行座谈等）。

（三）第三道防线：法务合规部门按规审核，进行合规管理

数据合规管理的第三道防线为保证职能部门，主要指的是审计部门（包括内部审计职能部门和外部的独立审计部门）和进行数据合规监察工作的纪检监察部门。

内部审计部门履行数据合规层面的防线职责，保证业务部门及法务部门等在履行各自职责时不违反合规管理体系中规定的各项数据合规要求。

内部审计部门是合规管理体系内的第三道防线，对处于第一道、第二道防线的各部门履行合规管理职责情况进行独立审计，与合规管理部门的职责并无交叉。纪检监察部门应该独立于企业的一线业务部门及法务或数据合规部门，其是法定的且具有一定的强制执行力，以实现对企业在数据合规层面的独立监督。因此，企业在构建内部的数据合规管理体系时，应明确各业务部门及其他支撑性职能部门在数据合规管理工作方面的职责分工，以及发生数据非合规状态下的处理策略。鉴于纪检监察部门的性质，企业在设计违规举报、违规调查、违规处置流程时应以纪检监察优先介入和处理为原则，合规管理部门应与纪检监察部门建立员工违规处理内部协作和保密机制。

综合上述，企业在数据合规管理工作中应着力构建"三道防线"，以明确企业内部的数据合规职责，构建数据合规防线。"三道防线"的设置，并非相互冲突与对抗，而是具有共同的目标和利益。"三道防线"是企业顺利进行数据合规的基础和保障，确保各职能部门各司其职、协调合作，保障企业内部数据合规管理体系的有效运作。设置合规管理职责时，需要在企业合规管理基本制度中明确董事会、监事会、高级管理层、合规管理部门、各业务部门和内部审计部门等职责；在重点业务流程制度中嵌入合规管理职能时，还需就特定事项明确各相关职能部门的职责和协作机制。

良好案例示范：

2021年10月，OPPO与德勤共同发布了《移动应用（APP）个人信息保护白

皮书》①,详细披露了 OPPO 作为移动通信终端企业在数据保护层面作出的良好实践。OPPO 正式任命了数据合规官并公开其联系邮箱,成立了信息安全与合规委员会负责制定安全与合规总体战略规划,统筹推进个人信息保护整体工作。下设安全与隐私管理的三道防线,协同推进安全隐私工作落地。第一道防线,由业务部门安全与隐私合规代表/安全 SE(System Engineer,系统工程师)构成,主要向业务负责人及安全与合规委员会汇报,负责产品安全隐私策略的具体落地应用、自查自纠等;第二道防线,由专职的安全隐私部门构成,主要向安全与合规委员会汇报,负责安全隐私能力的建设与支持、推动产品安全隐私策略的落地;第三道防线,由审计部门担任,主要向安全与合规委会员汇报,负责产品安全隐私策略落地的审计,发现风险,推动业务整改。公司同时建立清晰的问责机制,督促各级部门履行自己的职责,在发生违规情形时,将由公司进行对应的问责处置。如图 5-4 所示。

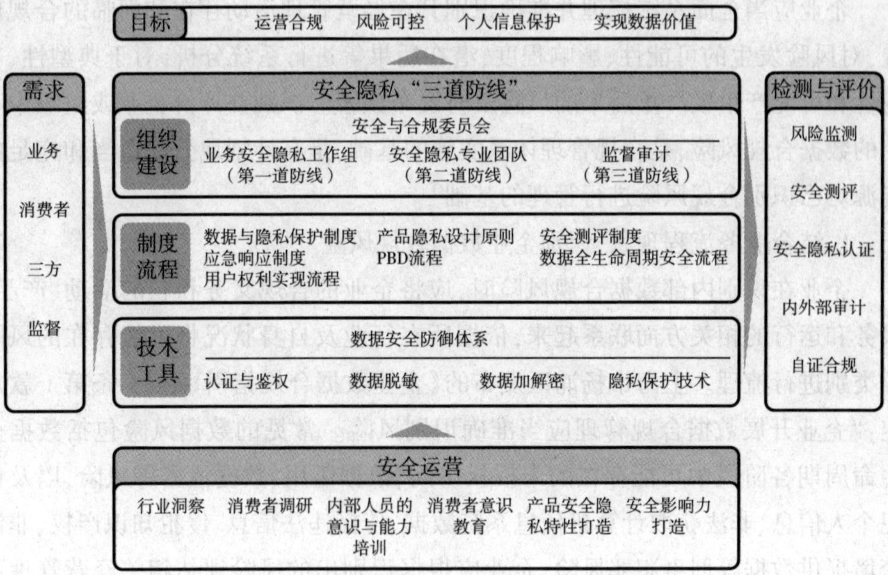

图 5-4　OPPO 移动应用安全治理实践框架②

① 德勤咨询:《移动应用(App)个人信息保护白皮书》,载网经社 2021 年 11 月 12 日,http://www.100ec.cn/detail--6603281.html。

② 德勤咨询:《移动应用(App)个人信息保护白皮书》,载网经社 2021 年 11 月 12 日,http://www.100ec.cn/detail--6603281.html。

三、合规实务三："十部曲"

在数据合规成为大势所趋的背景之下,很多企业逐渐对数据合规管理工作给予前所未有的重视,故当前企业亟须厘清在组织内部如何有效开展数据合规管理工作。数据合规的"一个体系""三道防线"模式该如何具体落实到企业工作流程中呢？为协助企业实现数据合规管理,我们依据相关法律及政策等文件,结合已有合规实务经验,将企业数据合规体系的建设策略及具体做法和重要内容进行归纳总结,供企业进行参考。

我们按照数据合规架构与风险识别处理的逻辑等将数据合规实务具体划分为十个步骤,从数据风险识别、数据资产审视、数据合规管理体系构建、数据风险评估与处置、数据合规运行与保障等方面引导企业加强数据合规管理。

(一)建立合规风险识别机制,梳理数据合规之"险"

企业应当全面系统梳理并准确识别其在经营管理活动存在和面临的合规风险,对风险发生的可能性、影响程度、潜在后果等进行系统分析,对于典型性、普遍性和可能产生较严重后果的风险及时发布预警。识别并评价企业或组织中存在的数据合规风险,是合规管理体系实施的基础,是有计划地分配适当和充足的资源对已识别合规风险进行管理的基础①。

1. 结合业务流程现状,识别企业数据合规风险

企业在识别内部数据合规风险时,应将企业的合规义务和它的活动、产品、服务和运行的相关方面联系起来,依据所在行业及自身状况将可能存在的风险分类别进行梳理。上海市杨浦区发布的《企业数据合规指引》第 11 条第 1 款规定:"企业开展数据合规管理应当准确识别风险。常见的数据风险包括数据全生命周期各阶段中可能存在的未授权访问、数据滥用、数据泄露等风险,以及侵犯个人信息、非法获取计算机信息系统数据、传播违法信息、侵犯知识产权、非法跨境提供数据等刑事犯罪风险,企业应根据识别出的风险评估相关经营管理和业务行为是否合规。"具体而言,企业需要梳理的风险有如下几个类别:②

---

① 中国标准化研究院、中国石油天然气集团公司、中兴通讯股份有限公司等:《合规管理体系指南》(GB/T 35770—2017),中国标准出版社 2017 年版。

② 上海杨浦检察院:《全市首份!〈企业数据合规指引〉出炉!》,载 http://www.shyangpu.jcy.gov.cn/ypjc/jcdt/79471.jhtml。

(1)梳理企业中是否存在禁止从事的数据活动:企业及其员工开展数据处理活动应当遵守法律、行政法规,尊重社会公德和伦理,不得从事危害国家安全、侵害他人权益、以非法方式获取数据、非法出售或提供数据、制作传播违法信息等法律、行政法规禁止行为,同时不得为上述行为提供技术支撑、广告推广、支付结算等服务。

(2)梳理企业作为数据处理者在处理个人信息等数据的过程中是否符合数据法规的规定,是否遵循合法、正当、必要和诚信的原则。

(3)梳理企业在开展某些影响或者可能影响国家安全的数据处理活动时,是否按照国家有关规定进行网络安全审查的申报处理。

(4)梳理企业在使用网络爬虫等自动化工具访问、收集数据时,是否存在影响网络服务正常运行的情况,是否存在违反法律法规、侵犯他人合法权益等情形。

(5)梳理企业在使用软件开发工具等进行程序开发活动时,数据风险是否可控,是否采取必要的数据安全保护措施;当企业使用第三方软件开发工具包时,是否通过合同等形式明确第三方的数据合规和数据安全的责任义务。

(6)梳理企业在处理个人信息过程中,是否严格遵守法律、行政法规的规定,是否依据并遵守《个人信息保护法》中的规则。例如,个人信息的处理目的、处理方式和处理的个人信息种类发生变更的,企业是否按照规则重新取得个人同意;企业是否有采取必要的安全保护措施来收集、存储、使用、加工、传输、提供、公开个人信息数据;企业是否按照法律规定及时删除个人信息或者进行匿名化处理;企业采集个人生物特征信息的,是否具有必要性,是否获得个人的同意,是否存在强制性,以及是否采取严格的保护措施确保其依法收集、存储的生物特征信息的安全等;向第三方提供个人信息或作为第三方接收个人信息或跨境提供个人信息等流程是否符合相关规则,是否进行了数据处境风险评估。

此处所列的风险内容并非数据风险的全面指引,企业应当根据自身实际情况建立必要的数据合规计划及流程,通过内部反馈、外部咨询、持续跟踪数据立法、执法、司法的最新进展等方式准确识别数据风险。

2. 对识别的数据不合规风险进行分析

对数据合规风险进行识别之后,企业应当梳理可能发生数据不合规的场景,并进一步分析数据不合规的原因及后果。

(1)确保数据合规操作风险可识别、计量。例如,采用外部工具如审计发现、内部或外部损失数据、风险自评估和风险控制自评估工具、业务活动映射、关键风险指标、场景分析等，或借助人工智能等技术实现对数据合规风险的测评或计量。

(2)进一步分析数据不合规的发生原因、不合规后果的严重程度，以及不合规事件发生的可能性等。产生的后果一般包括个人和环境伤害、经济损失、声誉损失和行政责任等。企业应具体依据自身经营规模、组织体系、业务内容以及市场环境，分析和评估数据风险的来源、发生的可能性、后果的严重性等，依据企业所构建的数据分级保护制度来对数据风险进行分级。

(3)数据合规部门负责人应当根据风险评估结果对不同职级、不同工作范围的管理层与员工进行风险提示，降低管理层和员工的违法犯罪风险。同时，高级管理层应为企业的新产品或者服务建立一套审核机制以完整评估操作风险。

(4)企业可通过数据合规管理信息化建设，运用大数据分析等工具，加强对经营管理行为中的数据合规的实时监控和风险分析。

(二)审视企业数据资产，明确应合规之"体"

企业在结合所在行业及业务来识别风险后，应当对自身所持有和控制的数据资产进行盘点，详细了解企业现有数据，关注数据的来源、类型、存量和增量、存储状况等，并对数据资产进行分级分类，用来评估数据安全风险等级，制定相应的数据合规管理措施，以此把控数据在业务的整个生命周期中可能产生的风险。

1. 盘点企业数据资产

对企业数据资产的盘点，需要明确应盘点的数据资产的范围，具体可分为三个层面：(1)组织范围，即盘点应覆盖到集团的子公司、各重点部门；(2)业务范围，即应分类对企业不同部门数据进行盘点，如财务、采购、人力等；(3)系统范围，即应盘点企业的应用系统数据，如SCM系统、CRM系统、HR系统等。

同时，盘点企业数据也要将其分为不同类别，用以评估数据等级安全。针对数据的敏感类型，可将数据分为核心数据、重要数据和一般数据；针对数据的共享程度，可将数据分为不可共享的数据、有条件共享的数据和无条件共享的数据；针对数据的结构类型，可将数据分为结构化数据、半结构化数据和非结构化数据等。

数据资产盘点存在两种基本方法：自上而下梳理和自下而上盘点，这两种方法都可以帮助我们梳理出企业的数据资产清单(或称数据资产目录)。这两种方法也可以配合使用，构成数据资产盘点的两个方面：(1)自上而下梳理是以一种业务视角来梳理企业数据，即通过对企业相关制度文件、职能体系、业务流程等进行全面分析，逐层分解，以此梳理数据资产目录、业务属性和相关管理属性。(2)自下而上盘点则是通过技术视角，从 IT 系统—数据库表—数据结构出发，进行自下而上的归纳，逐步明确数据资产相关的系统信息项。[①]

通常来说，对企业数据的盘点和审视可分为以下几个步骤：

(1)明确目标，制定计划。盘点和审视数据资产的目标是为了对数据更为合规地管理和应用，在合规范围内最大化利用企业数据资源。盘点数据的计划需明确盘点的范围、内容、人员、时间等。

(2)制定模板，界定标准。企业需制定数据梳理模板，界定数据资产的标准。

(3)双重视角，详尽盘点。企业应从业务和技术的双重视角对数据资产进行分类梳理，对数据的来源、类型、存储方式等属性进行确定。

(4)评审反馈，不断改进。企业需要对梳理出来的数据资产清单和数据分布图等进行评审，对可能存在风险的数据加强流程管理。

2. 落实数据分类分级工作

企业的数据资产来源主要包括以下三个方面：企业内部产生的自有数据，网络数据、通信数据、信用数据、客户数据等数据，通过传感器、图像视频、社交媒体、物联网等途径接收到的数据。无论是哪种数据，都应作为企业的数据资产，纳入数据分类分级范围。一般而言，常用的数据分类分级策略如图 5－5 所示。

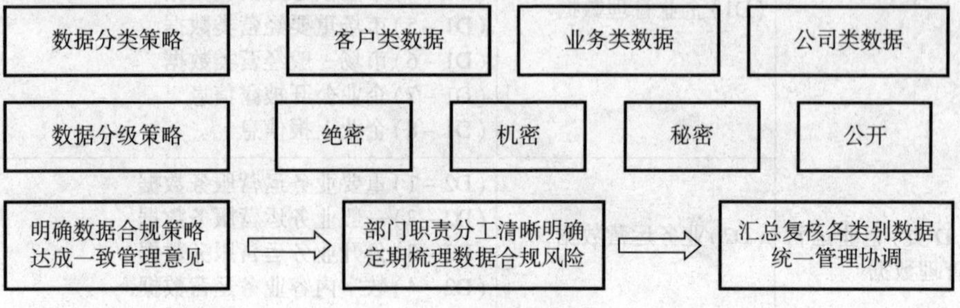

图 5－5　数据分类分级策略

具体而言，数据分级分类的流程包括以下几个方面：

第一，制定数据分类分级标准/规范。企业应根据国家相关标准、行业相关标准，结合企业业务特性制定企业数据分类分级标准/规范，如表 5－1 所示。

---

① 石秀峰：《数据资产管理：企业的数据资产怎么盘?》，载微信公众号“谈数据”2022 年 4 月 11 日，https://mp.weixin.qq.com/s/vrnFhfz2YsgXpmXcn8R67w。

表5-1 数据分类分级标准

类别	一级分类	二级分类
(A类)用户身份相关数据	(A1)用户身份和标识信息	(A1-1)自然人身份标识 (A1-2)网络身份标识 (A1-3)用户基本资料 (A1-4)实体身份证明 (A1-5)用户私密资料
	(A2)用户网络身份鉴权信息	(A2-1)用户密码及关联信息
(B类)用户服务内容数据	(B1)服务内容和资料数据	(B1-1)服务内容数据 (B1-2)联系人信息
(C类)用户服务衍生数据	(C1)用户服务使用数据	(C1-1)业务订购关系 (C1-2)服务记录和日志 (C1-3)消费信息和账单 (C1-4)位置数据 (C1-5)违规记录数据
	(C2)设备信息	(C2-1)终端设备标识 (C2-2)终端设备资料
(D类)企业运营管理数据	(D1)企业管理数据	(D1-1)企业内部核心管理数据 (D1-2)企业内部重要管理数据 (D1-3)企业内部一般管理数据 (D1-4)市场核心经营类数据 (D1-5)市场重要经营类数据 (D1-6)市场一般经营类数据 (D1-7)企业公开披露信息 (D1-8)企业上报信息
	(D2)业务运营数据	(D2-1)重要业务运营服务数据 (D2-2)一般业务运营服务数据 (D2-3)公开业务运营服务数据 (D2-4)数字内容业务运营数据
	(D3)网络及IT系统运维数据	(D3-1)网络设备及IT系统密码及关联信息 (D3-2)核心网络设备及IT系统资源类数据 (D3-3)重要网络设备及IT系统资源类数据 (D3-4)一般网络设备及IT系统资源类数据 (D3-5)公开网络设备及IT系统资源类数据 (D3-6)网络设备及IT系统支撑数据
	(D4)合作伙伴数据	(D4-1)渠道基础数据 (D4-2)CP/SP基础数据

第二，准备数据样本，建立敏感数据规则库。最佳的数据分级实践是将数据按照敏感程度或受影响的程度划分成3～4个等级（见表5－2、表5－3），然后再根据企业的特定数据、合规性要求或其他业务需求添加更细粒度的级别。例如：

表5－2　按敏感程度划分（仅供参考）

级别	敏感程度	判断标准
1级	公开数据	可以免费获得和访问的信息，没有任何限制或不利后果，如营销材料、联系信息、客户服务合同和价目表
2级	内部数据	安全要求较低但不打算公开的数据，如客户数据、销售手册和组织结构图
3级	秘密数据	敏感数据，如果泄露可能会对运营产生负面影响，包括损害公司、其客户、合作伙伴或员工，如供应商信息、客户信息、合同信息、员工信息和薪水信息等
4级	机密数据	高度敏感的公司数据，如果泄露可能会使组织面临财务、法律、监管和声誉风险，如客户身份信息、个人身份和信用卡信息

表5－3　按受影响的程度划分（仅供参考）

级别	影响程度	判断标准
1级	无影响	数据被破坏后，对企业或个人均没有影响
2级	轻微影响	数据被破坏后，对企业或个人有影响，但影响范围不大，遭受的损失可控
3级	重要影响	数据被破坏后，企业或个人遭到重要商业、经济、名誉上的影响
4级	严重影响	数据被破坏后，不仅对企业和个人遭受影响，甚至还对国家安全带来影响或风险

第三，运用“人工＋智能”方式扫描目标存储设备，进行自动化数据测绘。在很多情况下企业需要运用人工和技术相结合的混合方式进行数据的分类分级，通过人工干预为数据分级提供预期，通过专业数据分类分级设备对结构化、数据半结构化、数据非结构化数据进行扫描，自动发现敏感数据的大小、数量等属性信息及存储位置，形成数据资产的测绘图。①

① 石秀峰：《数据安全治理：数据的分类分级指南》，载微信公众号“谈数据”2021年7月12日，https://mp.weixin.qq.com/s/FXv2bjt_1SbAVJjZszVHUg。

(三)布局数据合规管理架构,厘清应落实之“责”

上海市杨浦区发布的《企业数据合规指引》第6条和第9条对企业最高管理者和数据合规管理部门的职责作出了具体规定。国资委印发的《中央企业合规管理指引(试行)》也指出,合规管理体系的构建必须覆盖各业务领域、各部门、各级子企业和分支机构以及全体员工,确保合规管理工作贯穿各部门的制度制定、经营决策、生产运营、流程监督等环节,并确保流程的各个环节之间相互畅通。

1. 企业最高管理者的职责

在企业内搭建和推行数据合规管理体系,首先应确保获取企业内部最高管理者的坚定支持,最高管理者应承担以下职责:

(1)组织协调资源以构建、发展、实施、评估、维护和改进数据合规管理体系;

(2)成立由公司高级管理层领导为组长的合规管理领导小组,以便于进行企业内数据合规管理的组织领导和统筹协调等;

(3)推动构建企业内部的数据合规管理部门;

(4)推动构建企业内部数据合规的“三道防线”,保障数据合规管理工作的顺利开展。

(5)应组织召开企业内部的数据合规管理体系建立动员大会,以向全公司传达合规管理意愿和合规管理体系,使得企业上下在数据合规管理目标及实施方面达成统一意见。

2. 数据合规管理部门的职责

数据合规管理部门是企业建立数据合规管理体系的牵头部门,负责数据合规管理工作的总体协调、推进和落实,具体实施数据合规管理职能。数据合规管理部门负责人直接向合规管理领导小组组长汇报工作,确保数据合规风险信息可以顺利传达到最高管理层。企业应当向数据合规管理部门负责人提供足够的授权和人力、财力来支持数据合规管理体系的独立和有效运作。其中,数据合规管理部门应履行的职责概括如下:[①]

---

① 上海杨浦检察院:《全市首份!〈企业数据合规指引〉出炉!》,载 http://www.shyangpu.jcy.gov.cn/ypjc/jcdt/79471.jhtml,2022年3月12日最后访问。

(1)制定数据合规管理整体方针策略,协调建立数据合规技术保障措施,牵头做好数据风险识别、风险评估、风险处置等工作。

(2)结合企业自身经营特征、行业特征、监管政策、风险识别等因素制订、完善数据合规计划,并推动其有效实施。

(3)审核评估企业的经营管理和业务行为,确保企业与供应商、代理商、经销商、关联企业、分支机构的业务活动,以及处理个人信息等活动符合数据法规的要求,并制定数据风险应对措施。

(4)组织或协助管理部门、业务部门等开展数据合规教育培训,并向管理层和各部门员工提供数据合规咨询;调动多部门协作,与其他具有合规管理职能的监督部门(如法务部门、审计部门、监察部门等)建立明确的合作和信息交流机制,加强协调配合;落实数据安全运营管理、合规与风险管理的相关负责人以及内部决策机制,明确相关负责人的职责。

(5)建立数据合规举报记录台账,对数据合规举报制定调查方案并开展调查。

(6)推动将数据合规责任纳入企业岗位职责和员工绩效考核评价体系,培养数据合规文化。

(7)持续关注国内和业务所涉国家(地区)数据法规的发展动态,及时提供数据合规建议。依据企业内外部环境的变化不断调整数据合规计划及举措,以帮助企业应对各种数据合规风险的挑战。

3. 业务部门的职责

业务部门应该加强与数据合规管理部门的分工协作。相关业务部门应主动进行日常数据合规管理工作,识别业务范围内的数据合规要求,制定并落实业务管理制度和风险防范措施,配合数据合规管理部门进行数据合规风险审查、评估和调查、处置、整改工作。

(四)制定数据合规管理制度,明确应遵守之“规”

《个人信息保护法》《数据安全法》对企业侧的数据处理行为和相关用户个人信息的保护提供了明确的法律指引。企业应基于法律基础梳理企业数据合规工作中需要遵守的“规”。建立一套合规的、完善的数据合规制度,是企业开展数据合规工作的前提条件,也是数据合规工作的首要内容和关注点。企业应当在数据安全相关的法律法规、政策文件、行业标准等的基础上,制定内部管理规定、设计管理流程、规范技术标准、起草技术指引，形成全套的文件制度体系。

1. 梳理总结数据合规应遵守的法律法规、政策文件、行业标准等

企业应总结目前有关数据合规的重要法律法规、政策文件，以及企业所在行业领域内的合规监管相关文件。一是明确在数据合规中整体组织机构必须遵守的数据合规要求，并在组织机构内部贯彻实施，如法律法规，监管机构发布的命令、规则或指南，法院或行政法庭的判决，条约、公约和议定书等。二是明确组织机构自愿选择遵守的要求，如与公共机构和客户的协议，组织要求（方针和程序等），自愿原则或行为守则，自愿标识或环境承诺，基于本组织的合同安排所产生的义务，相关组织和行业标准等。

简言之，数据合规过程需遵守的“规”可以分为三个部分：第一部分即最重要的部分，主要为具备法律约束力的文件和外部的监管要求等，如数据合规相关法律法规和监管政策（具体见本书第二篇表 2－1：中国数据安全主要立法框架）；第二部分指行业规范、行业标准及企业内部的规章制度等；第三部分指企业在行业内发展所应遵守的道德规范和职业操守。

2. 规范企业数据全生命周期层面合规要点

就数据处理的环节而言，总体来看，数据处理覆盖了企业利用数据的整个生命周期，即收集、存储、使用、加工、传输、提供、公开等环节。对于个人信息，《个人信息保护法》第 4 条第 2 款特别将“删除”也纳入规范。此外，在境外处理数据或个人信息，也应当适用中国《数据安全法》和《个人信息保护法》。企业需要在上述各数据处理环节承担相应的合规义务。

（1）数据收集

第一，企业在收集数据时，应秉持正当、合法的原则，在法律法规规定的范围内收集数据，对数据收集渠道、格式、流程和方式，定期开展合规性审查。利用外部数据源采集数据的，应对数据源的合法性进行确认。

第二，企业收集个人信息时，应该注意在收集时获得收集个人信息的合法基础，以通俗易懂、简单明了的方式向个人信息主体明示采集规则，如收集、使用个人信息的目的、方式和范围等，并获得个人信息主体的授权同意。个人信息收集应遵循最小必要原则，且收集的个人信息类型应与实现产品或服务的业务功能有直接关联，不得过度收集个人信息。例如，《常见类型移动互联网应用程序必要个人信息范围规定》列举了 39 类常见类型 App（含小程序）及其基本功能服

务和必要个人信息范围,并规定 App 不得因为用户不同意提供非必要个人信息,而拒绝用户使用其基本功能服务。

第三,企业在借助于网络爬虫等自动化工具访问、收集数据时,应当评估对网络服务的性能、功能带来的影响,不得干扰网络服务的正常功能。自动化工具访问、收集数据过程中存在违反法律、行政法规或者行业自律公约,影响网络服务正常功能,或者侵犯他人知识产权等合法权益的,企业应当停止访问、收集数据行为并采取相应补救措施。

第四,企业利用生物特征进行个人身份认证的,应当对其必要性、安全性进行风险评估,不得强制个人同意收集人脸、步态、指纹、虹膜、声纹等生物特征信息。在宾馆、商场、银行、车站、机场、体育场馆、娱乐场所等经营场所、公共场所收集使用人脸等生物特征信息应当严格遵守法律、行政法规的规定。同时,企业应当采取严格的保护措施确保其依法收集、存储的人脸等生物特征信息安全,防止泄露、篡改和丢失。

(2)数据存储和跨境传输

除了遵循一般的数据处理义务外,企业对于政务数据、个人信息的存储和跨境传输,以及关键信息基础设施运营者在存储和跨境传输时应当遵守特殊义务:

第一,如企业受托维护、建设电子政务系统,存储、加工政务数据,应当经过严格的批准程序,并应当接受监督,依法履行数据安全保护义务。

第二,如企业存储自身收集的数据,需明确企业核心数据处理活动有关平台系统、存储介质等数据存储安全要求。与系统支撑运维人员签订保密协议,有效约束其操作行为。同时,也要加强对数据存储平台系统接入移动存储介质的管控,对将数据下载到本地终端的行为进行严格审核和日志记录。根据数据级别明确数据备份操作规程,保障数据的可用性和完整性。

第三,如企业需向在境内传输数据,需根据企业的业务流程、网络部署、安全风险等情况,合理划分企业网络系统安全域,区分域内、域间等不同数据传输场景,明确数据传输安全策略和操作规程。

第四,如企业数据需出境,应对涉及个人信息和重要数据出境的场景、类别、数量级、频率、接收方等的详细情况进行梳理与汇总。如企业是关键信息基础设施运营者,其在境内运营者收集和产生的个人信息和重要数据应当存储在境内,确需要向境外提供的,应依法进行安全评估。

第五，如企业确需向境外提供个人信息，应履行通过国家网信部门组织的安全评估，经专业机构进行个人信息保护认证，按照相关规定与境外接收方订立标准合同或满足其他规定条件，还应向个人告知境外接收方相关事项并取得单独同意，保障境外信息处理活动达到《个人信息保护法》的标准。如企业处理个人信息达到国家网信部门规定数量，应当将在境内收集和产生的个人信息存储在境内，如确需向境外提供个人信息，则必须进行网络安全评估。向境外执法或司法部门提供数据时，必须经过中国主管机关批准。

此外，企业还需密切关注相关部门发布的针对特定数据的出口管制信息，针对境外的组织、个人的限制或禁止个人信息提供清单，针对特定国家或地区的制裁信息等。

(3)数据使用和加工

企业在存储与使用数据过程中，应当遵守和履行数据使用的一般规定与义务，一旦违反相关规定，应当履行删除义务。

第一，企业在使用数据时需要区分不同目的下数据使用审批流程、数据脱敏处理规则，鼓励在保障安全的情况下开展数据利用活动。

第二，除为达到用户授权同意的使用目的外，企业在使用个人信息时应消除明确身份指向性，避免精确定位到特定个人。因业务需要，确需改变个人信息使用目的或改变个人信息使用规则时，应再次征得用户明示同意。

第三，企业利用个人信息进行自动化决策时，应事前对个人信息保护影响作出评估并留存记录，并保障决策的透明和结果的公正。通过自动化决策来向个人进行商业营销、个性推荐的，应当同时提供不针对其个人特征的选项，或向个人提供可拒绝的方式。

第四，企业在应用程序开发和运营过程中使用第三方软件开发工具包时，应当通过合同等形式明确第三方的数据安全责任义务，并督促第三方采取必要的数据安全保护措施，加强数据使用过程中的合规管理。

总而言之，企业在使用个人信息过程中，应当保障《个人信息保护法》规定的个人对其个人信息处理活动享有的知情权、决定权、查阅权、复制权、更正权、补充权、删除权等权利。企业或组织跨境提供个人信息的，应当向个人等告知境外数据接收方的名称、联系方式、处理目的、处理方式、个人信息的种类以及个人向境外数据接收方行使个人信息权利的方式等事项，并取得个人的单独同意。

(4)数据的提供与开放共享

第一,企业因分立、合并等原因需要转移个人信息的,应当履行告知义务。

第二,企业将数据对外开放共享应进行审核,确认没有超出需求和授权范围,并采取必要措施提升共享场景下的数据溯源能力。

第三,企业与数据开放共享接口调用方签署合作协议的,在合作协议中应明确数据的使用目的、供应方式、保密约定等内容。

第四,企业共享、交易、委托处理重要数据及个人信息的,应当遵守以下规则:事先向个人信息主体告知共享个人信息的目的、类型、范围、接收方情况等,并征得个人信息主体授权同意,经过处理无法识别特定个人且不能复原的、不需要取得个人同意的、经过匿名化处理的等情况除外;与数据接收方约定处理数据的目的、范围、处理方式、数据安全保护措施等,通过合同等形式明确双方的数据安全责任义务,并对数据接收方的数据处理活动进行监督;留存个人同意记录及提供个人信息的日志记录,共享、交易、委托处理重要数据的审批记录、日志记录至少保留五年。

(5)数据的销毁与删除

《信息安全技术 个人信息安全规范》(GB/T 35273—2020)提出了"时间最小化"的要求,即信息的保存时间应与使用目的保持程度上的一致,应满足一定的必要性,在超过保存期限后,对信息作删除或匿名化处理。故企业应定期排查其数据资产,以对过期数据进行删除或匿名化处理;若数据存储期限超过业务需要,企业可能将承担额外的管理义务和法律风险。

数据销毁与删除的时间期限,应结合具体行业具体分析。譬如个人信息数据,不同行业对个人信息数据的保存期限规定不一致,如电子商务行业,《电子商务法》第31条规定,"商品和服务信息、交易信息保存时间自交易完成之日起不少于三年"。因此对于电子商务平台经营者而言,交易信息中的个人信息数据应当至少保存三年。

企业在数据销毁与删除方面应注意的要点具体如下:

第一,明确销毁与删除的对象、原因(如数据业务下线、用户退出服务、数据试用结束、超出数据保存期限等)和流程、存储介质销毁处理策略和操作规程。

第二,建立数据销毁审批机制,设置相关监督销毁角色,监督操作过程,数据批量销毁采用多人操作模式。

第三，因违反法律法规规定或双方约定收集、使用个人信息，个人信息主体要求删除的，应及时删除个人信息。对于死者的个人信息，除非死者生前另有安排，其近亲属为了自身的合法、正当利益，可以行使删除权。其他法律、行政法规另有规定的，从其规定。譬如，数据处理者应按照《个人信息保护法》的规定及时删除个人信息或者进行匿名化处理。

3. 建立企业内部的合规流程及制度文件体系

企业应当结合自身行业和业务来建立企业内部的合规流程及合规制度文件体系，将企业在数据合规中必须遵守的数据合规要求形成制度文件体系，以便于在组织机构内部贯彻实施。基于企业业务流程及内部数据合规管理实际，结合外部法律法规的合规要求，确立企业内部的数据合规制度文件及行为规范等，形成企业数据合规的规章制度。企业落实数据合规安全责任的首要义务就是建立合规的、完善的数据合规制度体系，具体包括但不限于：

(1)数据安全管理制度

《数据安全法》明确规定企业开展数据处理活动，应当建立健全全流程数据安全管理制度。这主要是为了保障数据安全，也即采取必要措施，确保数据处于有效保护和合法利用的状态，以及具备保障数据处于持续安全状态的能力。

《网络安全法》的网络安全等级保护制度也明确规定利用互联网等信息网络开展数据处理活动，应当制定内部安全管理制度和操作规程，履行网络安全保护义务，保障网络免受干扰、破坏或者未经授权的访问，防止网络数据泄露或者被窃取、篡改。

《个人信息保护法》也规定了处理个人信息需制定内部管理制度和操作规程，主要是为了明确个人信息的处理目的、处理方式、个人信息的种类以及对个人权益的影响、可能存在的安全风险等，采取适当措施确保个人信息处理活动符合法律、行政法规的规定，并防止未经授权的访问以及个人信息泄露、篡改、丢失。

通过以上规范可以看出，数据安全管理制度的规范目的、规范对象有交集也有差异，企业在规划数据安全管理制度时应当充分考虑规范的共性与特性，降低数据合规成本。例如，可以在做好数据分类分级的基础上，按一般数据、重要数据、核心数据、网络数据、个人信息、商业秘密等分别设置不同的保护规范。

(2)数据资产管理(分级分类)制度

《网络安全法》规定了企业采取数据分类，对重要数据采取备份和加密等措施。

《数据安全法》提出国家建立数据分类分级保护制度,企业应当按照主管部门的判断标准和重要数据目录建立企业内部数据分类分级保护制度,区分重要数据、核心数据、一般数据并采取对应等级的保护措施。

《个人信息保护法》规定企业在处理敏感个人信息时必须具有特定目的,处理对于目的的实现必须充分必要,且应当采取严格保护措施,事前做好风险评估。对于不满十四周岁未成年人个人信息,还应当有专门的处理规则。

通过良好的数据资产管理制度规范数据处理生命全周期活动(收集、存储、跨境、使用、加工、对外提供、公开、删除等),进而努力确保每一项数据处理活动与数据资产管理系统的交互均按规定的制度、流程进行,符合法律、法规的规定。这将为企业数据合规工作开展带来极大便利、促进企业数据资源合理流动和交易,提升企业经济效益。

实践中,首先,企业可以结合实际统一编制数据资产清单,根据数据价值、法律规定、对组织敏感度和重要度进行分类,做好数据标识及处置,采取不同等级的保护措施。其次,企业应当明确资产管理责任人,建立健全全流程数据安全管理制度,在确保数据安全的基础上促进数据的合理使用。例如,根据处理目的统一为供应商数据库中的个人信息设定访问控制、编辑控制、下载控制,设定自动删除或匿名化处理时间和方式,确保数据完整、准确、可用,存储时间不超出合理范围,防止数据泄露、误用和滥用风险。

(3)个人信息及隐私保护制度

个人信息及隐私保护,是网络安全立法与执法的重点,也是企业数据合规风险的高发地。企业应建立健全个人信息安全事件处置制度,包括制定个人信息安全事件应急预案,定期组织内部相关人员进行应急响应培训等。在用户的个人信息保护层面,企业应当采取必要措施确保个人信息处理活动符合法律、行政法规的规定,并防止未经授权的访问以及个人信息泄露或者被窃取、篡改、删除。措施包括:对个人信息实行分级分类管理;采取相应的加密、去标识化等安全技术措施;合理确定个人信息处理的操作权限,并定期对从业人员进行安全教育和培训;制定并组织实施个人信息安全事件应急预案等。

企业应当对下列个人信息处理活动在事前进行风险评估,并对处理情况进行记录:处理敏感个人信息;利用个人信息进行自动化决策;委托处理个人信息、向第三方提供个人信息、公开个人信息；向境外提供个人信息；其他对个人有重大影响的个人信息处理活动。

风险评估的内容应当包括：个人信息的处理目的、处理方式等是否合法、正当、必要；对个人的影响及风险程度；所采取的安全保护措施是否合法、有效并与风险程度相适应。

(4)个人信息主体权利响应制度

由于个人信息的特殊性,《个人信息保护法》特别规定了个人的知情权、决定权、限制和拒绝处理权、查阅复制权、便捷权、更正补充权、删除权、说明权。企业应当建立便捷的个人行使权利的申请受理和处理机制。拒绝个人行使权利的请求的,应当说明理由。个人信息处理者拒绝个人行使权利的请求的,个人可以依法向人民法院提起诉讼,企业在处理个人信息前,就应当告知个人行使个人信息权利的方式和程序;如果企业是共同个人信息处理者,个人可以向企业或企业合作方行使权利。企业向境外提供个人信息的,还应当告知个人向境外接收方行使权利的方式和程序。

一般情况下,企业应当在 15 个工作日内处理并反馈个人复制、更正、补充、限制处理、删除本人个人信息,撤回授权同意或者注销账号的申请。实践中,企业一般在隐私政策或官方隐私中心里统一告知个人信息保护负责人的联系方式及个人信息主体权利行使方式、投诉或起诉途径等。并向个人信息主体主动提供查询、更正、撤回同意(如利用个人信息进行个性化展示和推荐必须提供便捷的关闭渠道)、删除其处理的个人信息的渠道,提供获取个人信息副本的渠道,提供注销账户的渠道。未尽事宜或难以自行操作完成的,则允许个人通过专门的个人信息主体权利响应平台、专门邮箱或电话协助个人行使权利。

(5)配合执法制度

《数据安全法》规定企业在公安机关、国家安全机关因依法维护国家安全或者侦查犯罪的需要依法依规调取数据时予以配合。《网络安全法》规定企业应为公安机关、国家安全机关依法维护国家安全和侦查犯罪的活动提供技术支持和协助,同时对网信部门和有关部门依法实施的监督检查,应当予以配合。《个人信息保护法》也规定企业应配合监管机关依法履职,但企业不能直接私自向境外司法或执法机构提供数据或个人信息,确需提供的必须经过主管机关批准。

（五）加强数据合规风险应对，制定风险预案之“策”

《数据安全法》规定企业开展数据处理活动应当加强风险监测，发现数据安全缺陷、漏洞等风险时，应当立即采取补救措施。发生数据安全事件时，应当立即采取处置措施，按照规定及时告知用户并向有关主管部门报告。2021 年 11 月 14 日发布的《网络数据安全管理条例（征求意见稿）》规定企业应当在发生数据安全事件时及时启动应急响应机制，采取措施防止危害扩大，消除安全隐患，并规定了发生数据安全事件时的具体告知对象、事项、时限和方式，规定安全事件涉及犯罪的应当及时向公安机关报案。重要数据的处理者，应当制定实施数据安全保护计划和数据安全事件应急预案，开展数据安全风险监测，及时处置数据安全风险和事件。针对个人信息，《个人信息保护法》与《网络安全法》规定企业制定并组织实施个人信息安全事件应急预案。发生或者可能发生个人信息泄露、篡改、丢失的，个人信息处理者应当立即采取补救措施，并通知履行个人信息保护职责的部门和个人。

综合来看，企业在加强风险应对时需注意如下几点：

1. 企业高管应建立良好的风险管理文化

企业应提升员工的数据风险意识以及数据风险承受能力；应建立、实施和维护数据风险管理及治理的机制，在应对数据安全事件时应当及时关注国家和行业主管部门发布的应对要求和网络安全事件应急预案；建立健全数据安全事件应急预案与风险处置机制，对识别和评估的各类数据风险设置恰当的控制点和应对措施来降低风险，必要时停止相关风险行为。

2. 企业需制定风险等级预警机制

企业在开展影响或者可能影响国家安全的数据处理活动时，应当按照国家有关规定，申报网络安全审查；发生个人信息等数据泄露、篡改、丢失等事件的，应当立即采取补救措施，并通知所在地区的数据监管部门。企业还需结合实际制定和演练应急预案，常态化监测数据安全风险和安全事件，发现缺陷和漏洞时应当立即采取补救措施，及时按照内部流程制度提报内部管理机构、报告外部主管部门。

3. 企业应积极应对执法机构调查工作

经评估发现可能已经发生数据违法行为，或者数据监管部门已立案并启动调查程序的，企业应当立即停止违法行为并与执法机构合作。数据安全事件涉嫌犯罪的，应当及时向公安机关报案。企业应积极配合调查或者主动消除、减轻违法行为危害后果。

4. 企业应强化数据安全事件的应急响应

企业在发生数据泄露（丢失）、滥用、被篡改、被损毁、违规使用等安全事件时，要及时采取补救措施，并向电信主管部门报告。发生大规模用户个人信息泄露、毁损和丢失时，应采取合理、有效的方式告知用户。要及时总结数据安全事件情况，分析原因、查找问题，调整企业数据安全策略，形成事件调查记录和总结报告，避免再次发生类似情况。在管理层面，企业可具体参照《公共互联网网络安全突发事件应急预案》及数据安全事件对企业和个人信息主体合法权益影响等因素划分事件等级，结合事件场景和等级制定应急预案并开展演练。典型场景至少每年开展一次演练；每个核心数据处理活动有关平台系统至少两年开展一次演练。

（六）重要产品服务进行安全审查，确保产品之“安”

1. 企业采购重要网络产品和服务采购应经安全审查

《网络安全法》第 35 条明确规定，关键信息基础设施的运营者采购网络产品和服务，可能影响国家安全的，应当通过国家网信部门会同国务院有关部门组织的国家安全审查。网络安全审查的配套规定《网络安全审查办法》中第 10 条明确规定，重点审查网络产品和服务的安全性、可控性，具体包括：产品和服务自身的安全风险，以及被非法控制、干扰和中断运行的风险；产品及关键部件生产、测试、交付、技术支持过程中的供应链安全风险；产品和服务提供者遵守中国法律、行政法规、部门规章情况；核心数据、重要数据或大量个人信息被窃取、泄露、毁损以及非法利用、非法出境的风险；以及核心数据、重要数据或大量个人信息被外国政府影响、控制、恶意利用的风险等。

2. 企业个人信息和重要数据跨境转移应经安全评估

个人信息和重要数据跨境转移有关的限制，被认为是《网络安全法》及其配套制度的一个重要制度突破，是对部分跨国公司影响最为巨大的一条，也是目前在国际社会广受争议的一条。

《网络安全审查办法》中第 2 条规定，数据处理者开展数据处理活动影响或可能影响国家安全的应进行网络安全审查，“数据处理者”就将数据跨境转移包括在内；同时第 6 条规定，掌握超过 100 万用户个人信息的运营者赴国外上市，必须申报网络安全审查。

其中,结合多个企业集团网络数据安全合规审查项目,企业网络数据跨境转移自行安全审查的框架要点包括但不限于:建立、完善网络数据安全制度、应急方案,满足网络数据安全一般性要求;建立、完善网络数据安全责任岗位及人员配备,并建立相应的数据安全培训机制;审查、评估网络数据存储、传输设备、系统的资质条件及合规性;建立、完善数据收集、使用合规体系,完善用户协议、隐私政策等文件;建立、完善网络数据安全分级、分层机制,划定可以跨境转移的数据范围。

3. 企业并购及上市应当开展网络安全尽职调查

越来越多的并购交易中,投资者开始逐步关注并购项目的网络安全尽职调查。通过网络安全尽职调查,能够有效地识别目标企业的网络安全法律风险,甚至能够有效地评估目标企业的IT资产、业务流程、业务规范性及未来发展可持续性等。

实践中,并购项目中的网络安全尽职调查,通常会审查企业网络安全制度文本的合规性、完备性,审查网络安全岗位及人员的配备,审查个人信息与隐私保护有关的规定及执行情况,审查与网络安全产品采购、数据跨境转移等有关的政府性事务合规性等。具体的尽职调查方法包括书面材料调查、主要人员访谈、网络安全设备检视、网络安全场地参观等。

(七)强化违规行为问责机制,实现数据违规之"究"

随着企业通过一系列重大合规风险事件认识到合规管理的专业性和重要性,企业开始整合内部管理资源,逐渐形成一整套专门的合规管理问责机制。问责机制的强化,是企业的自我合规计划,是一种以防控合规风险为导向,由企业所建立的一套针对违法犯罪行为进行事先预防、事中监控和事后补救的内部监控机制,它不同于公司传统的"自我治理"模式,而是公司防患于未然的社会治理方式,旨在构建以防控数据合规风险为目标的数据合规内部监控机制。

1. 建立数据合规考核机制及数据安全违规处罚机制

(1)企业应当建立数据合规考核机制,数据合规考核结果作为企业绩效考核的重要依据,与员工的评优评先、职务任免、职务晋升以及薪酬待遇等挂钩。对于严格遵守数据合规的管理层和员工,制定适当的激励措施使合规计划得到一致遵守和执行。对于不严格执行甚至违反数据合规计划的管理层和员工,采取适当的措施进行惩戒，并根据违规程度采取不同的风险处置措施。

(2)强化违规问责，完善违规行为处罚机制，明晰违规责任范围，并细化惩处标准。对于存在数据合规风险的事件，开展企业内部调查，对相关违规员工采取适当的惩戒措施，并相应修订相关制度或者流程上的漏洞，实现数据合规违规事件的具体处理。

2. 畅通企业内部的数据违规举报渠道

(1)畅通企业内外的数据违规举报渠道，针对反映的问题和线索，及时开展调查，严肃追究数据违规人员责任。企业内部应当建立便捷的数据安全投诉举报渠道，及时受理、处置数据安全投诉举报。企业管理者应当公布接受投诉、举报的联系方式、责任人信息，每年公开披露受理和收到的数据安全投诉数量、投诉处理情况、平均处理时间情况，接受社会监督。

(2)保护匿名举报者的个人信息安全。举报机制是员工根据合规计划举报企业内部违规行为的机制，应当允许员工实名或者匿名通过内部举报系统举报数据违规行为，并严格保护实名举报者和匿名举报者不受打击和报复，尤其是保护匿名举报者的个人信息安全。

(八)培养企业数据合规文化，形成数据合规之“基”

数据合规管理是一项覆盖企业各部门、各层级和所有员工的管理体系，本质是对人的行为的管理。数据合规管理的效果取决于人的执行，因此，有必要进行管理意识的统一，确保顺利实施数据合规管理体系。而管理意识的统一，便在于塑造、推广和构建企业数据合规文化，促进企业全体员工的数据合规理念思维和合规行为习惯的养成，这也是合规实务中最为困难的一步。企业数据合规文化的形成，可确保企业内各员工积极参与数据合规体系，培养和建立全面的合规意识及合规文化，助其形成对数据不合规行为“零容忍”的合规管理理念，有助于企业数据合规工作的顺利实施，且影响力深远，高效长久。

1. 高层领导及部门负责人积极带头，促进数据合规文化培育

首先，高层管理者应该带头施行数据合规文化，带动员工一起将数据合规文化建设作为企业文化建设的重要内容。数据合规管理需要自上而下推行，“合规从高层做起”也是合规管理的基本原则之一，企业高层管理者应当对公司倡导的道德准则和价值观给予坚定且积极的支持，践行和推行主动合规、合规创造

价值等合规文化理念。[①] 在企业内部积极推动合规文化建设，践行合规经营价值观，增强员工数据合规意识的同时，也可以积极将其扩展至行业，协助行业协会积极在本行业内部倡导数据合规文化，强化行业内的数据合规意识。

2. 建立制度化常态化的数据合规培训机制

数据合规管理部门应建立制度化、常态化的数据合规培训机制。定期开展针对管理层、员工、核心部门人员、高风险部门员工、新任管理人员、新员工等的数据合规培训，培训内容包括但不限于数据法规、数据合规计划、岗位角色与职责、合规管理理念、公司基本合规制度、公司各项合规要求、合规管理技能等。通过培训，确保所有人员对公司的合规方针和目标保持相对正确的理解，统一员工的合规理念，熟悉并遵守各项数据合规政策。也可以通过发放合规手册、签订合规承诺书等方式，鼓励企业管理层和其他员工作出并履行明确、公开的数据合规承诺，内容主要是知悉、愿意遵守数据合规计划，愿意承担违反数据合规承诺的后果，帮助员工树立依法合规、守法诚信的价值观。

（九）建立合规审查监督机制，实现数据合规之“审”

数据合规审计是以审查被审计主体的数据处理活动是否遵守我国相关的法律法规为目的进行的监督性审计。从立法来看，目前我国的数据合规审计以自行审计为原则，以强制审计为补充。

1. 自行审计

自行审计是为控制和避免企业及员工因处理数据不合规，引发法律责任，受到相关处罚、造成经济或声誉损失以及其他负面影响的可能性而开展的定期自行审计。主要是对数据授权访问、批量复制、开放共享、销毁、数据接口调用等重点环节实施日志留存管理，日志记录至少包括执行时间、操作账号、处理方式、授权情况、IP 地址、登录信息等，能够对识别和追溯数据操作和访问行为提供支撑。还要定期对日志进行备份，防止数据安全事件导致的日志被删除，具体可将数据合规审查作为规章制度制定、重大事项决策、重要合同签订、重大项目运营等经营管理行为的必经程序，及时对不合规的内容提出修改建议，未经合规审查不得实施。具体而言，自行审计体系的完善可从以下四个方面着手。

（1）建立数据合规审查监督机制，监督合规政策的执行并推动合规管理体

---

① 杨洁：《合规体系搭建之实务问答》，载 http://www.huiyelaw.com/news-1339.html。

系的完善。企业数据安全管理责任部门或核心数据处理活动相关平台系统负责部门应配备日志安全审计员，加强日志访问和安全审计管理，定期评估合规管理系统是否能够有效覆盖和管控全部的合规风险，至少每半年形成一份数据安全审计报告，在此基础上完善相关制度。

(2)监督企业内业务决策及执行的内容和流程是否合规。据《网络安全法》等相关法律法规及制度等规定，企业应主动发现、停止传输、报告公共网络数据中的违法信息，应当建立网络信息内容审核与过滤制度，加强对其用户发布的信息的管理与审核工作。

(3)监督合规管理人员的职责履行情况。譬如，互联网科技企业在网络安全领域的数据合规风险，大部分来自对网络平台信息内容的审查不力或监管疏漏，轻则被网信办、新闻出版广电总局等部门通报批评或罚款，重则被吊销经营资质。相关人员违反内容过滤与审核有关规定的，根据情节给予警告、罚款、吊销许可证或者取消备案、关闭网站、禁止有关责任人员从事网络服务业务等处罚。

(4)加大跨国业务中的数据合规监管力度。对于跨国业务，由于同个行为可能遭受多国法律的监管，再加上各国的数据合规监管政策均越来越严格，同一行为可能会遭受多个国家的处罚，客观上增加了企业跨国发展的合规风险。

2. 强制审计

强制审计是当风险事件发生时，企业应监管机构要求或履行风险应急管理义务而启动的专项审计。企业应积极与数据监管部门建立沟通渠道，了解数据监管部门期望的数据合规体系，并制定符合其要求的数据合规制度。对于复杂或专业性强且存在重大数据风险的事项，可以向数据监管部门咨询。

(十)开展合规有效性评估，实现合规管理体系之“跃”

1. 开展企业内合规管理有效性评估

开展合规管理评估，定期对合规管理体系的有效性进行分析，对重大或反复出现的合规风险和违规问题，深入查找根源，完善相关制度，堵塞管理漏洞，强化过程管控，持续改进提升。完成企业合规性的升级，协同完善监管体系建设。部分机构如金融行业机构应该允许信息公开，允许相关利益相关者可以评估银行等合规风险管理方法并将评估结果用于企业业务流程及数据合规活动等的改进。

有效性评估结果以评估报告的形式呈现。报告中一般应包含企业整体合规情况、重点业务数据安全合规情况、核心数据处理活动的合规情况等模块,如图5-6所示。各层面数据的报告内容可包括基本情况、评估流程、评估要点、对称分析、保障措施情况、问题分析改进策略、其他情况说明等。

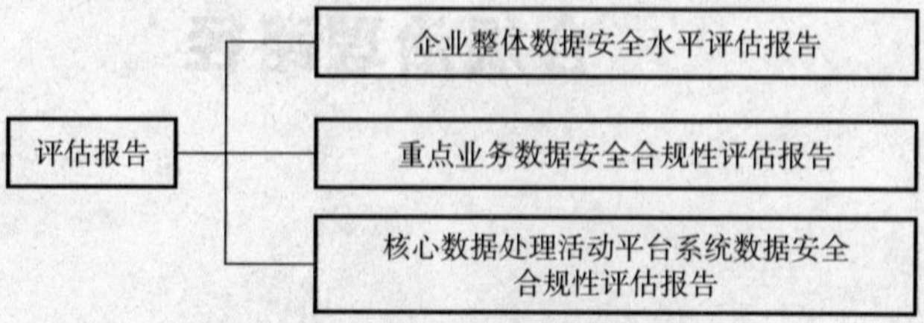

图5-6　评估报告结果示意图

2. 依法规范留存数据,保障合规管理持续性

企业应当建立规范的数据留存制度。企业对组织内发生的所有数据处理活动进行记录可能是一个挑战,尤其是当这些类型的处理活动分散在不同的部门或业务单位中进行时。数据留存在一定程度上也是一种预警机制,将数据规范化保留,便于数据合规监控及再利用。

(1)留存时长:一个比较常见的留存期限是不少于60天,以方便网络安全监管及未来可能的争议解决;而对于一些特定领域的网络数据则规定留存最长期限。例如,《快递条例(征求意见稿)》明确规定,企业应当定期销毁快件运单,确保用户信息安全。

(2)数据的存放:必须保存的记录,应集中存放。根据特定组织的基础架构,探索如何支持数据的保存问题。企业最好不要简单地用电子表格处理,而应使用适当的技术或工具,如访问或授权。这样,一个集中的系统将提供组织内发生的处理活动的完整概述。

(3)加强企业的合规管理信息化建设,通过信息化手段优化管理流程,记录和保存相关信息。运用大数据等工具,加强对经营管理行为依法合规情况的实时在线监控和风险分析,实现信息集成与共享。

数据合规之路,任重道远。也许短时间内无法达到完全绝对的数据合规,但恐怕没有企业可以接受在数据合规建设方面无所作为。数据合规"十部曲"则可以在一定程度上为企业数据合规提供操作指南。

第二章　代表性行业数据的合规治理路径

大数据时代，数据资产无疑是企业的核心竞争力之一，数据合规的地基不牢固，不仅会导致企业多年努力付之东流，更可能引发舆情危机。数据合规工作不只是一个“点”，而是需要企业一以贯之的“线”。就数据收集到形成数据产品的全流程制定符合本企业特点的合规方案，是发挥数据价值的关键所在。

与此同时，数据合规的执法力度不断增强。执法层面，监管部门呈现多主体、多角度、不确定性增加等趋势，如工信部开展纵深推进 App 侵害用户权益专项整治行动；工信部、网信办、公安部等部门主导 App 个人信息保护执法行动；“净网行动”；围绕人脸识别技术的讨论、针对数据爬取行业的起底、渗透在企业上市过程中的数据合规问题排查等；阿里巴巴案、滴滴案、携程大数据杀熟案等。这些执法行为无一不证明数据合规执法强度，无一不体现各个领域中企业的数据合规工作的突出地位。基于此背景，企业迫切需要高度重视此项工作，并对其数据进行合规管理。如何做到合理合法、有序有效地利用数据，成为社会各界和谐共生的重要命题。

数据以内容产生的不同，可以分为原生数据和衍生数据；站在数据场景的角度，与数据有关的主体又可以分为数据主体、数据控制者和数据处理者。在具体的商业场景中，由于数据采集者、处理者、运营者、交易者等多个主体混杂在各个交易流程中，背后隐藏着多种商业诉求，很容易发生争议。《广州市国资委监管企业数据安全合规管理指南（试行 2021 年版）》第 4 条第 3 款指出，“数据安全风险较高的监管企业，必须将数据安全合规作为重点领域进行专项管理。达到以下条件之一的，视为数据安全风险较高：（一）主要业务涉及公共通信和信息服务、能源、交通、水利、金融、公共服务、电子政务等重要行业和重要领域的；

(二)主要业务涉及个人信息处理,且从业人员规模大于200人;(三)处理超过100万人的个人信息,或预计在12个月内处理超过100万人的个人信息;(四)处理超过10万人的个人敏感信息的;(五)从事国家秘密载体制作、复制、维修、销毁,涉密信息系统集成或者武器装备科研生产等涉及国家秘密的业务的;(六)法律法规规定的其他情形”。本章节围绕数据信息及数据合规,聚焦网络安全、数据安全、个人信息保护领域的合规问题,结合众多实践案例进行实务层面的探讨,针对不同的代表性行业进行数据的合规治理路径分析,为企业提供些许数据合规的案例参考。

如网络安全领域的数据合规主要针对网络空间领域的数据安全和处理活动进行规制;电子政务领域的数据合规主要针对各政务部门的公共数据的政务协同、决策管理、精准扶贫等活动进行治理;医疗健康领域的数据合规框架针对健康医疗过程中产生的海量数据,就数据权属、实践应用与隐私保护方面进行综合治理;电子商务领域的数据合规框架针对商家数据、买家数据、商品数据、订单数据、交易数据和用户行为数据,在数据获取和分析过程中,就数据聚合风险、数据版权保护、用户消费体验、数据跨境安全等加强管理;电信行业的数据合规主要针对运营中获取的大量网络信息、用户终端信息、用户位置信息,就数据集中管理、敏感数据共享、通信供应链安全、平台组件共享等问题进行治理。

一、金融行业数据合规和开放共享①

随着人工智能、大数据等技术的发展,金融科技创新、互联网金融科技的发展、智能金融科技等突飞猛进,金融行业获得前所未有的飞速发展。但在这过程中也可能带来数据侵权、网络犯罪等问题。数字化浪潮的持续推进,使得个人金融信息在不同系统、产品、业务环节中快速流转,个人金融信息保护面临更多的风险与挑战。

(一)案例一:中信银行泄密事件②

2020年5月6日,上海笑果文化传媒有限公司(以下简称笑果文化)旗下脱

---

① 恒都律师事务所:《数据合规业务的蓝海——金融行业数据合规要点》,载https://zhuanlan.zhihu.com/p/399274697,2022年3月7日最后访问。

② 金融界:《脱口秀演员池子“炮轰”中信银行泄密事件后续:中信银行被罚450万元》,载https://baijiahao.baidu.com/s?id=1694914111353297604&wfr=spider&for=pc,2022年3月7日最后访问。

口秀演员池子(本名王某某)通过社交媒体控诉中信银行上海虹口支行在未经其授权的情况下,私自将王某某个人账户流水提供给笑果文化。王某某认为中信银行这一行为侵犯了其合法权益,要求中信银行赔偿损失,并公开道歉,同时向公安局报案,并向银保监会等政府监管机构进行投诉。

5 月 7 日凌晨,中信银行通过官方微博发布道歉声明称,经中信银行核实,为“配合大客户要求”,银行有关员工未严格遵守相关规定,向笑果文化提供王某某账户流水;中信银行已经按照相关规定对该员工进行处分,并对支行行长予以撤职。

5 月 9 日,银保监会官网发布《关于中信银行侵害消费者合法权益的通报》(银保监消保发〔2020〕5 号)。该通报称,2020 年 3 月,中信银行在未经客户本人授权的情况下,向第三方提供个人银行账户交易明细,违背为存款人保密的原则,涉嫌违反《商业银行法》和银保监会关于个人信息保护的监管规定,严重侵害消费者信息安全权,损害了消费者合法权益。

2021 年 3 月 19 日,银保监会消保局发布的罚单显示,中信银行因擅自泄露个人账户交易信息等被处罚款 450 万元。并在罚单中指出中信银行的主要违法行为:

1. 客户信息保护体制机制不健全;柜面非密查询客户账户明细缺乏规范、统一的业务操作流程与必要的内部控制措施。

2. 客户信息收集环节管理不规范;客户数据访问控制管理不符合业务“必须知道”和“最小授权”原则;查询客户账户明细事由不真实;未经客户本人授权查询并向第三方提供其个人银行账户交易信息。

3. 对客户敏感信息管理不善,致其流出至互联网;违规存储客户敏感信息。

4. 系统权限管理存在漏洞,重要岗位及外包机构管理存在缺陷。

(二)案例二:金融机构的密集罚单

2020 年 11 月,因金融机构存在侵害消费者金融信息安全权,侵害消费者个人信息依法得到保护的权利,中国人民银行对涉案的建行、农行、中行等分支行严肃查处。中国人民银行对这些机构的处罚金额至高实属罕见,合计高达 4087 万元,具体如表 5－4 所示。而这几张罚单是 2020 年中国人民银行首次针对金融机构因侵害消费者个人信息依法得到保护的权利而开出的罚单。

表 5－4 2020 年中国人民银行针对侵害消费者个人信息罚单

当事人名称	违法行为类型	行政处罚内容	作出处罚决定机关	作出处罚决定日期
中国农业银行吉林市江北支行	侵害消费者个人信息依法得到保护的权利；违反反洗钱管理规定，泄露客户信息	警告，并处 1223 万元罚款	中国人民银行吉林市中心支行	2020 年 10 月 20 日
中国建设银行德阳分行	侵害消费者个人信息依法得到保护的权利	罚款 1406 万元	中国人民银行德阳中心支行	2020 年 10 月 19 日
中国建设银行娄底市分行	侵害消费者个人信息依法得到保护的权利	处 533 万元罚款	中国人民银行长沙中心支行	2020 年 10 月 20 日
中国建设银行东营分行	侵害消费者个人信息依法得到保护的权利	处 514 万元罚款	中国人民银行东营市中心支行	2020 年 10 月 20 日
中国银行石嘴山市分行	侵害消费者个人信息依法得到保护的权利	根据《消费者权益保护法》第 56 条第 1 款第 9 项，罚款 411 万元	中国人民银行银川中心支行	2020 年 10 月 20 日

据不完全统计，2021 年全年，在中国人民银行、银保监会、外管局发布的行政处罚名单中，涉及信息处理等违规问题的罚单共计 119 张，罚款金额合计约 4654 万元。①

2022 年第 1 个月，监管部门对金融机构的数据合规问题“重拳出击”：1 月 10 日，东亚银行因违反信用信息采集、提供、查询及相关管理规定被罚 1674 万元；1 月 20 日，中国农业银行崇左分行因“千余名学生莫名被开户”事件被罚 1142.5 万元。罚单显示，中国农业银行崇左分行涉及的违法行为类型包括：未落实个人银行账户实名制管理规定；违规使用个人金融信息；未严格落实银行账户风险监测要求；未按规定完整保存客户身份资料等。

上述案例均证实，有关部门对金融机构个人信息保护与网络信息安全违规行为的监管处罚趋严。国家有关监管部门针对个人信息保护，多次下发相关规定，并严格惩罚部分金融机构存在的违规采集个人金融信息行为。随着《网络

① 新浪财经：《金融机构数据合规新年迎来强监管，数据治理如何落地?》，载 https://baijiahao.baidu.com/s?id=1722980974216940099&wfr=spider&for=pc，2022 年 3 月 7 日最后访问。

安全法》《数据安全法》《个人信息保护法》的相继落地实施，我国网络安全与数据保护领域基本法律框架形成，自2022年1月1日起，《征信业务管理办法》正式实施，金融机构的数据合规问题也成为银行等金融机构接下来的治理重点。

（三）金融机构数据合规要点

1. 采集数据过程一定要合法，遵循“合法授权”的原则

数据的采集者对个人数据的采集要告知客户主体，并明确采集的目的和范围，不能捆绑式、垄断式授权，或者用晦涩难懂的法律文书和停止服务的霸权条款来诱导、强迫客户签订授权协议。授权的范围一定要和服务功能相匹配，不应要求和业务功能无关的隐私数据。对个人生物特征和生活行为数据的采集和识别要特别审慎，必须要有法理支持。不应大规模收集或处理我国公民的种族、民族、政治观点、宗教信仰等敏感数据；个人生物识别信息应仅收集和使用摘要信息，避免收集其原始信息。金融机构在数据使用中，应尽量不提供与数据个人主体强关联的原始数据。除具有法律要求和少量专业持牌机构外，数据应该经过脱敏处理，降低和个人身份的强耦合关联。

2. 对数据的使用不能超过与个人信息主体约定的范围

数据使用过程中，对数据的使用不能超过与个人信息主体约定的范围，但经过处理无法识别特定个人信息且不能复原的除外（匿名化）。但应采取相应保护措施：（1）匿名化。完全不能识别，经过匿名化处理的数据不属于个人信息。（2）去标识化。保留了个体颗粒度，如采取假名、加密、哈希函数等方式，可借助额外信息复原个人信息。去标识化处理的数据仍属于个人信息，其使用同样需要符合授权范围。

3. 应对个人金融信息进行保护

金融行业的数据除具有个人信息基本特性外，还包含交易信息等敏感特性。因此，在数据合规工作中，无论是在金融数据生命周期中，还是对外部合作机构的监管约束上，都应重视对金融数据的不同类别进行分类分级的保护。

个人金融信息包括账户信息、鉴别信息、金融交易信息、个人身份信息、财产信息、借贷信息及其他反映特定个人某些情况的信息。[①] 除按照《网络安全法》进行一般保护外，根据《数据安全法》分级保护原则，个人金融信息按敏感度从

---

① 中国人民银行：《个人金融信息保护技术规范》（JR/T 0171—2020），中国标准出版社2020年版。

高到低分为C3、C2、C1三个类别进行分级保护[C3主要为各类账户密码,C2主要为账户、身份证信息、短信口令、KYC(know your customer,充分了解客户,了解资金来源合法性)信息、住址等,C1主要为开户时间、支付标记信息等]。

4.数据保存与公开披露

数据保存:(1)境内运营中的数据应境内储存,如需出境需遵守相关规定履行相应手续。(2)采取安全加密措施进行储存,收集到个人信息后,应立即进行去标识化处理,对去标识化后的数据与可用于恢复识别的信息分开管理。(3)设置一定的保存时限,对超出时限外的数据予以删除。(4)保存设备应具有备份和恢复的功能。

信息的公开披露:需经个人信息主体的明示同意,并告知个人信息主体公开披露的目的、类型及可能披露的敏感信息,个人生物识别信息、疾病、基因信息、种族民族、宗教信仰、政治观点等信息不能公开披露。

对于金融行业而言,任意一个部门的业务流程中总会涉及海量的数据处理。譬如,银行业会针对资产数据、消费数据和交易数据等分析高净值客户,进行高端理财客户的挖掘;证券业通过对客户交易频次、收益率及资金量的数据分析,可分别对其进行其他理财、融资产品及投资顾问等金融产品的精准推介;保险业会获取家庭成员信息、成员健康情况等并对该数据进行分析,从而进行保险复购挖掘等;个别金融集团对银行、证券、保险等行业的整合,又可在集团间进行数据共享,跨行业实现精准营销及客户挖掘。

金融行业是涉及数据合规最多的行业领域。金融机构应认识到金融数据合规工作的极端重要性,避免面临行政监管甚至刑事风险的被动局面;此外,数据合规工作做到位,也可以保护客户及目标客户群的数据信息安全,从而提高自身的市场竞争力。

二、医疗行业数据合规和开放共享

(一)案例一:医疗机构信息系统数据泄露

1.医疗机构案例

2017年8月,四川广元旺苍县的一对夫妇在成都的医院生完孩子之后,连续接到推销和诈骗电话,他们向当地警方报案。四川警方通过调查得知,成都一家社区卫生服务中心的工作人员,利用职务之便,进入妇幼信息系统,下载全成都市新生婴儿和预产孕妇的50多万条信息,并将其中一部分打包销售。这些信息被层层转卖,用于向新生婴儿家庭进行电话推销甚至诈骗。四川警方介绍,造成公民个人信息泄露的源头,很大一部分是这样的行业“内鬼”。[①] 无独有偶,2018年年初,李某某利用在广西壮族自治区妇幼保健院工作的便利,在为新生儿办理出生证时,非法下载新生儿和产妇的个人信息,总量达8.9万多条。李某某将这些信息“转卖”给开设母婴服务中心的杨某甲和杨某乙,以及经营摄影店的肖某某。[②]

2. 医美行业案例

据相关报道,一家整容软件服务公司在一个不安全的数据库中泄露了数千张病人的照片、视频和发票。[③] 法国影像公司NextMotion在35个国家有170家诊所客户,其主要为整容机构提供软件服务。其数据库中的数据由全球诊所使用生成,数据库中的图像包括整容手术前后的照片等个人信息。数千张与整容手术患者有关的图片、视频和记录被保存在一个不安全的数据库中,任何拥有正确IP地址的人都可以浏览这些信息。这些数据包括大约90万个记录。一些发票信息详细说明了病人接受的手术类型,如去除痤疮、疤痕和腹部整形,并包含了病人的姓名和其他识别信息。该公司在其后的声明中表示,数据泄露问题已经顺利解决。发现这个暴露数据库的研究员Rotem称:“隐私保护的状况,尤其是在医疗保健领域,糟糕透顶。”此次泄露源于公司在没有适当的隐私协议的情况下将客户数据转移到云上。

随着医美行业的蓬勃发展,医美机构在多年的时间里,已经积累下充足的数据资源,形成了非常可观的数据量。譬如,在获客引流方面,有些医美机构会通过有趣的营销活动来获取消费者的面部信息(“看看你最像哪位明星”、“在线美妆修图”或是“模拟整形”类的小程序),为消费者带来数据安全的隐忧。此类营销活动会不断记录保存新的图像视频数据,整个活动下来,就会收集到海量的数据信息。

---

① 央广网:《成都超50万新生婴儿和孕妇信息被非法下载揭信息泄露内幕》,载https://baijiahao.baidu.com/s?id=1590020592896935389&wfr=spider&for=pc,2022年3月7日最后访问。

② 中国经济网:《近9万条新生儿和产妇信息被卖!一医护人员当庭致歉……》,载https://baijiahao.baidu.com/s?id=1679123666011112512&wfr=spider&for=pc,2022年3月7日最后访问。

③ 猎云网:《整形手术数据库泄露,或涉及数千名医美客户》,载https://baijiahao.baidu.com/s?id=1658581401907940537&wfr=spider&for=pc,2022年3月7日最后访问。

这些收集到的消费者照片或视频数据,该如何处理呢?消费者的面部信息作为个人敏感信息,是否有效实现脱敏了呢?是否涉及数据的跨境传输?谁来保证医美机构不会利用这些照片进行其他的宣传?谁来保证这些照片的存储与使用安全?不完整的隐私政策及服务协议,是有意为之还是一时疏漏?医美作为医疗行业的一部分,不可避免要遵守和履行网络数据安全管理条例的规定,接受卫生健康等主管部门的监管,以此保障这些数据的安全,避免数据被滥用。

(二)案例二:新冠肺炎疫情背景下的数据共享①

新冠肺炎疫情防控工作中,最大可能有效识别病毒携带者、统筹公众预防是目前传染病防治关键,而这都离不开健康医疗数据资源的合理共享与调配。国家卫生健康委员会在相关通知中指出,强化与工信、公安、交通运输等部门的信息联动,形成公路、铁路、民航、通讯、医疗等疫情相关方多源数据监测、交换、汇聚、反馈机制,利用大数据技术对疫情发展进行实时跟踪、重点筛查、有效预测,为科学防治、精准施策提供数据支撑。疫情期间健康医疗数据的采集及流转的流程和涉及主体如图5-7所示。

除医疗卫生行业主体和主管机构外,相关行业和领域的多种主体也实际加入新冠肺炎疫情防控队伍中。例如,提供重要支撑的交通运输行业主管部门与企业、电信行业企业、地图与数据服务行业企业等。这些主体一方面从个人用户处接收各类数据,另一方面也在提供服务中产生、衍生出更多种类的相关数据,在一定程度上扩展了大家通常认定的健康医疗数据范围。例如,为确保追踪风险人群的迁移情况,这些人群的行踪轨迹、出行情况就成为疫情下重要的健康医疗数据资源,风险人群的身份信息将有必要与提供数据支撑的大数据行业企业共享,最终合理筛选并形成决策支持的数据依据。又如,为筛查和管理密切接触者、疑似病例,具有某地旅居史的个人所乘坐公共交通工具的记录,虽然通常属于个人出行记录而非医疗相关数据,但在疫情下就可能因公共卫生的考量而发生本质变化,在构成受到法律保护的个人信息之外,也成为重要健康医疗数据资源。在此次新冠肺炎疫情下,国务院应对新型冠状病毒感染的肺炎疫情联防联控机构及各部委均不同程度地对相关健康医疗数据的共享提出了一定的要求,

---

① 宁宣凤、吴涵、金杜律师事务所:《不同场景下健康医疗数据流转的合规路径》,载 https://www.beijinglawyers.org.cn/cac/1588989110549.html,2022年3月17日最后访问。

发布多项相关通知,确保疫情防控相关医疗数据可以顺利在不同主体之间流转。但在目前的法律规则下,仍难以在未经患者充分授权的情况下,直接向第三方研究机构共享完整的病历记录等健康医疗数据。

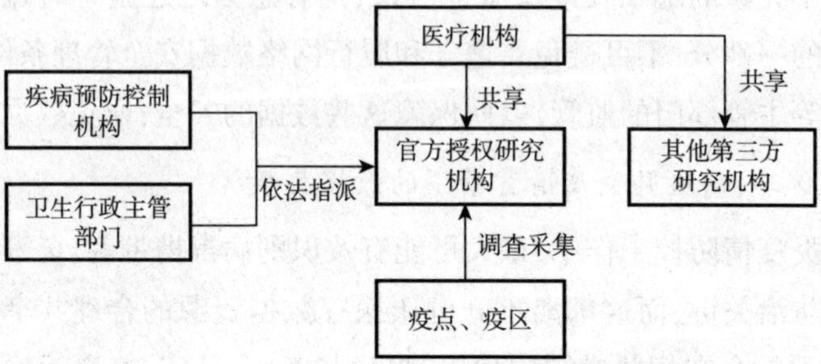

图5－7 疫情期间健康医疗数据采集及流转

即便在疫情下,中国境内医疗机构向境外研究机构共享传染病例相关的健康医疗数据,仍可能受到人口健康信息、人类遗传资源等监管体系的严格规制,需要事先履行相应的审批、申报等法定程序;同时,该数据共享行为还将不可避免地构成健康医疗数据的跨境传输行为,而考虑到健康医疗数据(尤其是疫情下的健康医疗数据)还可能构成重要数据,医疗机构本身也可能落入关键信息基础设施的范围中,有关数据跨境传输的监管要求(包括但不限于安全评估与审批要求)也同样值得该等场景下的医疗机构及其合作伙伴关注。

(三)智慧医疗背景下的医疗行业数据合规要点

在健康医疗大数据背景下,医疗信息化建设必然打破传统的数据孤岛,转而走向数据的共享、开放。在数字化技术和“新医改”政策的双重驱动下,医疗行业数字化转型正加速进行,各级医院纷纷响应“智慧医疗”建设号召,大力推进创新转型,催生移动医疗、远程问诊、智能用药、药品快递配送等新的服务业态。智慧医疗、健康医疗大数据建设等都是当今医疗行业关注的重点课题,也是未来医疗行业的发展方向。然而医疗大数据建设越是深入,医疗机构对于患者信息的掌握也就越发详细,数据合规的重要性就越发凸显。医院及诊疗机构在临床医学、医疗器械及可穿戴设备、医疗检验中产生的大量病患数据,医药机构在临床试验中获取的试验数据等任何一项数据的泄露都将导致产生重大问题。因此,医疗大数据的建设进程中,数据合规不能缺席,而且迫在眉睫,任重道远。

1. 明确健康医疗数据的定义及数据分类

《信息安全技术　健康医疗数据安全指南》(GB/T 39725—2020)中将健康医疗数据定义为:包括个人健康医疗数据以及由个人健康医疗数据加工处理之后得到的健康医疗相关电子数据;将个人健康医疗数据定义为:单独或者与其他信息结合后能够识别特定自然人或者反映特定自然人生理或心理健康的相关电子数据。健康医疗数据具体包括个人属性数据、健康状况数据、医疗应用数据、医疗支付数据、卫生资源数据以及公共卫生数据等类别。按照使用范围,可将医疗数据分为5个级别,并按级别分别设置访问权限,具体如表5-5所示。

表5-5　医疗数据分级

等级	使用范围	举例
第1级	可完全公开使用	医院名称、地址、电话等,可直接在互联网面向公众公开
第2级	可在较大范围内供访问使用	不能识别个人身份的数据,各科室医生经过申请审批可用于研究分析
第3级	可在中等范围内供访问使用,如未经授权披露,可能对主体造成中等程度损害	经过部分去标识化处理,但仍可能重标识的数据,仅限于获得授权项目组范围内使用
第4级	在较小范围内供访问使用,如未经授权披露,可能对主体造成较高程度损害	可以直接标识个人身份的数据,仅限于参与诊疗活动的医护人员访问使用
第5级	仅在极小范围内且在严格限制条件下供访问使用,如未经授权披露,可能对主体造成严重程度损害	特殊病种(如艾滋病、性病等)的详细资料,仅限于主治医护人员访问且需要进行严格管控

2. 健康医疗数据合规难点梳理①

(1)涉及主体的复杂性:健康医疗数据所涉及的主体具有高度的复杂性,包括自然人、医院、医生、检测检验机构、医疗器械企业、药店、医疗信息化服务商、医保中心、卫生行政监管部门、保险公司、支付机构等。其中,自然人的个人信息是健康诊疗数据的核心,也是数据的最重要来源。但健康医疗数据是多机构与

---

① 吴卫明:《健康医疗数据的法律与合规问题探析》(上),载锦天域律师事务所:https://www.allbrightlaw.com/CN/10475/887248c049ee7cff.aspx。

自然人之间,以及各个机构相互之间信息交互而产生的。不同主体在健康医疗数据处理的过程中扮演着不同的角色,在不同的环节中均涉及个人信息的保护问题。

(2)医疗模式的创新性:随着信息技术在健康医疗行业的应用,医疗的模式也在不断创新,医疗健康数据的场景越发丰富。如医疗器械及可穿戴设备、医疗检验等模式,均涉及医疗健康数据的处理与保护。

(3)人类遗传资源安全问题特点:诊疗活动过程中,因检验、检测、治疗需要,医疗机构有机会获取人体血液、细胞、组织等样本,这些样本中所含人类遗传资源若被恶意利用,可能会影响公众安全或国家安全。因此,我国制定了生物安全方面的专门法律,国务院也出台了《人类遗传资源管理条例》,专门对人类遗传资源,以及人类遗传资源所涉及的信息进行监管。健康医疗数据合规管理过程中,人类遗传资源管控,以及由此带来的生物安全问题,也是此类数据管理中需要考虑的重大价值判断。

3. 谨防医疗机构网络系统的漏洞和安全隐患

我国医疗机构的数据安全意识和保护措施还很薄弱,导致很多数据正在"裸奔"。大部分医疗信息系统没有完善的数据保护机制。调查数据显示,多数机构存在网络防护架构不完善、弱口令、防入侵等设备利用率低的问题。[①] 目前,较多机构开始借助互联网及移动终端提供医疗健康服务,医疗机构的内网数据走向公共互联网,但由于移动终端应用安全保障机制和系统纵深防御不足,有些医院的应用服务(如数据库服务、FTP 服务、打印机服务等)端口暴露在公共互联网。对于黑客来说,通过公共互联网能轻易获取到这些应用服务的控制权,而这可能引发医疗数据泄露的安全事件,数据泄露、丢失风险非常之高。

4. 建立落实医疗数据合规长效机制

建立健全医疗数据合规管理体系,完善医疗数据合规相关制度:对标法律法规、规范性文件和国家标准等规定,从治理架构、管理框架、制度流程等方面建立健全医疗数据合规管理体系,将建立的医疗数据合规相关制度通过梳理业务模式与流程进行对应印证和执行。

① 律者无心:《强监管背景下医疗机构的数据合规之路》,载 https://zhuanlan.zhihu.com/p/385463347,2022 年 3 月 17 日最后访问。

建立健全医疗数据合规组织架构，配置医疗数据合规专业人员。医疗行业内企业机构应在运营之初即建立管理层领导下的医疗数据合规组织架构，并配置医疗数据合规职能部门和专业人员。

持续培育医疗数据合规文化：建立以患者为中心的医疗数据合规文化，在具体执行层面，坚持就高不就低、恪守底线的医疗数据合规原则，并通过业务人员培训、定期合规测试、抽检和督查等方式来持续培育医疗数据合规文化。

落实医疗数据合规管理运行和保障机制：从技术保障角度，采用加密技术保证数据在收集、提取、传输和存储过程中的完整性、保密性、可追溯性，使用介质传输的，应对介质实施管控。此外，从保障机制角度，建议企业机构建立数据泄露应急处理、及时举报和报告等内部机制，如在出现医疗数据泄露、损毁、丢失、篡改等安全事件时，相关人员需及时向相应部门报告，并快速采取补救措施。

三、政务领域数据合规和开放共享

（一）政务领域数据合规和开放共享

随着社会及经济数字化转型的深入，数字政府的建设要求也在逐步提高。国家大力推进电子政务建设，建立健全数据安全管理制度，推动政务数据开放利用。2022 年 1 月 12 日，国务院发布《“十四五”数字经济发展规划》，提出要强化政府数字化治理和服务能力建设，依法依规加强政务数据安全保护，做好政务数据开放和社会化利用的安全管理；提出要加快建设数字经济、数字社会、数字政府，以数字化转型整体驱动生产方式、生活方式和治理方式变革，推进网络强国的建设。

在提升政府数字化水平的过程中，各类信息技术将被广泛应用于政府管理服务和业务中，实现公共数据开放共享，推动政务信息化共建共用，提高决策科学性和服务效率。而《网络安全法》《数据安全法》《网络数据安全标准体系建设指南》《个人信息保护法》等一系列法规政策的出台，则对政务大数据平台数据资源全生命周期的保护提出了更明确的要求，需要切实保障政务信息资源在开发利用、分享交换等过程中的数据安全，建立统一规范、互联互通、安全可控的政务大数据开放共享平台，推动政务数据利用共享，共同营造开放、安全的数字新生态。

政务数据事关国家政治经济运行、国防和社会稳定，具有敏感程度高、经济价值高、数据量庞大、数据关联关系复杂等特点，其安全重要性不言而喻。2020年9月9日，由腾讯安全联合北京城市大数据研究院有限公司、中安威士（北京）科技有限公司、闪捷信息科技有限公司、北京三未信安科技有限公司、杭州世平信息科技有限公司等组成的安全专家服务团队，基于20多年安全运营经验打造政务数据安全解决方案《政务大数据平台数据安全体系建设》，通过数据安全制度、技术、稽核的整合运用，保障数据收集、存储、加工、传输、使用和共享等全生命周期安全。①

在具体的政务数据场景中，腾讯安全具备PB级数据处理能力，可以在日访问量1500万级的场景中精准识别高危操作。同时，腾讯安全还打造了100多个适用于政务大数据平台的安全模型，以及毫秒级的安全规则和模型匹配能力，充分适配各种政务场景。经过实践验证，腾讯安全在防止高敏感数据泄露、降低维护工作量、数据分级管控、密钥使用、数据安全审计、安全运营等方面取得了显著成果，在保障政务数据安全性的同时不影响政务大数据平台运转。目前，这套解决方案已应用在广交会、长沙超脑等政务平台以及山西、河南、上海等多个省级大数据平台中，并扩展应用至民航、金融、汽车等多个行业。

（二）政务数据合规要点

1. 重视政务数据的分类分级管理

根据政务系统的业务属性及数据域模式进行划分，同时考虑数据特征、数据从属等共性关系，以及数据资产的关键属性、重要性及数据资产泄露对国民经济的影响程度，制定内部分类分级标准。构建数据安全管理平台的同时制作数据识别模型和规则，使数据资产安全管理平台获得分类分级的能力，发现、监测系统中存储和流转的敏感数据。

尤其需要重视对敏感数据的安全防护。利用合规检查系统对服务器、数据库、应用系统、网络流量等进行敏感数据资产分布情况、涉密数据存储情况检测分析。梳理与发现单位敏感数据，清晰了解敏感数据总体安全流转状况并发现潜在的安全风险。同时，通过数据脱敏系统，将需要与第三方共享的数据进行去标识化处理，防止敏感内容的外泄。

---

① 砍柴网：《护航政务数据安全，腾讯安全入选“2020十大数据安全典型实践案例”》，载https://baijiahao.baidu.com/s?id=1678046014381199238&wfr=spider&for=pc，2022年3月17日最后访问。

2. 进行全生命周期的数据安全管理

基于数据视角，对数据的完整生命周期进行梳理，从数据生命周期的各个关键环节包括数据采集、存储、使用、共享、传输、销毁等，进行监测和防护，动态监控数据流向，确保数据全生命周期安全可控。

规范各生命周期环节的内部数据使用。从数据的流转和访问维度进行监控，对政务大数据平台的异常行为进行监测和判断，规范用户业务操作行为，避免因为不规范的操作造成数据的安全风险。

3. 委托第三方建设电子政务系统，应经严格的数据合规审批

《数据安全法》第40条明确规定，国家机关委托他人建设、维护电子政务系统，存储、加工政务数据，应当经过严格的批准程序，并应当监督受托方履行相应的数据安全保护义务。受托方应当依照法律、法规的规定和合同约定履行数据安全保护义务，不得擅自留存、使用、泄露或者向他人提供政务数据。承担政务数据安全管理工作的相关单位包括数据提供方、数据使用方、数据管理方和服务第三方。服务第三方是指通过签订合同的方式，承担信息技术服务的商业机构。按照该条的约定，政府部门与服务第三方之间的合同应明确界定各方的职责、安全责任边界，对服务第三方的数据访问和操作行为进行监管，同时要确保服务第三方所提供的产品和服务能持续满足安全能力要求。

4. 应明确政务数据合规治理体系的参照依据及标准

政务数据广泛存储于各地、各级政府等不同单位、不同部门、不同系统，以及第三方服务提供方的系统中。因此，亟须具有政务数据合规义务的各方落实法律法规中涉及的数据合规责任。首先，应严格依据《网络安全法》《关键信息基础建设安全保护条例》《数据安全法》《个人信息保护法》等法律法规，明确各方应承担的政务数据合规责任，并将相关责任落实为工作制度和行为规范；其次，按照国家标准、行业标准、地方标准以及相关指南文件等进行细化，明确工作流程和工作规范，形成工作文件；最后，需配备相应技术人员如律师、工程师等，实现快速落地和治理监管。①

① 毕敏、官中奇、北京万商天勤律师事务所：《律师视点丨如何构建政务数据合规治理体系》，载https://new.qq.com/omn/20220226/20220226A06N8500.html，2022年3月7日最后访问。

四、电信行业数据合规和开放共享

(一)遭遇禁令的中兴

中兴集团遭遇美国制裁是电信行业领域数据合规较为典型的案例。随着中美贸易摩擦的不断升级,合规问题的重要性日益凸显。中兴集团接连受到外国政府的调查与处罚,给中国企业以当头棒喝。

2018 年 4 月 16 日,美国商务部宣布禁止美国企业向中兴公司出售零部件产品,期限为 7 年,禁令立即生效。原因是中兴通讯公司违反了与美国政府 2017 年达成的和解协议。4 月 20 日,中兴通讯公开声明称,美国商务部的做法对中兴通讯"极不公平",中兴通讯不能接受。然而,这一声明似乎并没有什么太大的力度,7 年禁令,偏偏是在这行业处于变革之时。中兴即将错过的,可能是整个 5G 时代,还有"中国制造 2025"。①

美国的一纸禁令,让很多人看到了中国芯片产业目前脆弱的一面。在中国半导体产业中,晶圆代工封装测试,记忆体整合制造商有 30% ~40% 的资本支出是用于购买美国的半导体设备。更有媒体报道,中兴通讯有 25% ~30% 的元器件由总部在美国的厂商供应,中兴通讯需要的高速 ADC/DAC、3DMIMO 芯片、调制器、高性能锁相环、中频 VGA 等产品,暂时无国产芯片厂商可提供替代品。遭受 7 年"封杀",将导致很多关键器材都没有了原材料,中兴无法组织生产,更无法对下游客户供货。

中兴通讯作为全球领先的综合通信解决方案提供商,因为其业务范围的全球化,生产经营活动中不可避免地涉及进出口相关的法律遵从。合规管理是关系公司生死存亡的大事,必须做好合规风险管控。遭受美国制裁也是因为企业业务处理中未做到合规管理,未做到出口管制合规。所谓出口管制合规,指所有涉及国家/地区、企业、产品和原料、终端用途的出口活动都必须遵守所有适用的出口管制要求。

此次事件对于许多全球化进程中的中国企业而言,具有巨大的警示意义。随着经济全球化迅速发展,传统跨国公司成长为全球型公司,企业竞争从过去单

① 中安信联安防帮:《中兴遭美"封杀"背后,比罚单更重的反思》,载 https://baijiahao.baidu.com/s?id=1598603405727404117&wfr=spider&for=pc,2022 年 3 月 7 日最后访问。

个企业间的竞争上升到全球价值链的竞争，企业竞争方式发生了重大变化。与此同时，面对各国政府监管加强和国际组织的推动，越来越多的企业强化合规管理，合规竞争成为全球化企业新的竞争规则。中兴通讯遭受巨额罚款，暴露了企业管控合规风险的能力滞后，以及企业合规管理体系的重大缺陷。对于安防企业而言也是一样，目前各大安防企业正高举“走出去”的大旗，去别人家门口做生意自然也要遵守别人的规矩。说到底，无论与谁竞争，唯有掌握了核心技术才不会受制于人。

(二)浙江移动大数据合规①

浙江移动率先开展大数据业务应用实践，为综合防范大数据业务安全风险、保护用户个人隐私、保障公司业务健康发展，根据国家相关法律法规、电信主管部门及相关标准规范要求，对标工信部下发的《电信和互联网企业网络数据安全合规性评估要点(2020年)》，浙江移动制定出一套适用于自身特点的大数据业务安全评估管理机制与方法，对业务运营中可能引发的各类数据安全风险进行分析评估，并明确管理要求和安全管控技术措施。

浙江移动大数据业务开展需要遵循五项基本原则，即数据不出门原则、数据脱敏原则、个人信息授权原则、信息最小化原则、保密协议签署原则。同时建立大数据业务安全评估体系，包括评估准备、组织实施、评估总结、风险整改与复核、评估结果报备五个环节。坚持“责任明确、授权合理、流程规范、技管结合”的方针，按照“谁主管，谁负责；谁运营，谁负责；谁使用，谁负责；谁接入，谁负责”的原则，兼顾发展与安全，坚持发展与管理并重，充分发挥管理与技术的先进性优势，严格落实数据安全评估的各项工作，保障大数据业务安全。

落实《网络安全法》和电信主管部门要求，按照大数据的类别属性、重要及敏感程度、使用目的等，对大数据进行分类分级。利用敏感数据存储检测平台(如图5-8所示)，对目前存储在大数据组件(Hive、Hbase等)和MPP数据库(Gbase等)，以及关系型数据(teradata、oracle、pg等)中的海量数据进行敏感数

---

① 杨臻:《2020年网络数据安全合规性评估入选优秀案例系列展示之六——浙江移动大数据业务安全评估优秀案例丨安全助力数字化服务创新》，载 http://zw.china.com.cn/2020-10/29/content_76856679.html，2022年3月7日最后访问。

据的识别与定位，对敏感数据标签化，实现敏感数据的分类分级呈现。通过对敏感数据的类型和属性分析、抽象出细粒度敏感数据关键字和元素。

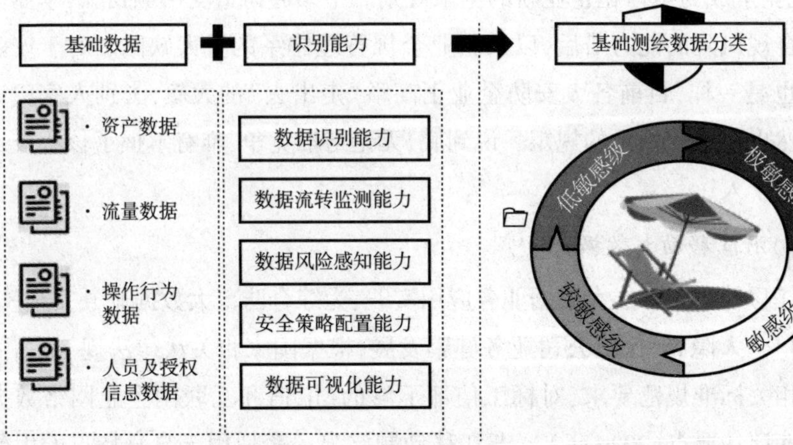

图 5-8　敏感数据分类分级示意图

严格落实数据对外使用过程中的合规评估，将大数据业务纳入互联网新技术新业务安全评估管理范围。明确大数据业务开展之前需要开展两轮安全评估，第一轮评估由业务责任部门负责开展，第二轮评估由法务、业务、安全管理部门共同建立评估组，并配套建设了大数据业务上线前数据安全合规评估线上电子流程，有效改善数据安全评估过程中的跨部门协作，大幅提升协作效率，固化流程，确保数据分析挖掘与对外开放的安全风险可控。

在大数据业务通过安全评估上线后，为了实时监管数据库访问情况，及时阻止违规操作，浙江移动还建设了数据安全网关，对数据调用情况进行记录及审计。已经建设服务管理层、服务提供层与安全管理层等模块，重点增强敏感数据识别、数据访问脱敏处理、安全审计与安全控制能力等。数据安全网关提供了包括黑白名单管控（IP 地址）、密钥配置、算法配置、规则配置等功能，还可以针对 API（应用程序界面）配置的内容提供丰富的支持。

（三）电信行业数据合规要点

1. 无论合规部门如何设置，应保持合规部门的独立性

应当保障合规部门向最高管理层的信息通道独立且畅通无阻，确保数据合规及其他合规风险信息可以顺利抵达最高管理层，否则合规部门存在的意义将

大打折扣,形同虚设。在中兴公司因违反美国出口管制法律受到美国政府制裁之前,中兴公司内部的合规管理部门并无渠道可以直接向董事会传达信息,而业务部门拥有的决策权力可以轻易突破合规管控,使得中兴公司的合规管理部门无法发挥其相应的职能。中兴被制裁事件暴露了中兴公司合规管理体系的重大缺陷。制裁事件之后,中兴公司重组法律及合规管理部,将合规职能从法律部门分离,建立独立的合规管理部门,并聘请合规专业人士,保证合规部门的独立性。

2. 企业内应树立以风险为导向的数据合规思想

美国制裁事件之后,中兴逐渐探索建立起其特有的符合自身特点的出口管制合规体系。

中兴通讯依据《美国出口管理条例》(以下简称 EAR)的四要素来判断各项业务活动的合规性,以出口合规项目指引(以下简称 ECP)为依托,搭建适合自身的出口管制合规体系,并制定了一系列的程序,确保企业出口活动合法合规。ECP 程序如下:

(1)高层承诺。公司管理层从上而下明确传达遵守出口管制要求的重要性。

(2)风险评估。识别内部可防范风险,并定期进行评估。

(3)出口授权。即用于确认产品的管辖范围、分类、许可要求和可出口性的流程。

(4)记录保存。该要素要求公司的记录保存流程必须满足监管要求以及法律规定,并且指定员工执行记录保存流程。

(5)培训。进行提升整体合规意识以及针对具体职能部门的合规培训,并且定期开展培训。

(6)审计。要求公司的审计工作能够满足要求,覆盖所有部门,并且更新审计方法,能够反映监管规定的变化。

(7)处理出口违规行为并采取纠正措施。为员工提供匿名举报实际或潜在违反出口管制合规行为的途径。

(8)创建并维护出口合规手册。该要素要求公司发布的出口合规手册中包含 ECP 的所有要点,并明确所有员工应该遵守的流程。

五、交通行业数据合规和开放共享

(一)滴滴出行与数据安全

2021 年,滴滴出行事件,让“数据安全”一词迅速进入大众视野,更让法律界重新掀起“数据合规”热潮。滴滴出行无疑成为交通领域数据合规最为典型的案例。

2021 年 6 月 30 日,滴滴正式在纽约证券交易所挂牌上市,发行价 14 美元。至 7 月 1 日,滴滴股票大涨 17%,市值超过 700 亿美元。然而,7 月 2 日,“滴滴出行”因数据安全问题开始被国家网络安全审查办公室进行审查。7 月 4 日,国家网络安全审查办公室发出通报,“滴滴出行”客户端存在严重的违法违规收集使用用户个人信息的问题(如图 5 – 9 所示)。各大应用商店迅速下架“滴滴出行”客户端,滴滴出行公司被要求严格按照法律要求及有关标准认真整改,保障用户的个人信息安全。

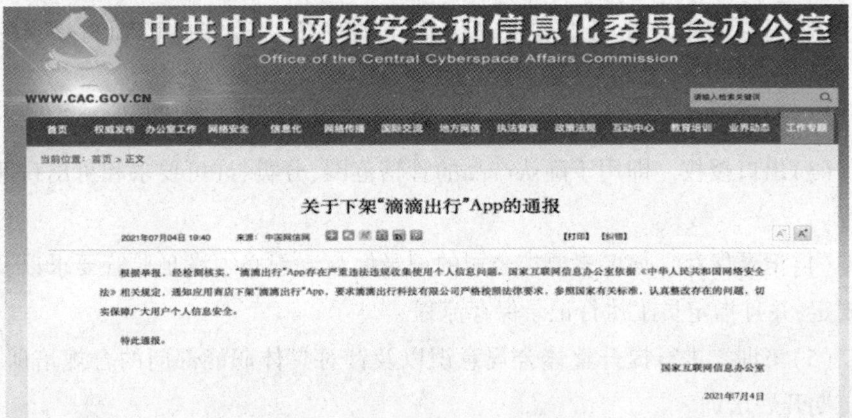

图 5 – 9　下架滴滴出行 App 的通报

自 2016 年收购优步中国以来,滴滴出行长期占据着共享出行市场尤其在网约车平台占九成以上的份额,日活跃用户将近 2000 万人。然而,在 2021 年滴滴上市之前的两个月,滴滴作为网约车行业的“独角兽”,并没有通过任何渠道向社会公众公开其上市进度及计划,一反常态地低调行事。而这自然也引起相关监管部门的注意,事实证实滴滴的确存在较为严重的问题。“7 · 4 通报”之后,7 月 9 日,国家互联网信息办公室再次发布通报:经过检测核实,“滴滴企业版”等

25 款 App 存在严重违法违规收集使用个人信息问题。7 月中旬,国家网信办会同公安部、国家安全部等七部门联合进驻滴滴出行,开展网络安全审查,至此,事态的严重性已经不言而喻。

滴滴也因此事件成为自 2020 年 6 月 1 日《网络安全审查办法》开始实施后的第一个审查对象。滴滴事件表明,加强数据合规管理已经成为各国合规管理体系的重点领域。滴滴出行案件也为企业数据经营合规发展带来新的启示。

其一,滴滴所收集信息不符合《常见类型移动互联网应用程序必要个人信息范围规定》中的要求,严重违法违规收集、储存、使用个人信息,侵犯用户隐私。譬如,网络约车类的必要个人信息包括:(1)注册用户移动电话号码;(2)乘车人出发地、到达地、位置信息、行踪轨迹;(3)支付时间、支付金额、支付渠道等支付信息。但滴滴出行中的《隐私政策》包括对行程录音和录像、滴滴平台通话录音和短信、设备信息和日志信息等进行收集,已经超出了《常见类型移动互联网应用程序必要个人信息范围规定》的必要个人信息范围,且不存在用户选择同意权。

其二,滴滴未经我国政府网络安全审查悄然上市涉嫌影响国家安全。滴滴等企业赴美上市对国家安全可能存在影响:(1)如滴滴等企业控制的数据是否足以"影响或可能影响国家安全";(2)美国是否对在美上市企业的数据有管辖权。

滴滴客户端所收集的信息范围,涉及大量个人敏感信息、出行信息、地理信息。滴滴在美上市的招股说明书①中表明滴滴的国内活跃用户为 3.77 亿,截至 2021 年 3 月,滴滴在全球 4000 多个城镇开展业务,提供网约车、出租车、顺风车等服务;其中,网约车服务在国内已覆盖几百个城市。这使滴滴势必拥有较多司机和乘客的个人信息、建筑分布及地理位置等基础设施信息、遍布全国如毛细血管的各城市道路数据,以及其他涉及数据安全和隐私保护的数据等。

滴滴在国外上市后,国内的关键信息基础设施等核心数据、重要数据或大量个人信息等存在被国外政府影响、控制、恶意利用的风险,可能影响国家安全。

其三,滴滴在国内的扩张策略,存在行业垄断的嫌疑,数据的获取和垄断为

---

① 叶松:《出行"巨无霸"滴滴递交 IPO 招股书:最大股东是他 2020 年营收超 1400 亿》,载 https://baijiahao.baidu.com/s?id=1702246339714493604&wfr=spider&for=pc,2022 年 3 月 7 日最后访问。

国家带来安全隐患。“融资—烧钱—壮大—上市—收割”模式成就了滴滴这个“独角兽”，但滴滴重视发展而忽视了数据合规。

（二）滴滴案例启示下的数据合规要点

1. 应起草合法合规的隐私政策，避免违法违规收集使用个人信息问题

个人信息保护目前涉及的法律、法规和规范性文件较多，企业合规实务中可以重点参考国家标准《信息安全技术　个人信息安全规范》（GB/T 35273—2020）、《网络安全标准实践指南——移动互联网应用程序（App）收集使用个人信息自评估指南（征求意见稿）》等。

企业数据收集尤其个人信息的收集，应当遵循合法、正当、必要原则，并明确收集目的，不得过度处理。所收集的信息范围应该符合《常见类型移动互联网应用程序必要个人信息范围规定》中的要求。如果收集方出于改善服务、数据分析等理由，应当谨慎处理收集信息的范围，尤其是个人敏感信息。在必要性原则如何把握上，应当采用限缩解释，即最少必要原则。

2. 企业应当依法合规进行数据的跨境流动合规管理

由于数据是重要的资产，国家之间关于数据本地化和数据跨境获取的博弈日益加剧。对于滴滴等赴美上市企业而言，则可能面临遵守国内法律或者上市地法律（两者具有法律冲突）的两难选择。滴滴等互联网企业既是网络产品和服务的提供者、数据处理者，也是个人信息的收集方。因此，除需遵守《网络安全法》《数据安全法》等相关数据安全、网络安全的法律法规外，还需要遵守个人信息保护相关的法律法规。

分析相关法律规定，其实“网络安全审查”所规制的应该是：第一，网络产品和服务提供者或数据处理者在正常经营活动中存在的影响或可能影响国家安全的行为，如违反数据安全、出口管制的法律规定导致重要数据非法出境、出口等行为；第二，网络产品和服务提供者或数据处理者在境外上市等重大事项和活动中存在的重要数据向境外泄密的风险，其影响或可能影响国家安全。

触发针对滴滴出行网络安全审查的主要依据是《网络安全法》《网络安全审查办法》等。根据《网络安全审查办法》针对可能影响国家安全的网络产品和服务，网络安全审查工作机制成员单位可以依照规定的程序对其进行审查。2021年12月28日，国家网信办等13个部门公布的新《网络安全审查办法》规定，掌握超过100万用户个人信息的运营者赴国外上市，必须向网络安全审查办公室

申报网络安全审查。2021 年 9 月 1 日生效的《数据安全法》规定,非经中华人民共和国主管机关批准,境内的组织、个人不得向外国司法或者执法机构提供存储于中华人民共和国境内的数据。

六、电子商务行业数据合规和开放共享

无论是将平台用于销售/提供自有商品和服务(自营平台),还是为交易方提供平台服务(第三方平台),电商平台都会收集、使用用户个人信息。以下内容结合电商平台的特点,归纳和梳理电子商务经营者数据合规管理要点。

(一)携程大数据杀熟

2020 年 7 月,浙江绍兴的携程钻石贵宾胡女士通过携程 App 订购了舟山某酒店一间豪华湖景大床房,并支付房款 2889 元,但胡女士退房时,却发现该酒店的挂牌价及税金共计 1377.63 元。随后,胡女士向绍兴柯桥区法院提出起诉。胡女士认为上海携程商务有限公司采集个人非必要信息,进行大数据"杀熟",要求"退一赔三",携程 App 应为其增加不同意《服务协议》和《隐私政策》时仍可使用的选项,以免被告采集其个人信息。

2021 年 7 月 7 日,浙江省绍兴市柯桥区法院审理了胡女士诉讼上海携程商务有限公司侵权纠纷一案,原告方认为携程存在"大数据杀熟"的侵权行为,法庭一审判决原告胜诉。法院审理认为,携程 App 作为中介平台,对标的实际价值有如实报告义务,其却未如实报告。此外,法院还认为,携程 App 向胡女士承诺钻石贵宾享有优惠,却无价格监管措施,向其展现了溢价 100% 的失实价格,未履行承诺;在处理投诉时告知胡女士无法退全部差价的理由,经调查也与事实不符。

为此,柯桥区法院判决上海携程商务有限公司赔偿胡女士未完全赔付的差价 243.37 元及订房差价 1511.37 元的三倍支付赔偿金,共计 4777.48 元。同时,法院还判决携程公司在其运营的携程旅行 App 中为胡女士增加不同意现有《服务协议》《隐私政策》仍可使用的选项,或为胡女士修订《服务协议》和《隐私政策》,去除对用户非必要信息采集和使用的内容,修订版本需经法院审定。

(二)阿里巴巴滥用市场支配地位

2021 年 4 月 10 日,阿里巴巴集团控股有限公司(以下简称阿里巴巴)收到

了国家市场监督管理总局开具的行政处罚决定书，其因在中国境内网络零售平台服务市场滥用市场支配地位行为，被责令停止违法行为，同时被处以2019年度中国境内销售额4%的罚款，计人民币182.28亿元。该案为迄今为止中国反垄断执法处罚金额最高的案件。

阿里巴巴案中其所受到处罚的滥用行为是“限定交易”，即广受关注的“二选一”。具体而言，自2015年以来，阿里巴巴禁止平台内商家在其他竞争性平台开店或参加促销活动，并借助市场力量、平台规则和数据、算法等技术手段，采取多种奖惩措施保障“二选一”要求执行。“二选一”等涉嫌垄断行为，早已是具有领先优势平台常态化的竞争手段。由于掌控着大量的用户数据和占有较高的市场份额，其具有较高的话语权，迫使用户厂商签订独家交易协议实施排他性垄断。这样的强制性行为不仅侵犯了消费者的自主选择权，还非常不利于良性竞争和自主创新。

(三)电商平台数据合规要点①

1. 应考量用户信息收集的正当性和必要性

商家收集、利用用户信息，对用户进行数据画像的行为需要获得用户同意，且被限制在法律允许的范围之内。通过隐私政策等文件集中取得用户授权时，需要关注所列信息是否为用户使用服务所必需，是否与实现产品或服务的业务功能有直接关联。如果不提供该信息并不影响该产品或服务功能的实现，则该信息不属于必要信息。

所收集信息的正当性、必要性，与具体业务模式、业务流程设置关系密切。对于已经通过隐私政策等文件集中取得用户授权的信息，在实际操作时，需要考虑在哪一业务环节下收集更符合必要性的要求。例如，在用户注册阶段(而不是购物阶段)即要求用户提供银行账号等金融信息，其必要性令人质疑。

2. 电商平台提供服务使用用户个人信息的常见场景及管理要点

使用用户数据进行个性化推荐或精准营销：电商平台可能使用用户年龄、地域等信息，以及用户浏览商品等使用行为记录进行用户画像，形成用户个人特征

① 刘瑛、王玄：《数据合规 · 电商平台数据合规法律要点》，载 http://www.tylaw.com.cn/en/news_content.aspx?contentID=0000000000000002484&Lan=CN&MenuID=0000000000000000006，2022年3月7日最后访问。

模型或其所属群体特征模型,为其进行个性化推荐或精准营销。

根据《电子商务法》,电子商务经营者根据消费者的兴趣爱好、消费习惯等特征向其提供商品或者服务的搜索结果,应当同时提供不针对其个人特征的选项,注意避免限制用户选择权的情形,以尊重和平等保护消费者合法权益。例如,为用户提供的产品搜索结果,不应当均为基于个性化推荐的结果,而没有其他一般搜索结果。

将用户数据分析结果提供给第三方进行精准营销等活动,需要特别关注向第三方提供的信息是否包含用户个人信息、是否脱敏和去标识化。

3. 用户信息的共享管理要点

电商平台普遍存在与第三方平台合作、向用户销售第三方平台产品(以虚拟产品为主,如视频网站会员权益等)的业务模式。用户购买第三方平台的虚拟产品,通常由电商平台向第三方平台共享、提供用户手机号码、账号信息进行账号关联,用户方可使用虚拟产品。对此安排,电商平台应当提前告知用户。如果用户接受的服务是在第三方平台,电商平台还需要提示用户,并通过业务流程和技术手段协助用户了解和签署第三方平台的用户协议、隐私政策。

4. 为“大数据杀熟”划合规底线①

2021 年 11 月,上海市市场监管局发布《上海市网络交易平台网络营销活动算法应用指引(试行)》(制定参照了《电子商务法》《个人信息保护法》《反垄断法》《反不正当竞争法》《消费者权益保护法》《价格法》等相关法律法规,并借鉴了国务院反垄断委员会发布的反垄断指南),为网络交易平台经营者划出了 7 个不得:不得利用算法实施不正当价格行为;不得利用算法对消费者实施不合理的差别待遇;不得利用算法仅向消费者提供针对其个人特征选项的搜索结果;不得利用算法通过欺骗方式进行有奖销售;不得利用算法对平台内经营者进行不合理限制或附加不合理条件;不得利用算法妨碍、破坏其他经营者合法提供的网络产品或者服务正常运行;不得利用算法滥用市场支配地位。

上述 7 个“不得”是目前法律有明确规定的,是企业必须守住的“底线”。

为推进数据合规工作,排除企业数据合规风险,我们基于企业数据合规工作

---

① 中国质量报:《上海发布网络交易平台网络营销活动算法应用指引》,载 https://www.cqn.com.cn/zgzlb/content/2021-11/23/content_8755146.html,2022 年 3 月 7 日最后访问。

的必要性，对金融行业、医疗行业、政务领域、电信行业、交通行业、电子商务行业等领域的数据合规案例及要点进行了详细介绍。

由各行业的数据合规案例可知，数据合规仍未在企业内部广泛推广，尤其是互联网等科技行业，在新的监管形势下对数据合规的需求将变得更加刚性。但是在未来，数据合规真正的应用领域，不仅是互联网等科技行业，数据化转型背景下的传统行业也会逐步积淀海量数据并且面临数据合规问题。届时，各个企业在数字化转型中均会加强对用户数据的收集、整理、分析，用于用户画像，精准营销，以提高经济效率，方便用户生活；但与此同时，这些数字化企业在收集使用用户数据过程中如何做到数据合规化便成为需要广泛关注的问题。

我国将数据定位为新型生产要素，数据作为新型生产要素，已正式与土地、劳动力、资本、技术等传统生产要素并列为国家基础战略性资源和社会生产创新要素之一。首部数据安全基础法《数据安全法》已颁布，《个人信息保护法》等相关法律已出台，围绕数据合规、数据治理的政策标准及体制体系研究正加紧开展，国内数据合规政策环境趋于明朗。我国各行业数据资源丰富，价值优势突出，利益相关方蜂拥而至，且随着各行各业数据内外部应用的同步拓展和推进，企业数据合规问题日益凸显，严重阻碍数据资源价值释放，无论是主动拥抱还是被动接受，企业数据合规工作都已经刻不容缓。

李 华

盈科律师事务所创始合伙人、盈科全国业务指导委员会主任。

李华律师作为盈科全国业务指导委员会主任，负责盈科体系内的专业化建设，带领盈科律师，构建出完整的专业化法律服务体系，包括研究院、专业委员会及综合性法律中心，推动盈科律师专业化的法律服务，以适应法律服务市场不断细分的需要。在此基础上，通过集成各专业委员会纵深化的法律服务能力为客户提供综合性的法律服务。

曾荣获全国律师行业优秀党员律师、北京市优秀律师、朝阳区优秀律师、朝阳区首届优秀女律师、朝阳区优秀党员的荣誉称号。

刘 磊

盈科上海“数字经济与金融科技团队”负责人，法学硕士。兼任甘肃政法大学人工智能法治研究院研究员，GLG格理集团专家库成员，亚洲数字银行、亚太投资银行法律顾问。

刘磊律师专注区块链、虚拟货币、NFT、Web3.0、跨境支付、数据合规等数字金融领域的法律实务与理论研究工作，曾发表《司法实务中私人“数字货币”属性的认定困境及对策分析》《论电信网络诈骗中瑕疵被冻结人的保护》《侦查权力与公民权利的冲突与平衡 ——“断卡行动”中的公民财产权保障路径》等多篇专业学术文章，并针对虚拟货币、NFT相关法律问题接受《中国知识产权报》《每日经济新闻》《方圆》《金色财经》等媒体的采访。

曾受邀为“海南大学博士研究生人工智能课程”、“中央财经大学法律硕士区块链与法律课程”、甘肃省律师协会青年领军人才培训班、海南省涉外法律服务律师人才培养班授课，并曾获2021年盈科全国青工委“十佳未来之星”、盈科上海“十青年”代表等荣誉称号。

燕 丽

人民日报出版社专著《隐私计算：开启数据共享新商业模式》作者。上海交通大学硕士毕业，拥有多年文化传媒、金融科技经验，对TMT领域的一级、二级市场投资有较为深入的理解，曾在新华社、上海证券报、华闻集团（000793）工作多年，是国内领先的智能数据研究平台《算力智库》创始人；被和讯评选为2019年度“她榜样”女性人物之一，同时获评nova“2019年度区块链50强投资人之一”，担任多省大数据管理局智库专家，同时参与投资国内外多家智能数据、隐私计算与元宇宙企业。